李安《アン・リー》の華語映画における視線のポリティクス

陳悦 著

晃洋書房

目次

序章　李安（アン・リー）の華語映画

本書は、台湾出身で華語映画の巨匠である李安（アン・リー）の作品を対象として、映画の中の諸空間に登場する人物の視線のポリティクスを軸に、スクリーンに隠蔽・提示される欲望や権力関係を検討した上で、映画における視線権力の構造を明らかにしようとする試みである。

まず研究背景として、監督李安の経歴、華語映画の製作体験および自身の華人アイデンティティの形成について概説し、本書を貫く問題意識を明示する。次に、李安の映画作品に関する先行研究を整理し、先行研究の傾向や方向性を把握した上で、本研究の位置づけを述べる。そして、理論的な枠組み、すなわちジェンダー・ポリティクス、フェミニズムによる視線の理論および空間理論の概説を順に述べる。最後に本書の全体の各章構成や内容の概要を紹介する。

李安は、一九五四年台湾屏東県の生まれで、中国大陸から台湾に渡った外省人(1)の家族の中で育ち、幼少期から父親の影響を強く受けてきた。彼の父親である李昇（リー・ション）は中国江西省の名門の出身であり、一九五〇年に台湾に渡り、台湾の花蓮、台南の中学校や高等高校の校長を務めた。李昇は長男として中国の伝統的な家庭で育ち、家長としての責任を担っており、儒教思想による典型的な父親イメージを具象化したような人物であった。従って、自分の長男である李安に対しても自分と同じような道に進んでほしいという期待を寄せていた。家族や親類が教育者か政治家ばかりの裕福な家庭で成長した李安は、「政治に関する映画を撮ることができず、家庭における男女関係についての文章を書くしかなかった」[2]と述べるように、彼の華語映画作品には明らかな政治や社会に対する批判の姿勢は見えない。彼の作品において家庭の男女関係が中心に描かれる要因は、上記のような彼の経歴に見出すことが可能であると言えよう。

父親の仕事の関係で小学校に上がるまでの花蓮で過ごした時期に、李安は台湾本省からは隔絶された外省的な環境において成長している。当時台湾の統治階級であった軍人、政府官員または教師などから構成される外省人コミュニティで暮らしていた李安は、それらの職業の人々と日常的に接触し、北京語と大陸の各方言をよく耳にしていた。しかも、彼自身もその時期から舞台に立っていた。彼の最も得意な歌は『私の家は山の向こう』（周藍萍音楽作品）であった。その歌謡に描かれた豊かに茂った森、果てしなき草原、窰洞（ヤオトン）は大陸への郷愁を込めた表象となった。彼は子供時代の生活について、「花蓮の八年間は、素朴な地方での暮らしであり、温かい人情と誠意のおかげで、自分の子供時代に美しい思い出を残してくれた」[3]と述べる。幼少期の李安にとって、彼の人生において最初の、しかも最も重要なアイデンティティ、つまり台湾の外省人アイデンティティが形成されたのである。その後父親が転勤したため、本省的な「台南国小」（台南の小学校）に転校した彼は、花蓮師範附属小学校とは異なる教育文化体系に直面することになった。彼自身が「小学校時代を顧みれば、私は文化的な衝撃と調和との板ばさみに身を置きながら、その二つの摩擦の中でバランスをとることを試みていた。私を育成してくれた二つの教育制度はまさに台湾社会の二つの文化——外省の中国文化と本省の日本文化を代表するからである」[4]と述べている。文化的な衝突と差異、伝統と現代、東洋と西洋の摩擦の間でどのようにバランスをとるのかが、李安映画において重要な主題である。台湾ニューシネマの作品とは異なり、本省と外省の文化衝突および個人のアイデンティティは後の彼の映画作品では一切扱われていない。彼の華語映画には、北京語と中国大陸各地の方言（湖南、河南、上海）などが入り混じった外省人家族のみが見られる。李安は台湾の本省人の持つナショナリティには関心を払わない。それは彼が少年期に受けた教育の背景に関係があると思われる。

彼は少年時代から青年時代に至るまで、映画、芸術、撮影に対し深い興味を持っていた。それらの時代に上映された一連の華語作品、特にショウ・ブラザーズが製作したキン・フーの武侠映画、台湾中央電影公司の健康写実映画、国聯影業の芸術映画などが彼に深い影響を与えた。李安の最も好きな映画は李翰祥監督の黄梅調映画『梁山伯与祝英台』（1963）である。[5]台湾での少年期からアメリカへ渡るまでの映画体験によって、彼は伝統的な華語映画ジャンルであるメロドラマと武侠映画に夢中になった。本書で検討する華語映画作品は、まさしくその二つのジャンルに属するものである。

大学受験に二年連続で失敗した李安は父親の期待に添えず、台湾国立芸術専科学校（現国立台湾芸術大学）の演劇科で演技と演出を勉強した。父が校長を務める高校から台湾の大学を受験したものの不合格に終わったことは自分にとって大きなトラウマを残した、と李安は述懐している。しかし、李安人生初の映画作品である『星期六下午的懶散』（8ミリフィルムによる一八分間の白黒映画）は、父親にプレゼントされたビデオキャメラで撮影した作品である。このことから見れば、息子の芸術追求の道をサポートしていた父親の姿勢が窺える。兵役終了後の一九七八年、アメリカへ渡りイリノイ州立大学で再び映画製作を学んだ。狭い空間でミザンセン[6]を運用した彼の作品には、物語の衝突によって文化的差異と性差別が見事に表現されている。このことは芸術専科学校とイリノイ州立大学での専門的な訓練から切り離すことはできないと考えられる。一九八〇年に、順調に芸術学の学位を取得した李安はニューヨーク大学大学院修士課程に進学し、映画の製作、脚本、編集など全般的な知識を習得し続けた。父親からの資金援助によって製作した卒業作品の『分界線』（*Fine Line*, 1985）はニューヨーク大学生映画祭で最優秀映画作品および最優秀監督賞を受賞した。この作品タイトルが示すように、東洋と西洋、伝統と現代、男と女の境界に関わる分析がその後の彼の映画にはよく見られる。息子の映画への熱意に触れ、父親が息子を支持するに至ったことが窺える。彼自身も、父親の存在が自分の映画作品に多大な影響を及ぼしていると述べている。[7]

それからの六年間李安はハリウッドの映画製作の方法と脚本の仕組みを深く研究し、中国伝統文化と西洋文化を巧みに融合させようと試みた。一九九〇年、『ウェディング・バンケット』と『推手』の脚本はともに台湾政府新聞局によって主催されたシナリオコンクールで最優秀脚本賞（一等と二等）を受賞した。彼はその助成金を使い、台湾政府経営の撮影所である中央電影公司とニューヨーク・インディーズのグッドマシーン社の共同制作である『推手』の監督を務め、デビューを果たす。

その後、初期の代表作である「父親三部作[8]」が相次いで公開された。親世代と子世代、東洋と西洋の文化衝突、同性愛と異性愛など多岐にわたるテーマを描いたメロドラマは観衆に深い印象を残してきた。特に、『ウェディング・バンケット』（1993）（以下、『ウェディング』と略すことがある）は低予算ながらも、多くの映画祭に出品され世界的な注目を集めた。続く『恋人たちの食卓』（1994）は第六七回アカデミー賞外国語映画賞にもノミネートされた。そして、『グリーン・デスティニー』（2000）（以下、『グリーン』と略すことがある）は華語映画としてははじめてアカデミー外国語映画賞を受賞した。武侠映画史的にはもちろん、中国映画史上においても大変な快挙を成し遂げたものとして話題になった。これ以降、中華圏武侠映画という独自のエキサイティングな映画が存在するということに海外の観客が気づき始めたのである。『ブロークバック・マウンテン』（2005）では華人として初めてアカデミー監督賞を受賞し、アジアで最も成功した、世界的名監督としての評価を不動のものにした。アカデミー賞、ヴェネツィア国際映画祭金獅子賞を二回受賞しており、また二〇二三年現在世界で唯一ベルリン国際映画祭金熊賞を二回受賞している。世界的な輝かしい受賞歴からみれば、華人監督として右に出る者がいないと言っても過言ではない。グローバルな視野から見ても、彼の華語映画作品は最も優れた評価を受けたと言えよう。

なぜ李安の華語映画作品は中華圏だけでなく西洋においても好評を博したのか、という点が本書の出発点である。彼の華語映画の成功の理由を、史書美は「イデオロギーと文化、政治そして性的な問題について幅広い問いを巧みに避けたことにある[9]」と指摘した。しかし、李安自身も華人映画製作人というアイデンティティを内面化して、更に中華文化を自分のルーツとして扱っている[10]。上述の経歴また彼の映画体験から見れば、彼の享受してきた伝統的な中華文化および父権制の影響が彼の華語映画には浸透していたと考えられる。また李安は映画において、男女、女性同士およびセクシュアル・マイノリティについて興味深く描いた。特に『ラスト、コーション』（2007）におけるセンセーショナルなベッドシーンは身体表現に関する大きな議論を呼んだ。つまり、彼の成功は史書美が主張するように文化、政治、性的な問題を巧みに避けたことにあるのではなく、むしろそれらの問題を正面から、映像を通して巧みに表現した点にあると考えられる。

ここまでで述べたように、李安の中国の伝統を保持した家庭で成長した経歴や台湾やアメリカでの映画製作体験は、彼の華語映画作品を検討する際、無視できない重要な動機や背景だと考えられる。

第一節　先行研究の検討

李安は輝かしい受賞歴を有し、興行成績も良く、世界的にも注目を集めてきたため、彼の映画作品に対する研究は決して少なくない。李安の映画に関する先行研究は、中華圏や欧米の華語映画に関する研究の時代的、地域的傾向を反映している。中国大陸方面では、李安に対する紹介と研究は一九九四年から始まった。二〇〇〇年に世界中を席巻した『グリーン・デスティニー』を契機に、李安映画研究は一挙にブームを迎えた。その後『ラスト、コーション』が世界で公開され、更にアカデミックな研究ブームが盛り上がっていった。台湾の研究者は、李安のデビュー作『推手』以来、絶えず彼の映画作品に対する深く関心を寄せている。一方、台湾に比べると香港では主にジャンル映画という視角から李安の映画を検討する傾向がある。欧米圏では更に多元な視点、主に欧米のポストモダンの文脈から派生した多元文化主義、ポスト構造主義、ポストコロニアル、トランスナショナルシネマや消費主義などの観点から李安の映画を考察する。日本の一般民衆や研究者は、李安よりもほぼ同じ世代の台湾ニューシネマの旗手監督である侯孝賢、楊徳昌（エドワード・ヤン）により興味を持っている。李安映画に関するアカデミックな研究はほかの地域に比語映画において注目されてこなかった問題点を提出し、本書の位置づけを述べたい。

そのため、ここでは主に地域別に中華圏（中国大陸、台湾、香港）、欧米、日本における李安作品に関する代表的な単著と論文をまとめ、李安映画に対する研究の立場と方向性の全体像を把握する。先行研究を踏まえ、今まで李安の華べると極めて少ない。

(1) 中国語圏の研究

歴史的角度からみれば、李安自身はしばしばアメリカ化された監督と見做される。そのため華人監督について検討した論著において、よく対象から外されてしまう。例えば、一九九四年にNick Browneは編著の*New Chinese cinemas: Forms, identities, politics*（Cambridge University Press, 1996）において、李安を除いた、侯孝賢、エドワード・ヤンを含む台湾ニューシネマの代表監督たちと中国第五世代監督の差異に言及している。レイ・チョウ（Rey Chow）の『プリミティヴへの情熱――中国・女性・映画』（本橋哲也、吉原ゆかり訳、青土社、一九九九）も、中国と映画をキーワードとする映画論でありながら、李安映画を中国映画の範疇に含めていないためか、彼の作品を挙げていない。本書は李安の華語映画を研究対象として扱うため、ここでは、地域別に代表的な著書と研究論文の検討を行うことにしたい。

まず、中国語圏で公表された李安研究の傾向について述べておきたい。李安および彼の映画に関する論著は、主に以下の二つの方向性を示している。一つ目は主に李安監督の経歴や映画製作経験などに関心を寄せ、対談やインタビューを収録する形である。理論的視座による作品分析は行われていない。本書において、李安の個人的経歴、また映画の製作背景や動機について記述する際に大いに参考にした『十年一覚電影夢・李安伝』(11)は伝記的研究として最も充実したものである。著者である張靚蓓は李安の口述に基づき、初めての李安口述自伝として編集した。子供時代の経歴、『グリーン』までの全作品について、製作意図から上映後の反響まで各映画の誕生経緯も詳細に記述されている。アメリカの中国語映画研究者である白睿文（Michael Berry）は『光影言語：当代華語片導演訪談録』（台北麦田出版、二〇〇七）において、李安のインタビューに基づき、映画の素材について細かく整理した。彼の華語映画製作の背景資料を紹介し、映画の特徴と主旨についても深く掘り下げて検討した対談集である。

二つ目は特定の映画作品について、特に『グリーン』以後の作品が多く検討される傾向が見られる。本書と関係が深い李歐梵（Leo Ou-fan）『睇色、戒：文學・電影・歷史』（Oxford University Press, 2008）について少し具体的に述べたい。この論著は華語映画作品『ラスト、コーション』に焦点を当て、検討したものである。近代中国の名高い女性作家である張愛玲の小説「色・戒」を原作とする映画を老上海（Old Shanghai）表象や映画と小説との隙間という観点から考察した部分は特に目新しい。映画の細部に対する歴史的な叙述、特に老上海の空間表象と物語の関連性について大きな示唆を受けた。中国大陸では、晏凌、田昊が『グリーン・デスティニー』と『ラスト、コーション』を取り上げ、李安映画の映像を細部にわたって分析し、『電影分析功課：拆解李安電影』（暨南大学出版社、二〇一三）を著した。台湾のメディア研究者である李達翰は『一山走過又一山：李安・色戒・斷背山』（如果出版、二〇〇七）において、華人監督として初めてアカデミー賞監督賞受賞した作品『ブロークバック・マウンテン』と『ラスト、コーション』を取り上げ、李安がその二作品をどのように製作したか、撮影動機および一連の誕生の経緯などを中心に考察した。

続いて李安に関する学術的著作についてだが、注目に値するのはWhitney Crothers Dilley（柯瑋妮）が二〇〇七年に著した *The Cinema of Ang Lee: The Other Side of the Screen*（黄煜文訳『看懂李安』、時周文化事業、二〇〇九）である。[12] この著書は世界で最初の李安に関するアカデミックな著作であり、西洋的な視点によってグローバル化と文化アイデンティティ、フェミニズム、父権制家庭など複数の側面から、すべての映画作品をテーマごとに深く考察した力作である。台湾の大学で教職を務めるアメリカ人として、彼女は李安映画において、国民国家を基盤とする議論よりも映画とグローバル化の関連性、および映画の越境性に対する関心を持っている。特に、父親三部作および『グリーン・デスティニー』の物語性や映画と脚本の関連性について紙幅を割いて検討しており、筆者は多大な示唆を受けた。Crothersの具体的な主張については、第一章、第三章で紹介する。墨娃、付会敏の『閲読李安』（北京大学出版社、二〇〇八）は中国大陸では初めての李安研究の著書である。彼の作品における中国の伝統的な文化やハリウッド映画の言語についての有効な分析方法を提示した。また、李安の映画の作品研究をテーマとした博士論文から単著として出版されたものが二点挙げられる。台湾出身の葉基固による『李安電影的鏡語表達：從文本・文化到跨文化』（台北新鋭文創、二〇一二、中国伝媒大学博士学位論文）と向宇による『跨界的芸術：李安電影論述』（中国社会科学出版社、二〇一四、上海大学博士学位論文）である。葉は映像製作の経験者として、映画テクストの分析を通して、李安映画に内包された中華文化を検討する一方で商業化の成功要因も検討した。更に、その商業性と芸術性の融合を参考にして、映画市場における受容の様相に関する思考を提出した。また向は、李安映画の映像における美学的特徴、二重コード化された中国イメージ、主流のセクシュアリティに直面する同性愛者のイメージおよび女性イメージなどの複数の視点から李安映画の越境性を検討した。

李安に関する研究は、まとまった研究書よりも、研究論文のほうが圧倒的に多い。彼の作品を対象とする論文は主として、学術誌や修士論文に多く見られる。[13]特に、彼の華語映画作品に関する研究が圧倒的に多い。管見の限り、総体的には李安の作品に対する研究は主に中国の伝統文化や文化的政治、家族の風貌、映像表現と美学的スタイルなど[14]の観点から行われている。二〇〇六年に台湾交通大学映画研究センターによって主催された李安電影研討会で、陳犀禾は、李安と張芸謀映画における父親イメージの比較研究を通して、華語文化の二つの発展的方向性を示している。[15]更に、李安映画における父親像は台湾の専権政治体制の崩壊後、西洋文化の中に放置された中国の伝統的な父権制度の現状に対する新たな思考を提示したと陳犀禾は評している。そして、中国大衆文化の研究者である戴錦華は『ラスト、コーション』公開後、主人公の身体と性の関係性に注目するだけでなく、身体と政治、国家に焦点を当て、ポスト冷戦時代においていかにアイデンティティを構築するのかについて関心を持っている。[16]

中国大陸に比べれば、台湾と香港の学者による李安研究には問題意識および方法論などの面で参考になるものが多い。それらは映像学的視点の他、比較文学やカルチュラル・スタディーズの観点から考察している傾向が見られる。

台湾出身の李安は台湾の研究者や批評家各々の関心を集める監督の一人である。李安に関する二つの国際シンポジウムが行われたことは指摘しなければならない。一つは上述した李安映画の主題や文化の越境性に集中して検討する二〇〇六年李安電影研討会である。もう一つは二〇〇八年八月に台湾中央研究院に主催された「『色・戒』：歴史、叙事与電影語言」というシンポジウムである。シンポジウムの登壇者らは映画の美学的、文化的、社会的ないし性的ポリティクスの視点から『ラスト、コーション』を全面的に検討した[17]。

台湾の学術誌または修士論文における研究手法は、主に監督論、ジェンダーと精神分析、文化産業研究、グローバル化の視点に基づくものである[18]。一方、台湾の研究者は国民国家という政治的な側面から李安映画におけるナショナリズムを解読しようとする傾向が見える。例えば、『ウェディング・バンケット』の主人公の人物関係に対し中国大陸と台湾との曖昧な国民国家の政治関係の投影を読み解き、『グリーン・デスティニー』におけるイェンの自殺場面に対しては中国に回帰しないという台湾のナショナリティに結びつけて解釈する[19]。張小虹は、『ラスト、コーション』における愛国主義と映画のメカニズムとの関連性に着目し、映像と音声の表現から「男女の愛と国への愛」について検討している[20]。

台湾に比べると、香港では李安映画に関する研究はそれほど多く見られないが、グローバル化時代を背景に、台湾、中国大陸とアメリカの関係に基づいて、表象された人種問題、異文化問題およびジェンダー・ポリティクス着眼し考察するものがある。例えば、馬蘭清（Gina Marchetti）は、『ウェディング』において主人公の性的アイデンティティと政治の隠喩について焦点を当てた[21]。また、香港の映画産業において武侠映画という類型映画は無視できないジャンルであり、『グリーン』公開後はジャンル映画に関する検討が比較的に増加している[22]。

(2) 欧米圏の研究

李安の華語映画は中国語圏以外の映画祭でも大きな賞賛を獲得したため、アメリカを中心とする欧米の研究者にも注目されている。Robert Arp, Adam Barkman, James McRae の三人は、*The Philosophy of Ang Lee*（李政賢訳『李安的電影世界』、台北五南、二〇一三）という論文集を発刊した。これは李安の作品を東洋と西洋の哲学的視点から考察する著作である。上記の研究は、李安の華語映画に焦点を当てており、中華圏で行われた研究に比べ、研究手法や問題意識をともに更に深化、多元化させている点に特徴が表れていると思われる。[23]主に欧米のポストモダンの文脈から派生した多元文化主義、ポスト構造主義、ポストコロニアル、トランスナショナルシネマや消費主義などの観点から映画を考察する。以下では史書美（Shumei Shi）、魯暁鵬（Sheldon Lu）、レイ・チョウ、Ma-Sheng Mei など代表的な華人研究者の論説をまとめておく。

史書美は「グローバル化とマイノリティ化——李安と柔軟性の政治[24]」という論文で、李安の華語作品を挙げ、彼自身と映画に含まれる柔軟性という概念を提出した。その柔軟性と結びつく形で、ナショナリズム的家父長制と、ジェンダーと結びついたマイノリティ性が機能しているのではないかと疑問を呈した。特に初期の父親三部作について、アメリカ観衆の関心を買うためエキゾチックな要求に応じながらも、台湾観衆に対しては家父長制を通じたナショナリスティックな訴えを具体化し、国際的な名声を得ようとしたと述べる。その上で、上述の通り李安映画の成功は、政治そして性的な問題を巧みに避けたことにあると指摘するのである。彼女のポストコロニアル的視点による李安映画の考察とは異なり、魯暁鵬は新たな華語映画研究の視点、つまりトランスナショナル・チャイニーズ・シネマ（Transnational Chinese cinema）を主軸として分析している。彼によって、李安の『グリーン・デスティニー』はトランスナショナル・チャイニーズ・シネマの最高モデルと見做される。李安の華語映画作品における越境性は映画の製作、公開の形式にも反映されている。またその越境性は、単に国家民族の境界を超えるだけではなく、異文化の越境も含む。ローカル化とグローバル化、個人と他者との関連性は李安映画の大切なテーマとも言えよう。[25]Ma-Sheng Mei は李安の父親三部作において、移民というモチーフが郷愁をもたらす一方、エスニックな異国情緒も明らかに存在すると指摘した。更に、そのエスニックな表現は西洋に対するオリエント、つまり見られる対象としての位置付けであると主張した。[26] それに対して、Wei Ming Dariotis と Eileen Fung は、李安がローカルの視点から東洋を見ることによって、覇権的な西洋消費主義へ抵抗する姿勢を観客に示しているという反対の意見を述べた。[27]

ここまで述べたように、欧米圏の華人研究者は様々な視点から李安作品の異文化ハイブリッド、志向性および文化的権力を詳細に検討する。特に、トランスナショナルシネマという映画研究の方法論において李安華語映画をより深く理解することを試みるのが昨今の傾向である。

(3) 日本の研究傾向

中華圏に比べれば、日本では、台湾ニューシネマの代表監督である侯孝賢、エドワード・ヤン（楊徳昌）とほぼ同じ世代の監督であるはずの李安に関する研究はそれほど盛んでない。監督と作品に対する研究よりも、中華圏文化を背景にして李安映画を紹介する批評が見られる。代表的な日本国内の映画専門評論誌である『キネマ旬報』[28] では、李安のすべての華語作品に関する特集や監督のインタビュー内容が編集、掲載されたことがある。映画に関心を持つ層に向けた一般誌なので、主にストーリーの紹介、製作の背景および監督自身の紹介という視点から映画をアピールする方針に則っているものである。映画研究者によるまとまったアカデミックな研究はまだない。

日本の研究ではしばしば、マクロな視点で映画を切り口として現代中国、香港、台湾の社会、文化を読み解くという問題意識の中で李安の一作品が取り上げられる。例えば、藤井省三は『中国映画――百年を描く、百年を読む』の中で李安の『恋人たちの食卓』における父親の外省人一世という地位に言及し、その地位と台湾国民党政権の関係に論及している。[29] 戸張東夫は『ウェディング』で言及されている同性愛問題、中国系移民、親子関係などに注目し、スクリーンから現代アメリカと中国人について考察している。[30] 一方、中国人研究者は李安の華人監督としての立場に関心を寄せながら、映画における移民要素にも注目し検討する。韓燕麗は、話題作である『ブロークバック・マウンテン』を取り上げ、華人監督であることに注目しつつその映画がどのようにハリウッドで受容されるかを考察する。[31] 李明は比較研究の手法を利用し、映画『夜明けのスローボート』と『ウェディング・バンケット』を挙げ、ジェンダー秩序という視座から中国系アメリカ移民の表象に着目し検証を行う(32)。

最後に、本書と最も研究手法が近い王飛の『映画にみるナショナリティとマイノリティの狭間――李安映画の「越境性」と柔軟な主体の形成』(33)について検討したい。日本で初めて公開された李安研究の博士論文である。上映順から、第一章では、「父親三部作」をめぐる父親の身体表象に注目し、越境によるナショナル・アイデンティティの再構築を考察している。第二章は、ハリウッド進出したばかりの頃の三部作を取り上げ、視覚された映像テクストに注目し、マイノリティ・アイデンティティを検討している。第三、四、五章はそれぞれ、『グリーン・デスティニー』における「風景」、『ブロークバック・マウンテン』の「視線」と『ラスト、コーション』の「チャイナ・ドレス」に焦点を当て、作品を考察する。『ブロークバック・マウンテン』に関する考察では、ローラ・マルヴィの視線理論を用い、映画内で描き出される視線と、男性同性愛者の身体表現を見る観客の視線を分析している。結論では、『ハルク』と『ライフ・オブ・パイ』の二作に触れている。彼は監督論の立場から、カルチュラル・スタディーズの方法論を利用し、「越境性」をキーワードとし、李安自身の越境から映画作品が帯びる越境性を検討したのである。更に王は、史書美の提出した「柔軟性」の概念も参照し、テクスト分析に基づき、年代順に作品を追い、「柔軟な主体」という神話言説が構築された過程をめぐる論点を提示した。

王の論説に対して、筆者はいくつかの批判的な意見を述べたい。まず、王はナショナル、マイノリティ、越境と柔軟な主体といった複数のキーワードから李安映画を論じたが、先述した史書美、柯瑋妮、向宇らの研究を踏襲してまとめているだけで、李安作品分析における独自の観点が明確にされていない。次に、王は第一章と第二章でそれぞれ家庭三部作とハリウッド三部作をまとめて扱っており、次の章からは一作品ごとにわけて検討している。特に、家庭三部作における民族的なもの、つまり太極拳、結婚披露宴や中華料理の作り方を通じて、父親という人物像を検討している。しかし、それぞれの映画における父親の人物像は単一の表象ではない。三部作それぞれの父親像をまとめて分析する方向性に対して、筆者は疑問を抱く。論文の全体として、王は父親の身体表象、風景の視覚表現およびチャイナ・ドレスに着目し、李安の華語映画に対する議論を展開している。だが、筆者はそれらの要点自体が体系だっていないこと、つまり身体表象と風景、または服装表象との関連性についてほとんど触れていないことに疑問を覚える。

以上の李安研究を総括すれば、中華圏においても欧米圏においても、作家研究では華人監督であるという点に焦点が当てられ、作品研究では多様な視点から検討されているということが言える。中国での研究論文は少なくないと言えるが、映像テクストの精読およびジェンダーやフェミニズム理論といった理論的アプローチが欠けている。更に、映画史における李安映画の位置づけを扱った研究は未だに極めて少ない。台湾や香港では、彼自身のナショナリティや国民国家といった政治的視点からの論考が中国大陸より圧倒的に多い。欧米圏では、ポストモダンの諸理論を援用し彼の華語映画を検討する一方、華人研究者はトランスナショナルシネマという視座から華語映画のグローバル化に対し深い関心を寄せている。いずれにしても、華語映画作品の映像技法に着目した詳細な分析はほとんど見られない。

本書の研究対象である華語映画作品に対しても、理論的な考察は少ない。しかもそれぞれの映画に描かれた家族像と隠蔽された欲望の関連性、特に人物像の再構築に対しては、さらなる考察の余地があると考える。また、『グリーン・デスティニー』において、李安は古典中国への憧れを映画に投影している(34)。先述の通り、幼少期の李安に深い印象を与えた『私の家は山の向こう』に歌われた森、果てしなき草原、窰洞は実は本映画の中で彼自らの映画の中でも形象化されている。更に、従来の伝統的な武俠映画とは異なった女俠の造形と古典中国のイメージ構築との有機的な連関が見られる。このように『グリーン・デスティニー』において、李安の憧れる古典中国がどのように視覚化されているのかは検討の余地があるのだが、それらを扱った論説はない。なお、張愛玲原作の小説から映画化された『ラスト、コーション』において当時の上海をどのように表象したのか、その表象化された上海の都市空間と物語の繋がりはどういったものなのかについても先行研究では触れていない。また、映画に焦点を当てた女性同士の権力関係に関する検討も行われていない。

従来の研究でも「視線」、また「空間」に類似した概念として「風景」をキーワードとしたものがあったが、そこからジェンダー・ポリティクスを読み解いた研究はない。しかし、李安の映画において設定された空間とそこで交わされる視線を分析することにより、そこに表現されたジェンダー・ポリティクス、つまり登場人物の欲望と権力関係を読み取ることが出来ると筆者は考えている。またそれは、李安自身の華人アイデンティティや伝統的な中華文化を反映した経歴により、華語映画に顕著に投影されていると考えている。

この問題意識を踏まえ、筆者は以下のような課題設定を行う。すなわち、映像テクストを分析するための研究手法を採用して李安の華語映画を精査し、空間における人物間の視線のポリティクスについて検討するのである。空間に置かれた人物の視線権力の転換に関して考察することにより、映画に刻印された権力関係を細かく観察したうえで、映画の新たな解釈を試みたい。言い換えれば本書は、理論的視角から李安の華語映画作品を見直し、観客に提示される視覚化された表象を再解釈するものである。まず、伝統的な中華文化の持つ父権的な秩序によって隠蔽された欲望を明らかにする。そのうえで、ジェンダー秩序によって構築された男／女、親／子、同性愛／異性愛といった二元論的な権力の神話を転覆させようとする対抗姿勢を浮き彫りにする。李安の華語映画は中華圏の観客のみならず、西洋の観客の視線も意識的に捉えている。つまり、スクリーンの内部から西洋のまなざしに向けて中華文化のエキゾチシズムを提示するだけでなく、むしろスクリーンの外部である多元文化の時代において権力の衝突に従って生じる多様な個人の姿を描きだしており、ジェンダー・ポリティクスを超える可能性も孕んでいると考えている。

第二節　華語映画とは何か

本書は李安の華語映画について検討するものである。それゆえ、本書で扱う華語映画の定義を明確にしておきたい。華語は、日本語では中国語のことを指す（『広辞苑』）。更に詳しく定義すれば、華語（英語では、Mandarinと訳される）とは、華人間の共通的な中国語であり、「北京語の発音を標準とし、北京語を文体の基礎とし、更に南洋の生活特有の語彙を豊富に盛り込んだ口語による漢民族の共通語[35]」であるとされる。「華語」の華は中華の意であり、中華民族という言葉に由来する。中華民族とは、中国の古今の各民族の総称である。中国の社会学者である費孝通は、統一国家が形成されていく長い歴史的発展の中で、多数の民族によって作り上げられた民族の集合体である、と定義している[36]。中華民族における文化的、及び政治的機能に関連づけるならば、まず華語とは、公用語としての華人集団における通用性というより、むしろ血縁・文化・信仰に基づく共同体への心理的な帰属意識、いわば民族的アイデンティティを強調する用語であると考えてもよい。

一方、華語映画（中国語映画、Chinese cinema）の定義について、華人映画研究者魯暁鵬、葉月瑜は以下のように述べている。

華語映画は常に進化し発展している現象やテーマである。主に標準語とされる北京語（mandarin）を使い、中国や中国以外の華人コミュニティで製作された映画を指す。他国の映画製作会社と共同製作した映画も含まれている。したがって、華語映画はすべての華語関連地方、国家、地域、多国籍、中国以外の華人コミュニティ、およびグローバルな映画を網羅する、より広い概念となる[37]。

また華語映画の具体的な類型は、①中国大陸で撮影され、中国が製作した映画作品（つまり伝統的な意味における中国映画）、②トランスエリアな中国映画、③トランスナショナルシネマ（Transnational Chinese Cinema）、つまり外国の資金を導入しつつ中国人と提携して製作されたもので、中国国内で撮影し、中国文化と中国と関連した主題を表現した映画、④中国以外の華語映画、諸外国に暮らす華人が製作した、中国文化を表現する中国語映画、たとえばシンガポール映画、アメリカ華人が製作した自主映画、などに分けられる[38]。

本書で取り上げる李安の華語映画は標準語の北京語を使い、上述した類型③、④を内包し、中国文化と中国と関連した主題を表現した映画作品である。従って、典型的な華語映画であると言える。

第三節　理論的枠組み

映画を見る際、われわれ観客にとって最も議論を呼ぶのは視線の問題であろう。映画と視線の関係性について、加藤幹郎は「映画は視線を組織化する。そしてその組織化は、複数の候補のなかからの選択と、その選択されたものに更に優先順位をつけるというかぎりで、きわめてポリティカルな組織化である。映画の観客は、視線の組織化を通じて映画の唯一正当なる主体として政治的に生産される(39)」と指摘した。この指摘では、映画を見るという行為、すなわち観客の視線の問題が強調されている。映画内物語はスクリーン上で視覚化される際に、ある政治的な方向へ観客の視線を組織化しているのである。

ポスト冷戦時代におけるグローバル化によって、オリエンタリズムの視点からすれば、見るものと見られるものとの間の裂け目、つまり能動的な目と受動的な見世物との間の分裂は、支配的な西洋と従属的な東洋とに押し付けられることになる(40)。ポスト冷戦時代の華語映画は、西洋中心的な視覚構造における見られるものとしての位置に抵抗しながら、冷戦構造を破砕し超越しようという新たな訴求を伝える(41)。スクリーンには、人間の欲望が反映され、政治が刻印される。そして、見るということには意図がかかわっている。いわば、監督の意図によってスクリーンに表現されている人物間の葛藤やジェンダーの不均等が映画の視線構造に浸透し、複数の権力関係を作り上げるのである。

なお、「われわれの視覚システムは、時間的にも空間的にも変化を知覚するのに適している(42)」というように、映像技法を通じて、とりわけミザンセン（仏 *Mise-en-scène*, 舞台設定、照明、衣装、人物の振る舞いなどキャメラの前に置かれて撮影されるすべての要素）の諸側面は、映像の構成要素の変化によって、観客の注意力を引き付けることになる。人物の位置する空間はスクリーンの中に具象化されており、物語における人物との関連性は顕著に現れる。映画に登場する人物の行為の場でありながら、それぞれの視線が交錯する装置となる。一方、スクリーンの前に位置する観客は、スクリーンの中に登場する人物や空間を見る立場にある。よって、映画に登場する人物間の視線と観客の視線という二つのレベルの視線と映画内人物の置かれた空間とを合わせて考察することにより、視線と空間の連動関係が明らかになる。更に、視線を交錯させる装置として空間表象の意味を分析することにより、身体と空間の占有によって生み出されるジェンダーの権力関係も読み取れる。

以上の三つの軸をめぐって、本書では、ジェンダー／フェミニズムによる映画の視線に関する理論および空間に関する論説を用いて映像を分析していく。まず、それらの枠組みと用語について整理しておく。

(1)　ジェンダー・ポリティクス

初期の第二波フェミニズムは、生物学的な性の差異をセックス、社会文化的に構成される性の差異をジェンダーとして区別した。ジェンダーという概念における男性性や女性性は、人種や階級、エスニシティやナショナリティの差異の中で、あるいはそれらを通して、社会的に構築されている。[43]男女間の支配と権力関係および女性同士の権力関係を検討する際には、第二波フェミニズムの代表者であるアメリカのフェミニスト――ケイト・ミレット（Kate Millet, 1934-）の「性の政治学」（sexual politics）の理論を参考にする。ケイト・ミレットは『性の政治学』（*Sexual Politics*, 1970, 藤枝澪子、加地永都子、滝沢海南子、横山貞子共訳、ドスメ出版、一九八五）において、政治という用語を、一群の人間の他人間への支配の枠組み、権力構造と捉え、男女間の関係は、権力関係であり、あらゆる政治的関係のもっとも基本的で広範なモデルとみなされるべきだと主張している。家父長制の理論を見直しそれが政治体制であると定義するために、イデオロギー、生物学、社会学、経済・教育、心理学という基盤の概念を援用している。第二波フェミニズムの主要なスローガン「個人的なことは政治的なことである」[44]という表現は、「個人的なこと」と「政治的なこと」とを、それぞれ私的領域と公的領域とに分断した近代二元論パラダイムに対する根本的な挑戦を意味する。現代映画芸術に関する考察として、塚田幸光は『シネマとジェンダー――アメリカ映画の性と戦争』（臨川書店、二〇一〇）において、一九四〇年代から九〇年代アメリカ映画に関する性の政治学について検討した。塚田は、アメリカの戦後映画史をアメリカの文化史文脈で捉え直すという視座に則り、映画というメディアは、国家間の政治だけではなく、階級間、ジェンダー間に生じる様々な政治が映し出される場でもあると述べる。本書では、セクシュアル・ポリティクスという用語をミレットよりも広義に、例えば、男性同士、女性同士等にも援用するため、ジェンダー・ポリティクスといいかえて用いる。ジェンダー・ポリティクスとはセクシュアリティの政治、即ち性的関係における不平等な権力に基づくものである。

(2) 映画における視線をめぐる理論

性的差異とまなざしの権力関係との結び付きが本書の着目点である。本書は主にイギリスの映画理論・文化理論家ローラ・マルヴィ（Laura Mulvey, 1941-）の視線に関する理論を参考にし、映画に登場する人物同士の視線、人物に向けられるキャメラの視点または観客の視線との権力関係の分析を試みる。ローラ・マルヴィは現代映画理論の先駆的論文「視覚的快楽と物語映画」(45)（1975）において視線の映画的構造は男性的なものだという論点を提出する。更に見ることの快楽に焦点を絞ることで、映画的制度内で父権的／男性的イデオロギーがいかに強化されているかを明らかにした。マルヴィが明らかにしたのは、映画内の登場人物たちを支配する物語世界内の論理と、映画と観客の間の物語外の関係とが物語をめぐる観客の欲望を通じて照応するプロセスである。メインストリームの映画における物語内の論理の中核には視線の配分という問題があって、つまり見るポジションに能動性、主体性と男性性が、見られるポジションに受動性、客体性と女性性が割り振られるのである。マルヴィは男性のまなざしは三つの形態を持つと結論づけている。即ち、受動的対象としての女性に向けられるキャメラのそのものの視線、彼らのまなざしを強力なものにすべて構造化された男優の視線、そして映画を見る観客の視線である。マルヴィの論説は視線を男性側に限定して論じているが、本書では視線の問題は男女間だけでなく、男性同士もしくは女性同士の視線の権力およびその転倒を考察するうえでも有効であると考えているためこれを援用する。また本書では、観客に関して、男性観客と女性観客という二分法は採用しない。更に、キャメラと観客の視線は同一化したものであることから、このまなざしの図式は観客とスクリーン上の登場人物との視線の権力関係にも援用できると考えられる。本書では、視線のポリティクスという概念を加藤幹郎の『映画視線のポリティクス――古典的ハリウッド映画の戦い』（筑摩書房、一九九六）から借用する。加藤は同著で古典的ハリウッド映画の男性と女性の能動的、受動的な視線の立場について論述する一方、当時の映画製作に関わる倫理規定によって、検閲を行う側と映画製作を行う側との見る／見られる関係の対立についても述べている。本書は、ジェンダーと視線との結び付きに対してアプローチを行うことにより、スクリーンの内と外の見る／見られるまなざしが生じさせる権力関係を検討する。

(3)　空間概念をめぐる理論

スクリーンに投影される映像は、言うまでもなく平面的なものである。映画に登場する人物の活動空間の構図はミザンセンの配置によって生み出される。スクリーン上に具象化されたそれぞれの舞台空間、たとえば物語の舞台としての都市空間や自然環境などの場が、人物の視線が交錯する装置としていかに観客に呈示されるのか。本書では、ミザンセン映像技法を通じて、視覚的な空間を考察していく。

映像テクストの舞台空間それぞれの空間意味を検討するに当たっては、ドイツの哲学者オットー・フリードリッヒ・ボルノウ（Otto Friedrich Bollnow, 1903-1991）の空間論に依拠する。ボルノウは、表象された空間に対して、人物が直接に生きている空間を「体験されている空間[46]」と名づけて、空間の志向性を分析した。その体験されている空間という概念に照らし、本書では登場人物の置かれる場所に対する空間の諸体験を検討する。特に、住む空間としての自宅という空間表象を分析する際、ボルノウは「家屋という自分自身の空間をもつこと[47]」という、空間そのものを所有することによる、空間への感情の諸様式を考察している。本書では、映画に登場する人物と空間との関連性について、特に第二章と第三章で空間の中に置かれる人間と空間との繋がりを検討する際、住む空間概念を援用したい。つまり、人間自身は空間内に存在している者ではなく、むしろ諸物への人間同士の関係がその空間性によって特徴付けられているのである。本書ではこのボルノウの理論に沿って、映画に表象された人物が如何に映画内空間を体験するかを検討することによって、それぞれの空間における人物たちの関係性と感情とを明確にしたい。

視線の権力が空間に浸透する場合にはミシェル・フーコーの一望監視装置（パノプティコン）[48]の概念を適用している。フーコーは身体刑が廃止されてから監獄が誕生するにいたるまでの流れを歴史的な視点から論じ、人間の身体が拷問の対象から、管理、訓練、服従の対象へと変化していくプロセスを明らかにした[49]。特に、フーコーは、ジェレミー・ベンサムが考案した一望監視装置（パノプティコン）について分析し、その装置の内部の権力を駆動させるのは本質的に視線なのであると指摘した。空間的設備を政治的な目的のために用いるということである。この装置特有の仕掛けによって、監視される者は監視する者の視線を自ら内面化し、個人のさまざまな欲望を絡めとりながら、道徳的主体、服従する主体としての個人を形成する[50]。これに従い、空間は視線の働きによって個人身体と欲望を支配する権力の装置となる。本書では、映画に具象化された空間と登場人物の身体や欲望とが密接に関わっている場面で、特に監視の要素が強く働いている場面に対し、一望監視装置（パノプティコン）の概念を参照しつつ検討する。

(4) その他の理論

最後に、本書は李安の華語映画を研究対象にするため、中国、香港、台湾など中華圏のジェンダー、政治文化に関する研究も参照する。主に戴錦華のポスト冷戦時代の中国映画に関する考察、レイ・チョウの西洋と東洋とのまなざしの関係に関する理論、ネイティブと他者の関係性についての論考を考察に取り入れたい。

本書は、映画テクストの分析を行い、上記の理論を援用しつつ、映画に描かれる視線の働きを検証するつもりである。映画技法の用語は『フィルム・アート――映画芸術入門』のショットの撮影法およびミザンセンの用語による。

第四節　本書の全体構成

第一章は公開された『ウェディング・バンケット』（中国語原題『喜宴』、英題：*The Wedding Banquet*, 台湾・アメリカ合作映画、一九九三）を研究対象とする。映画の舞台であるニューヨークという都市空間に登場するクィアな家族に注目し、公的／私的の場における人物の視線関係を検討することによって、変貌した家族像を究明したい。先行研究では、物語の背景となる都市ニューヨークについてあまり触れられていない。特に、ニューヨークの私的空間や公的空間が物語の展開と密接に関わっている点と、このような空間に置かれた二人のゲイと一人の女性から成るクィア・ファミリーの表象を考察する。監督李安による人生初の中国語の長編脚本(51)を映画化した作品であり、その中では「父親がすべて知っている(52)」作品と呼ばれるほど、父親がとりわけ豊かな人物として造型されている。これまでの研究では、映画の中の父親は、中国の伝統的家父長制を体現するホモフォビアな権力者としてゲイの息子の前に立ちはだかるものである、というように単一的な家長に過ぎないとする論考が多い。加えて、映画に描かれる親子の葛藤は東洋と西洋の衝突によって引き起こされているとも指摘されてきた。このことに異議を申し立て、映画には登場しない老張という人物に注目しながら父親の性的アイデンティティに対する考察を行うことによって、映画に隠蔽されている異なる家族を読み解いて行った。それによって、映画が内包するクィア・ファミリーを明らかにした。また、不可視化された家族像を提示する一方で、家族の表象に見るナショナル・アイデンティティが政治的意味の隠喩となっていることにも触れる。

第二章では、『恋人たちの食卓』（原題『飲食男女』、英題：*Eat Drink Man Woman*, 台湾、一九九四）を取り上げる。本作品は九〇年代初期の台北を背景にして、外省人家族の風景が描かれたメロドラマである。この映画では『ウェディング』に描かれた家族像とは一見大きく異なる、父親と娘から構成される母親不在の家族にスポットを当てている一方で、『ウェディング』と同様に外省人という歴史的な要素に着目している。ローラ・マルヴィの視線の理論と、映像のミザンセンと撮影法の要素という視覚的な表現とを組み合わせることによって具体的なシーンの分析を行い、人物の視線をめぐる権力関係を検討した上で、李安がどのようにして新たな父親像を創造したのかをジェンダーの視点から論じたい。映画のタイトルが示す飲食と男女という二つのテーマに沿い、特に台所や食卓、職場といった特定の諸空間における父親の表象を視線の理論によって分析し、新たに評価してみたい。この章は、外省人の父親にとって異郷である台北という現代の都市空間において、多文化を調和させた料理、即ち飲食を通して自らの去勢を意味する男女の性的危機を解消し、現代的都市である台北に融合させる外省人家族を再構築することになった物語としての読解を行う。

第三章では、中国映画特有のジャンルである武侠映画として世界中で話題を呼んだ『グリーン・デスティニー』（原題：『臥虎蔵龍』、英題：*Crouching Tiger, Hidden Dragon*, 中国・香港・台湾・アメリカ製作、二〇〇〇）を分析テクストとして、江湖の空間と女侠の造形との関連性がどのように表現されているかを考察していく。視線のポリティクスが演出するジェンダーを検討することにより、空間の転換を基軸に、規範的なジェンダー秩序から逸脱したヒロインの造形を論じるとともにそれぞれの空間表象と人物の繋がりを明らかにしたい。監督李安の古典中国に対する想像が投影された空間表象、つまり映画における荒野、北京城、江南民居、洞窟から江湖の空間がいかに構築され、観客に何を伝えているかを検討する。次に、華人武侠映画の系譜を踏まえて女侠の造形の変遷を整理し、その上でヒロインに焦点を当てる。この章は空間によって女性の内面的変化を叙述するという手法で、意思のないものとして客体化されていたステレオタイプな女性造形を転覆させ、これまでの武侠映画にはない多面的なヒロインを再構築することによって、映画を新たな視座から解釈する。

第四章は、華人世界で名高い女性作家である張愛玲の小説「色・戒」（1983）を映画化した『ラスト、コーション』

（原題『色・戒』、英題：*Lust Caution*, アメリカ・中国・台湾・香港合作、二〇〇七）を中心に検討する。映画の時代背景は、一九三九年の日本軍占領下の「孤島」時期から一九四二年に完全に日本軍支配下に置かれ汪兆銘政権によって管理されていた時期までの上海であり、抗日学生グループによる汪兆銘政府の高官の暗殺計画をめぐる物語である。まず、近代都市上海という文化表象が映画ではどのように描かれるか、更に上海のイメージと物語がどのように繫がっているかという点を論究する。歴史的コンテクストを踏まえ、映画における具体的なシーンの分析から、老上海のイメージが映画内テクストとしてプロットと緊密に融合している様を検討する。映画における上海の表象には、東洋と西洋の文化の融合する近代都市という側面だけでなく、日本軍占領下の閉塞感も感じられる。更に、スパイ映画という主題に関連し、空間と視線のポリティクスという視点を導入することで、映画独自の老上海の表象に対して李安がいかに政治、権力という要素を付加しているのかを究明していく。

第四章の第二、第三節では、視線の理論と両性間の権力関係に着目し、野心的な試みであると監督が述べる女性同士のマージャンシーンと男女のベッドシーンを考察する。映像的技巧と相まってそれぞれテーマ別に表現されるマージャン場面を取り上げ検証する。マージャンシーンにおける登場人物同士の視線の交錯を取り上げることで、関係性および権力の転換などを明らかにする。女性同士の戦いがマージャン卓を中心に集中して現れる一方で、男女間の権力の闘いはベッドを中心に展開されていると考える。二つのシーンはともに私的空間で展開されるため、フーコーの一望監視装置（パノプティコン）という監視する視線の権力を参考にし、男女の主人公の視線と身体の交錯を捉えショットの撮影法と合わせて分析することで、ベッドシーンを通して二人の視線による権力関係の転移が表現されている様を検討する。このような考察を通して、視線のポリティクスという視点を導入することによって、登場人物の視線とは一定の条件と時点に基づくものであり、主人公に体現された視線の権力の転移を確認することができると結論づけた。

注

（1）外省人とは、国共内戦に敗れた国民党政府の台湾移転とともに一九四九年以後に大陸から台湾へ移住した人々とその子孫を意味する。若林正丈『台湾の政治――中華民国台湾化の戦後史』東京大学出版社、二〇〇八年。
（2）張靚蓓編著『十年一覚電影夢：李安伝』人民文学出版社、二〇〇七年、八七頁。
（3）同上注、四頁。
（4）同上注、八頁。
（5）同上注、二七八頁。
（6）本来フランス語で、劇を舞台上にのせることを意味し、そもそもは戯曲を演出することを指した。映画研究者は、この用語を映画の演出を指す用語へ敷衍し、映画のフレーム内に現れるものを監督がコントロールすることを意味する用語として用いている。ミザンセンには、演劇の特殊技術と重なり合う映画の構成要素が含まれる。舞台設定、照明、衣装、人物の振る舞いがそれである。デイヴィッド・ボードウェル、クリスティン・トンプソン著、藤木秀朗監訳『フィルム・アート――映画芸術入門』名古屋大学出版会、二〇〇七年、一七二頁。
（7）白睿文『光影言語：当代華語片導演訪談録』台北麦田出版、二〇〇七年、二八八頁。
（8）「父親三部作」とは、監督の早期（初期）の代表作『推手』(1991)、『ウェディング・バンケット』(1993)、『恋人たちの食卓』(1994)という家庭倫理を中心として映画である。
（9）史書美著、轡田竜蔵訳「グローバル化とマイノリティ化――李安と柔軟性」『現代思想』二九、青土社、二〇〇一年三月。
（10）前掲『光影言語：当代華語片導演訪談録』、三〇八頁。
（11）この著作は二〇〇二年台湾・台北時報文化によって出版された台湾の繁体字版による書籍である。本書は二〇〇七年に人民文学出版社によって出版され大陸の簡体字版を参照したものである。
（12）本書では台湾版を参照した。
（13）中国での論文検索ツール「知網」のホームページは http://www.cnki.net/ である。
（14）例えば、周斌「在中西文化衝撞中開発人性格――評李安的〝父親三部曲〟系列影片」『華文文学』二〇〇五年五月。肖路「華語電影——中美跨文化伝播的重要媒介」、『当代電影』、二〇〇五年第三期。張澂「構築多元文化認同的影像世界——評李安電影的文化特性」、『当代電影』、二〇〇五年第三期。孫慰川「試論李安〈家庭三部曲〉的叙事主題及美学特徴」『南京師範大学学報』、二〇〇七年一期。付蓉「従〝恋父情結〟解析李安電影中的文化内涵」『電影評介』、二〇〇六年二〇期。羅薇「李安電影中女性角色的隠喩性読解」『当代電影』二〇一三年八月。陳林俠「消費文化視野中的後政治、性虐待与文化雑交——以李安的〈臥虎蔵龍〉与〈色戒〉為核心」『芸術百家』二〇〇八年第四期。潘楽「李安電影視聴語言的美学分析」、『電影評介』二〇一六年一月。胡啓菲「李安電影的美学探求」『電影文学』、二〇一〇年八月などが挙げられる。

（15）シンポジウムについては、陳犀禾、曹瓊、莊君「跨文化文本和跨文化語境：李安電影研究動態」『電影芸術』二〇〇七年第三期を参照した。

（16）戴錦華「時尚・焦点・身分：〈色・戒〉的文本内外」『芸術評論』、二〇〇七年一二期。

（17）前掲陳犀禾、曹瓊、庄君「跨文化文本和跨文化語境：李安電影研究動態」を参照した。

（18）台湾で公刊された機関誌及び修士論文について、台湾国家図書館のホームページ https://www.ncl.edu.tw/ から台湾人社引文資料庫と台湾博士修士論文知識加値システムを利用し検索した。

（19）Emilie Yueh-yu Yeh and Darrell W.Davis,*Taiwan Film Directors:A Treasure Island*, New York: Columbia University, 2005, p 194.

（20）張小虹「愛の不可能な任務について——映画『ラスト・コーション』に描かれた性・政治・歴史」、星野幸代（ほか）編『台湾映画の表象の現在——可視と不可視のあいだ』あるむ、二〇一一年。

（21）Gina Marchetti, “*The Wedding Banquet*: Global Chinese and the Asian American Experience”, In Hamamoto, Darreli Y, and Sandra Liu ed. *Countervisions: Asian Ameriacan Film Criticism*. Philadelphia: Temple University Press, 2000.

（22）陳岸峰「武俠美学的伝承、創新和馳想：〈臥虎蔵龍〉与〈英雄〉的比較研究」『北京電影学院学報』二〇〇五年第四期。

（23）例えば Christina Klein, “Crouching Tiger, Hidden Dragon: A Diasporic Reading.” *Cinema Journal* 43, no. 4（Summer 2004）: 18-42. Chris Berry, “*Wedding Banquet*: A Family（Melodrama）Affair”, In Chris Berry, ed *Chinese Films in Focus*: 25 New Takes. London: BFI Publishing, 2004. Gina Marchetti, “*The Wedding Banquet*: Global Chinese and the Asian American Experience” In

Hamamoto, Darreli Y, and Sandra Liu ed. *Countervisions: Asian Ameriacan Film Criticism*. Philadelphia: Temple University Press, 2000. など挙げられる。

(24) 前掲史書美「グローバル化とマイノリティ化——李安と柔軟性」。

(25) Sheldon Lu, "Crouching Tiger, Hidden Dragon, Bouncing Angels: Hollywood, Taiwan, Hong Kong, and Transnational Cinema.", In Sheldon Lu and Yueh-Yu Yeh, eds. *Chinese-Language Film: Historiography, Poetics, Politics*, Honolulu: University Hawaii Press, 2005.

(26) Ma Sheng-Mei, "Ang Lee's Domestic Tragicomedy: Immigrant Nostalgia, Exotic/Ethnic Tour, Global Market.", *Journal of Popular Culture* 30, 1, 1996.

(27) Wei Ming Dariotis and Eileen Fung. "Breaking the Soy sauce Jar: Diaspora and Displacement in the Films of Ang Lee." In Sheldon Lu, ed., *Transnational Chinese Cinema: Identity, Nationhood, Gender*, Honolulu: University Hawaii Press, 1997, pp. 187–220.

(28) キネマ旬報には、作品特集として李安の作品に関する記事や評論など掲載されている。詳細な紹介や批評などは『キネマ旬報』(1120)「ウェディング・バンケット」特集、(1163)「恋人たちの食卓」特集、(1182)「李安監督特集」、(1319)「グリーン・デスティニー」特集、(1452)「ブロークバック・マウンテン」特集、(1499)「ラスト、コーション」特集で参照できる。

(29) 藤井省三『中国映画——百年を描く、百年を読む』岩波書店、二〇〇二年。

(30) 戸張東夫『スクリーンの中の中国・台湾・香港』丸善、一九九六年。

(31) 韓燕麗「キャメラの背後のイエロー・フェイス——『ブロークバック・マウンテン』における神話の打破と再生」、藤井仁子編『入門・現代ハリウッド映画講義』人文書院、二〇〇八年、一二一－一四三頁。

(32) 李明「家父長的文化における中国系アメリカ移民の表象——映画『夜明けのスローボート』と『ウェディング・バンケット』をめぐって」『大阪大学言語文化学』二〇、二〇一一年、一五－二四頁。

(33) 王飛「映画にみるナショナリティとマイノリティの狭間——李安映画の「越境性」と柔軟な主体の形成」神戸大学博士論文甲第六六〇五号、二〇一六年。

(34) 前掲『十年一覚電影夢：李安伝』、一六九頁。

（35）櫻井明治「東南アジアの中国語」『東南アジアの国際環境における中国と日本――華僑社会の分析を中心として』東京外国語大学東南アジア班、一九七六年。

（36）費孝通著、西澤治彦ほか訳『中華民族の多元一体構造』風響社、二〇〇八年。

（37）筆者訳。原文は次の通り。「华语电影是一种处于不断演变、发展中的现象和主题、主要指使用汉语方言、在中国及海外华人社区制作的电影、其中也包括与其他国家电影公司合作摄制的影片。因此华语电影是一个涵盖所有与华语相关的本地、国家、地区、跨国、海外华人社区及全球电影的更为宽泛的概念」。鲁晓鹏、葉月瑜「華語電影之概念：一個理論探索層面上的研究」『当代電影理論新走向』、陳犀禾主編、文化芸術出版社、二〇〇五年、一九七頁。

（38）原文は「华语电影的具体类型又包括：一是在中国拍摄由中国出品的电影（即传统意义上的中国电影）、二是跨区拍摄的中国电影、三是跨国华语电影（即外国出资、在中国境内拍摄、表现中国文化和主题、与中国人合作拍摄的影片）、四是异国华语电影（海外华人在异国拍摄的表现中国文化的汉语电影、如新加坡电影、美国华人拍摄独立电影等）」。劉宇清「華語電影：一个歴史的理論範疇」『電影芸術』二〇〇八年第五期。

（39）加藤幹郎『映画とは何か――映画学講義』文遊社、二〇一五年、九一頁。

（40）エドワード・W・サイード著、今沢紀子訳『オリエンタリズム』平凡社、一九八七年。

（41）戴錦華、宮尾正樹監訳『中国映画のジェンダー・ポリティクス――ポスト冷戦時代の文化政治』御茶の水書房、二〇〇六年。

（42）前掲『フィルム・アート――映画芸術入門』、二〇二頁。

（43）ソニア・アンダマール、テリー・ロヴェル、キャロル・ウォルコウィッツ著、樫村愛子、金子珠理、小松加奈子訳『現代フェミニズム思想辞典』明石書店、二〇〇〇年、一三二－一三三頁。

（44）キャロル・ハニッシュによって最初に用いられ、『2年目についての覚え書き』（1970）で公にされた言葉。ラディカル・フェミニズムはこのスローガンを使い、男性が女性を公的領域で支配しているのと同じように男性は家庭で女性を支配しているという家父長制の抑圧の心理学的な基盤を強調する。マギー・ハム著、木本喜美子、高橋準監訳『フェミニズム理論辞典』明石書店、一九九九年、二三四頁。

（45）ローラ・マルヴィ「視覚的快楽と物語映画」、斉藤綾子訳『「新」映画理論集成――歴史／人種／ジェンダー』フィルムアート社、一九九八年、一二六－一四一頁。
（46）オットー・フリードリッヒ・ボルノウ著、大塚恵一、池川健司、中村浩平訳『人間と空間』、せりか書房、一九七八年、二五七頁。
（47）前掲『人間と空間』、二六二頁。
（48）一望監視装置は、本来囚人を矯正するための刑務所の構造を指す。看守の観点に立てば多面から多方を見ることが出来て取り締まりやすく、閉じ込められる者の観点に立てば、隔離され一方的に見られるのみである。ミシェル・フーコー著、田村俶訳『監獄の誕生――監視と処罰』新潮社、一九七七年。
（49）同上注。
（50）中山元『フーコー入門』筑摩書房（ちくま新書）、一九九六年、一四五頁。
（51）前掲『十年一覚電影夢：李安伝』、五一頁。一九八七年から『ウェディング』の脚本を構想し執筆し始めており、映画デビュー作『推手』は二年後の八九年に執筆し始めたと述べていた。
（52）Emilie Yueh-yu Yeh and Darrell W. Davis, Taiwan *Film Directors: A Treasure Island*, 2005, p 202.

第一章　交渉するクィアな家族像
――『ウェディング・バンケット』

はじめに

本章では李安（アン・リー）の初期華語作品『ウェディング・バンケット』（中国語原題『喜宴』、英題：*The Wedding Banquet*、台湾・アメリカ合作映画、一九九三）を研究対象として取り扱い考察する。『ウェディング』は九〇年代初頭のニューヨークを舞台に、台湾からアメリカに帰化した同性愛者の青年ウェイトンが台湾の親を安心させるために企てた、グリーンカードを狙う上海人女性ウェイウェイとの偽装結婚の過程を描いた騒動記であり、李安が中国語で長編の映画脚本を初めて執筆したのもこの作品である。

まず、物語の着想から映画化されるまでの経緯について簡単に紹介する。『ウェディング』の脚本が誕生したのは一九八七年の夏に遡る。李安は当時親友であった馮光遠（フウ・コウエン、一九五二-）から、彼の知り合いのとある同性愛者が自らのセクシュアリティをカミングアウトしたという話を聞き、このことを契機に、同性愛者の子と親の葛藤という物語の構想が生まれた。一九八八年には本格的に執筆を開始し、一九九〇年には『ウェディング』と『推手』の脚本がともに台湾政府新聞局主催のシナリオコンクールで最優秀脚本賞（一等と二等）を受賞した。そして彼はその賞金を使い、台湾政府が経営する撮影所である中央電影公司とニューヨーク・インディーズのグッドマシーン社の共同制作の『推手』（*Pushing Hands*, 1991）の監督を務め、映画監督デビューを果たすことになる。こうして『推手』が成功を収めたため、『ウェディング』の撮影プロジェクトもまた順調に進んでいった。『ウェディング』は少ない予算で制作されたにもかかわらず、一九九三年のベルリン国際映画祭で金熊賞を受賞し、更に第六六回アカデミー賞外国語映画賞にもノミネートされ、『ヴァラエティ』誌ではその年の最も興行的に成功した作品と評されている。(1) 監督李安は中華圏で初めて同性愛というテーマを本格的に導入した台湾人監督であるが、彼自身も「『ウェディング』は李安の映画だ」(2) と告白しているように、このドラマのベースには李安自身の成長経験がある。更に彼は自らの作品の中でキャメラの前に姿を現して、ただ一言だけ台詞を発し、映画においてセクシュアリティが長きにわたり抑圧されてきたことを明確に宣言している。(3) このことから、李安が人生で初めて書いた長編映画の脚本に基づいて映画化された作品には、彼自身の人生経歴が投影されているのだと言えるだろう。

序章でも既に言及したように、李安は中国大陸から台湾に移民してきた外省人家族(4) の中で育ったのであるが、厳父慈母という伝統的な家族パターンは映画にそのまま投影されている。その一方で、彼は自伝において、子供時代にショウ・ブラザーズの名作である黄梅調の時代劇映画『梁山伯與祝英台』（監督李翰祥、一九六三）から深い影響を受けたとも述べており、(5) 物語自体のジェンダー・アイデンティティの曖昧さと異性装要素といった性的倒錯のパフォーマンスが李安に大きなインパクトを与えたようである。また『梁山伯與祝英台』の後で同じショウ・ブラザーズにより製作された『エロチックハウス／愛奴』（監督楚原、一九七二）は、香港映画で初めてレズビアンをテーマとしたことにより中華圏で大きな話題を呼んだ映画である。筆者はそれらの作品に込められた性的マイノリティの要素が、以降の彼の創作に多少なりとも影響を与えた可能性があるのではないかと考えている。

同性愛というマイノリティ・セクシュアリティのテーマを扱いながらも、それを映画内で描かれる親子の葛藤や中華的な伝統文化と西洋との二項対立と見事に融合させることにより、『ウェディング』は台湾と海外の両方で大いに好評を博した。(6)『ウェディング』に関する従来の主な研究としては、アジア系監督という李安のマイノリティとしての身分や彼の柔軟な主体性[7]、ハリウッド映画作品における中国系移民のイメージ[8]、中華的な伝統思想と西洋文化の衝突[9]などの視点に基づいた論説が多く見られるが、そのほとんどは早期の三部作をまとめて検討している。ここではジェンダーと空間に関わる代表的な論説について、以下で押さえておくことにしたい。

Whitney Crothers Dilley は『ウェディング』に対し、性別と文化を越境する映画作品であると指摘した[10]。映画の中でゲイ・カップルと一人の女性との偽装結婚により構成された三人家族は、間違いなく伝統的な家父長的家族パターンを転覆する新しい家庭の姿を提示したのだと Dilley は評している。

更にレイ・チョウ[11]は映画における三人の性的役割分担に注目し、柔軟なアジア人男性とマッチョなアメリカの白人男性というステレオタイプを、二人が仕事を分業することで超越したと述べている。また Wei Ming Dariotis & Eileen Fung[12]は、異性愛者である親と同性愛者である息子の衝突に加え、移民問題を持ち出すことで台湾、米国および中国大陸の間の政治的葛藤が表現されたことについても論述を行っている。なおこの問題に関しては、Ma-Sheng Mei がナショナリティの観点から三人の関係性について深く検討している[13]。

Eillen Chow によれば、東洋と西洋の観客は文化に対する偏見があるために、映画の細部に対して大きく異なる見方をしていたという。Chow は特に、ゲイ同士の住空間にある同性愛の象徴物と中国の古典文化のシンボルである漢詩や書道などがそれぞれ、東洋と西洋の異文化の代表であると指摘した[14]。本章ではこうした見解を踏まえ、暮らしの私的空間にも注目しつつ、その空間性と人物の権力関係について考察を行うことにしたい。

なおこうした論述の一方で、物語のゲイ・カップルという設定に対し、戸張東夫[15]は映画ではアメリカ文化の象徴としてゲイ・カップルを登場させているにすぎないが、彼らの物語はゲイの物語としては捉えられていないと指摘している。この点については、『ウェディング』の共同脚本担当者である馮光遠も「『ウェディング』は同性愛映画ではない」[16]と述べている。本章でも単なるセクシュアル・マイノリティの言説に注目するのではなく、あくまで異性愛社会においてセクシュアル・マイノリティという設定から秩序上のジェンダー・ポリティクスの権力関係に関心を払って考察する。

以上の先行研究では、映画でセクシュアル・マイノリティが描かれることにより提示されるジェンダー役割分担や従来とは異なる家族イメージに触れながら論説を展開していた。しかしながら『ウェディング』の物語では、多くの同性愛者が集中する巨大都市である一九九〇年代のニューヨークが舞台として設定されているにもかかわらず、ニューヨークの都市空間という背景と物語の結びつきについてこれまでの研究は特に触れてこなかった。また監督李安が人生で初めて書いた中国語の長編脚本[17]に基づいて映画化された作品であり、一般的には「父親がすべて知っている[18]」作品と呼ばれていることからも明らかなように、『ウェディング』における父親のイメージは無視できないほど豊富な意味を持っている。しかし従来の大部分の研究は、映画で描かれる父親はゲイの息子に対して中国の伝統的な家父長制家族におけるホモフォビックな権力者として振る舞う、単一的な家長のイメージが込められたものにすぎないと見なしてきた。Rey Chow も「息子の性的指向に対する父親の驚くほどの柔軟性はまさに映画において最も議論の余地がある[19]」と指摘しているように、父親を単なるヘテロセクシュアルな存在とみなす論述には疑問が残る。例えば仮に父親が息子と同じような同性愛者であるとするならば、中国の伝統的な家族における異性愛中心主義的な権力者としての父親表象には読み直しの可能性が存在するのではないか。本章では空間と視線の視点から、今まで言及されてこなかった映画におけるジェンダー・ポリティクスの転換と変貌について検討する。また本章はこれらの先行研究から更にもう一歩踏み込み、キャメラワークを駆使して特定の空間に配置されたゲイ・カップルと女性一人から構成される奇妙な家族という要素に注目することで、父親の隠されたセクシュアリティについて再考する。映画におけるクィアな家族表象に関する議論を発展させることで、ヘテロセクシュアルの一元的な権力秩序を攪乱しようという李安の姿勢を明らかにしたい。

上述の意図に基づき、本章は以下の構成で展開する。まず第一節で一九七〇年代以後のアメリカ社会の変遷とLGBT運動の発展、および一九八〇年代以後の台湾社会におけるセクシュアリティに関する言説を概観した上で、中華圏における同性愛をテーマとした映画作品について簡略にまとめる。これにより、物語の誕生した背景が明らかになる。それを踏まえ、第二節で映像のキャメラワークに注目しながら、物語の舞台としてのニューヨークの都市風景がどのように視覚化されているか、またそれらの空間に登場させる人物間の視線の権力関係がどのように提示されているかという点についてテクスト分析を行う。映画で可視化されたゲイ・カップルと女一人からなるクィアな家族イメージを明らかにしたい。続く第三節ではホームドラマにおいて家族像を描く際、繰り返されることとなる食事シーンに焦点を当て、ローラ・マルヴィの視線権力に関する論説を活用しながら、映画内の親子や男女の二項対立といったジェンダー・ポリティクスの支配関係が、一時的にせよ転換を示す可能性について言及する。更にセリフの詳細な読解や、映画には直接には登場しない張さん（老張）という人物への検討を通じ、映画では不可視化されたクィア・ファミリーの表象の再読解を試みる。

第一節　『ウェディング・バンケット』の誕生背景

『ウェディング』におけるゲイ・カップルや華人系移民といった設定は、現代アメリカの性解放運動および移民問題と密接に結びついたものである。ここでは映画の背景として、関連する一九六〇代以降のアメリカの歴史について簡単にまとめておきたい(20)。激動の一九六〇年代、アメリカは移民政策に関して重要な法律を制定した。一九七〇年代初めにはアジアからの移民が急増し、アメリカの人口構成を大きく変えていくことになった。多様な移民による人口の多様化は、新しい価値観や生活様式がアメリカ社会に浸透し、新世紀に向かう中で定着していった重要な要因である。そして人口の多様化は、人々の多様性に対する態度をも変化させた。

一九六〇年代末から一九七〇年代はアメリカ社会の経済の低迷と政治の保守化が進んだ時期であるが、文化の面においては一九六〇年代に現れた新しい価値観や文化が広がっていった時期であった。一九七〇年代以後、同性愛者たちが自ら同性愛者である事実を公にし、自分たちの人権の保障を求めて政治的にも発言するようになると、保守派は激しく攻撃したが、当時既に同性同士の親密なカップルを見かけることは大都市では珍しいことではなくなっていた。九〇年代初期、一連の独立作品であるクィア映画が登場した。それらの映画は性、宗教、国家、ナショナリティおよび人種などの問題を含みこみ、一元的な論説を打破するような姿勢が見られる。[21]『ウェディング』の映画脚本にも関与したプロデューサーのジェームズ・シェイマス（James Schamus、1959–）[22]によって製作された作品、セクシュアル・マイノリティをテーマとした映画[23]はその時代の代表である。現代アメリカ社会におけるゲイ同士の生活の実像および原作の同性愛表現について彼が提出した適切な意見が映画脚本に採用されている。その結果、映画に登場するサイモンのキャラクターは、原作脚本のややネガティブなゲイイメージと比べ、よりユーモアに溢れ人間性に満ちたポジティブなイメージを帯びることとなった。[24]この加筆により、映画で描かれた同性愛に関する物語は現実のゲイ世界をそのまま描写するというよりはむしろ、異性愛と同性愛の境界線を曖昧にする役割を果たすようになった。

李安が脚本を執筆した一九八〇年代後半は、アメリカ社会では同性愛に関する表象が公的な場でも見られるようになっていたが、台湾社会は戒厳令が解除されたばかりの時期であった。戒厳令解除の前後に台湾の人々の政治的意識は啓蒙され、そうした話題はさまざまな政治運動および社会運動の潮流における民主化の勝利という文脈によって意味付けられることとなった。例えば中華圏で初めて正面から男性同性愛者を描写した白先勇の長編小説『孽子』(1983) は大きな話題を呼び、小説が出版された三年後の一九八六年には虞戡平監督によって映画化された。当時の台湾ではまだ戒厳令が施行されており、父権的国家イデオロギーが社会の主流であったため、同映画は新聞局から三度目の検閲を受けた際に一部のカットを命じられ、閲覧制限を設けた上で上映が認められた。[25]同性愛などのセクシュアル・マイノリティは、一九八七年まで続いた戒厳令下では公的空間においてタブーな存在とされており、新聞の社会面を飾る話題などに限定的に現れる程度であった。その後戒厳令が解除されると性的言説はタブーとされなくなり、フェミニズムなどの性的平等に関する思想についても社会で議論できるようになったのだが、その議論の俎上にはゲイやレズビアンなどの性的マイノリティも上がるようになった[26]。また一九九〇年代に入ると、それまで同性愛者間の隠語として用いられていた「同志」という言葉が、性的マイノリティを指す言葉として公に認知されるようになった[27]。この言葉は本来の中国語では同じ政党に属する者、あるいは願いや信仰を同じくする者（『中日大辞典』増訂第二版）といった政治的に同じ志を持つ人々という意味を持っていたのだが、この語が性的マイノリティを指す語として使用されることには、様々な異なる性的指向の当事者の間の連帯感も見て取ることができる。そして一九九〇年代にブームとなった「同志文学」（性的マイノリティを描写する文学作品）は、社会の性的マイノリティへの認識を更に促した。

一九九〇年代以後は社会的な制限が寛容になるにしたがって、台湾ばかりでなく、同じく中華圏に属する香港や中国大陸でも同性愛をテーマとした映画作品が堂々と登場するようになった[28]。例えば李安と同じく台湾ニューシネマの代表的な監督である蔡明亮の作品（『青春神話』（1992）、『愛情萬歳』（1994）や『河』（1997）など）は、都市空間における身体が遭遇する孤独感に照準を合わせており、そこに表れた同性愛に関わる問題意識は従来の台湾的身体観の中には見られなかった要素だった[29]。また『ウェディング』と同じ年に上映された中国香港合作映画『さらば、わが愛／覇王別姫』（監督陳凱歌、一九九三）は厳密な意味での同性愛映画とは言えないが、半世紀にわたる中国の歴史を背景に、ジェンダー・アイデンティティを引き裂かれた蝶衣のホモセクシュアリティを中心として展開された物語である。その後、香港の監督王家衛（ウォン・カーウァイ）の『ブエノスアイレス』（原題：春光乍洩、英題：*Happy Together*, 1997）では、遥かな異国にいる香港のゲイ・カップルのセクシュアリティと身体表現が大胆に描写されており、そこには返還直前の香港の政治環境に関する隠喩も込められている。中国大陸における同性愛映画製作の最初の試みは王小波の短編小説から映画化されたものであり、当時の男性同性愛者の実態を描いた『東宮西宮』（監督張元、一九九六）がある。これらの映画は、いずれも多くの主流な映画祭で受賞した話題作であり、単に同性愛のセクシュアリティを描写するのみならず、性的言説の背景である歴史や文化、そして社会の同時代性をも取り入れた作品だった。

ただし『ウェディング』の物語はもともと「同性愛映画」として扱うべきではなく、同性愛の問題は基本的な権力問題として扱うべきだと馮光遠は主張している。彼の論旨は、『ウェディング』には中国の伝統意識における「定為一尊(30)」という政治的な論調への反発があり、当時製作側は同性愛というテーマよりも一元論的な権力システムに関心を持っていたのだというものである。だがそこには逆説的に激動する時代の流れとともに、同性愛者のセクシュアリティの解放と当時の政治言説との緊密な関連性を伺うこともできる。映画の原作脚本には、性的マイノリティとしての同性愛という問題を検討することを通じて、一元論的な権力体制に対する挑発を行おうとする姿勢もまた見て取ることができる。

以上、映画誕生の背景を検討することにより、同性愛に関わる言説は当時のアメリカと台湾社会とでは政治的環境の違いを受け大きく異なっていたことが明らかになった。一九八七年に執筆された脚本と一九九三年に上映された映画『ウェディング』の間には、いくつかの大きな相違点があるのだが、その隙間はまさに検討に値する箇所であろう。そして原作脚本でそもそも明言されていたように、映画の主旨は同性愛という話題を検討することにはなかった。従って李安もまた『ウェディング』における性的マイノリティに関心を持っていたというよりは、むしろジェンダー・ポリティクスの視点から従来の正統的な立場に据えられた権力一元論を打破しようとしていたのだと考えられるだろう。

第二節　ニューヨークの都市空間から見たクィア・ファミリー

本節では、映画の中で視覚化された空間において、ゲイ・カップルとウェイウェイにより構成されるクィア・ファミリーがどのような権力関係と交錯することになるのかを検討してきたい。主に、私的空間と公的空間、即ち暮らしの場所と西洋式と中国式の結婚式が行われる公的な場所に焦点を当て、視覚化される空間的な要素とそれらの諸空間に位置させる登場人物の権力関係を考察することを試みる。

まずクィアおよびクィア・ファミリーという概念について、簡単に紹介しておきたい。クィア（queer）はもともと変態、オカマなどを意味し、歴史的には英語圏に起源をもつ言葉である。非異性愛者を差別的に叙述する人びとに対して揶揄あるいは非難の意味を込めた一つの記号として、非異性愛者たちの連帯性を象徴化したものである。[31]この言葉は「一九八〇年代後半にレズビアンとゲイの性の政治学の文脈の中で復権したもので、同性愛に対する保守的な言説およびリベラルな言説の両方に対する拒否を示し、同性愛と異性愛という対立を基準とすることへの拒否を指し示す」[32]ものである。クィア理論は「単独の、あるいはシステム化した概念的、方法論的な枠組を持たず、むしろ性、ジェンダー、性的欲望の関係についての知的な取り組みの集合したものである」[33]と定義されるように、文学テクストや映画における同性間の欲望の表象やセクシュアリティの社会的、政治的な権力関係の分析に有効である。そしてクィア理論では、男／女というジェンダーの二分法に加えて、正常な異性愛と異常な同性愛というセクシュアリティの二分法が脱構築されるが、その理論に基づく形で「従来父、母、子の三者によって構成されるファミリー・ロマンスを解体することができれば、男／女、同性愛／異性愛といった二分法を脱構築するような関係性を考えるための指標として、クィア・ファミリーというが概念が有効だ」[34]という指摘がなされている。これらの定義を参照すれば、『ウェディング』において偽装結婚のためにゲイ・カップルと一人の女性から構成される家族パターンは、クィア・ファミリーであると言える。

(1)　暮らしの場所

本項では、映画に登場した私的空間として二つの家屋、ウェイウェイの住む場所（ウェイトンの私有物件）、およびウェイトンとサイモンの自宅を対照的に考察する。原作脚本から映画が作られる過程で、若干加筆された部分がある。まずウェイトンの自宅の所在地は、ニューヨークの北部に位置するコネチカット州からニューヨーク市内マンハッタン区のグリニッジに変更された。また主人公ウェイトンの職業は広告業の従業者から不動産業を営む起業家へと変更された。これによりニューヨークの都市風景が強調され、また不動産売買という設定が、ウェイトンとウェイウェイとの間に貸主と借主という商業的な関係を築くことを可能にした。暮らす場所を切り口としたこれらの変更は、二人が出会い、更に偽装結婚を企て三人家族が誕生するというプロットの展開に大きな影響を与えることとなった。

映画では、画家志望で中国上海出身の不法移民であるウェイウェイがウェイトンの所有物件を借りて滞在している。滞納した家賃をウェイウェイから徴収するため、大家であるウェイトンはとあるビルへと到着するのだが、その際に遠景で撮られる工場の煙突から、そこが工業用地の近くに位置していることが推測できる。また運河の傍の空地に建てられたレンガ造りの古いビルの前には、ゴミ箱や廃棄されたタイヤ、自転車などが散乱しており、このことからも都心部から離れた工場地域であると判断でき、住宅環境が極めて劣悪なものであることは一目瞭然である。二人の初対面シーンはその古いビルの六階にある粗末な倉庫で行われるのだが、来訪したウェイトンに対し、ウェイウェイは自分の部屋のある「六階はすでに解放されたよ」（六楼已经被解放了）と返事する。ここで注目に値するのは、「解放」(35)が元々政治的な意味を含む用語であり、それが映画に二回登場するということである。しかもその二回は、ともにウェイウェイがウェイトンに対して、主動的に宣告する形で登場する。ここではその部屋が自分の私有領域であり、ウェイトンの侵入を拒否するという意味が伝えられるのだが、ウェイウェイが大陸出身であるという身分を想起すれば、「解放」という政治的な用語によって借主と貸主という関係以外の対立関係が示唆されており、そこには二重の「解放」の意味があると考えられる。この「解放」に含まれる主動的な権力の意味合いは、映画における二人の関係性にも投影される。

この初対面のシーンでは、六階にいるウェイウェイの視線はキャメラと同一化しており、ハイ・アングルの視角で、階段を上ってくるウェイトンを俯瞰することができる。また暗い照明のセッティングにより、光と影のコントラスト効果が生み出されているのだが、ビルの内部空間に入ってくるウェイトンが薄暗い階段にとけこんでいるように見せることにより、ウェイトンはほとんど完全なシルエットとして提示される（図1-1）。このときクレーン・ショットが撮るのはほとんどがウェイトンの側面と後ろ姿なのだが、このショットにより、大家であるウェイトンはウェイウェイと観客に見られる者として扱われることとなる。

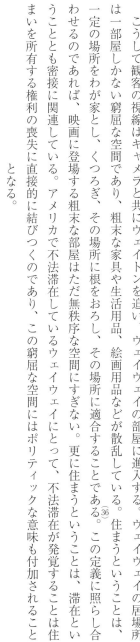

こうして観客の視線はキャメラと共にウェイトンを追い、ウェイウェイの部屋に進入する。ウェイウェイの居場所は一部屋しかない窮屈な空間であり、粗末な家具や生活用品、絵画用品などが散乱している。住まうということは、一定の場所をわが家とし、くつろぎ、その場所に根をおろし、その場所に適合することである。(36) この定義に照らし合わせるのであれば、映画に登場する粗末な部屋はただ無秩序な空間にすぎない。更に住まうということは、滞在ということとも密接に関連している。アメリカで不法滞在しているウェイウェイにとって、不法滞在が発覚することは住まいを所有する権利の喪失に直接的に結びつくのであり、この窮屈な空間にはポリティックな意味も付加されることとなる。

図 1-1

賃金を徴収する場面では、ツーショットで、やや前景に置かれたウェイトンの側面と中央に置かれたウェイウェイの正面の姿が撮影される。髪がぼさぼさで乱れているウェイウェイとスーツを着たウェイトンの姿との間には、鮮やかな対照的効果が生み出されるだけでなく、二人の権力階層や社会的身分も明らかに提示されることとなる。前景の被写体であるウェイトンは見る者として扱われ、ウェイウェイに対して支配的で俯瞰的な目線を有している。一方で、ほぼ後ろ姿しか捉えられていないウェイトンは、キャメラと同一化した観客の視線から眼差される者へと転換してしまう。なお、部屋の設備を検査する場面になると、再びツーショットで二人の後ろ姿がクローズアップされ、ウェイウェイは視線の主動者としてウェイトンのことを凝視する立場に据えられる。更に主動的にウェイトンを抱きしめる場面では、キャメラはウェイトンの後ろ襟首を撫でるウェイウェイの手にフォーカスし、ウェイウェイの行為主動者としてのイメージが強調され

図 1-2

図 1-3

ている。最後に、ウェイウェイの絵を三カ月分の家賃として持って帰るウェイトンを見送るシーンでウェイウェイの視線と同一化したキャメラ（図1－2）は、同じようにややハイ・アングルで、階段を降りるウェイトンの顔の上のほぼ真上から、トップ・ライティングが当たっている（図1－3）。視線の権力メカニズムにおいて、登場した際には見られる立場に置かれていた女性のウェイウェイであるが、これらの分析からウェイトンに対しては常に主動的な視線の権力者としての姿勢を保っていることが明らかになった。

一方、窮屈なウェイウェイの住まいとは対照的に、中産階級のウェイトンはアメリカ人の同性のパートナーであるサイモンと、マンハッタンのグリニッジ・ヴィレッジに位置する地下室付き三階建てのマンションで同棲している。アメリカ社会における階級の差は、そのまま都市のスラム、郊外の質素な住宅街や高級住宅街といった居住地の差にそのまま表れているが、[37]それぞれが暮らす私的空間の違いはウェイトンとウェイウェイの階級差を目に見える形で示している。グリニッジ・ヴィレッジの北限は西一四番ST、南限は西ハウスタンST、東限はブロードウェイ、西限は大河沿岸のハドスンSTであり、この街区は一九六〇年代ゲイ解放運動の口火を切った「ストーンウォール反乱」の現場、ストーンウォール・インの所在地である。なお同事件の三〇周年にあたる一九九六年六月には、連邦政府内務省によって史跡指定を受けている。[38]映画では、ウェイトンの隣人である中産階級の白人夫婦がサイモンと男性の友人に対し偏見を含んだ視線を投じるショットが設定されることにより、そこに暮らす人々のセクシュアル・マイノリティに対する差別的な態度が示唆されている。ニューヨークにおける裕福な中産階級が高級住宅という排他的な居住地を形成している点から、空間のジェンダー・ポリティクスを読み取ることもできる。

二人は偽装結婚の計画を実施するべく、グリーンカードを求めるウェイウェイをウェイトンの自宅へと引っ越しさせる。その際サイモンは住宅全体をウェイウェイに案内しながら、ウェイトンに関する細かいプライベートな情報を教えるのだが、これにより観客は住宅内部の風景を見ることができる。そこは三階建住宅でダイニング・キッチンなどが整然とわけられ、各階は階段で通じていて、裏側には広いベランダもあり、各階が採光と通風のよい二、三室で構成された快適な住宅である。

その後キャメラは部屋に置かれたウェイウェイの絵画作品に注目し、パン[39]しながら元の部屋から搬入した赤いソファーで背伸びをしているウェイウェイを映す。このとき清潔で快適な部屋内部の風景を観客に見せるとともに、女性であるウェイウェイがゲイ・カップルの暮らしの空間に侵入したことが示唆される。そしてここに、偽装結婚を目指すゲイ・カップルと一人の女性からなるクィア・ファミリーが登場する。

サイモンというキャラクターは原作脚本ではもともとウェイトンと同じ会社の会社員という設定だったが、映画化するにあたりリハビリケアの関係者へと変更されている。そしてウェイトンは不動産業を営む実業家で、仕事に専念する稼ぎ手であるが、サイモンという男性は明らかに女房役として、仕事においても家庭においても細やかな世話役を演じている。一般のハリウッド映画における柔弱なアジア系男性とマッチョな西洋系男性というステレオタイプは、ウェイトンとサイモンの関係には見られない。一方中国大陸出身のウェイウェイは、一九八〇年代に中国で改革開放が始まった直後の出国ブームの中でアメリカへと渡った多くの中国人の代表であるが、良妻賢母という中国の伝統的な規範からみれば、彼女は料理も何もできず、身振りも女らしくない。ウェイウェイはジェンダーの規範から外れている異性愛者として、ウェイトンに自らの性的欲望を投影し、サイモンに対しは女性としての嫉妬心を抱く。だがその一方で彼女がサイモンに家事や世話のことをサポートしてもらっていることから、そこには一種の仲間同士の連帯関係が成立してもいる。こうした三人の関係性がいかに描かれているのか、三角形の図式を利用して考察することにしたい。

男―男―女の欲望といえば、ジラールの性愛の三角形が連想される。彼の初期の著作『欲望の現象学』は、性愛の三角形という通俗的な知恵を図式化したものである。彼はこの著作で、ヨーロッパの伝統的な小説における三角形――一人の女性をめぐる二人の男性の競争関係――を提示したのだが、これは要するに男性二人のライバル関係を構造化したものである。(40) しかしジラールの三角形は異性愛を中心に据えており、その対称的な図式を捉えようとするものである。一方、クロード・レヴィ=ストロースの家族構造理論によれば、女性は婚姻相手としてではなく、男性からなる二つの集団によって交換される物としての存在である。(41) 映画の中ではウェイトンとサイモン二人のセクシュアリティは、一般の異性愛カップルのそれと同じように描写される。自宅の玄関や階段といった共同空間においても、ツーショットで、二人のキスの場面や身体が交錯する姿がクローズアップされ、二人の身体表現によって二人の性的指向が観客に明示される。そして両親を安心させるために画策されるウェイウェイとの婚姻は、男女間における相互的な利益交換の契約である。この点を踏まえれば、三人の間で締結される関係は上述の三角形を用いた図式理論の枠組みには収まりきらず、それとは異なる形式の家族関係図を描き出しているのではないかと考えられる。更にウェイトンの自宅で暮らす三人の家族は、従来の家族における役割分担やジェンダー規範をも転覆させる。ジェンダー秩序により規定されたステレオタイプは、三人の社会および家庭における分業によって超越されている。自宅の私有空間では、男女三人の三角関係を軸として同性愛や異性愛が交錯しながら混在する様相が、一種の不安定な関係の下に浮かび上がる。

(2) 二つの結婚挙式が行われる公的な場

タイトルでも提示されるように、物語の核心である結婚式をめぐってプロットは展開する。従って結婚式を挙行する場所もまた、映画の重要な要素であると考えられる。本項では、上述した私的空間以外の公的空間に視点を移し、アメリカ式の結婚式と中国の伝統的な「喜宴」がそれぞれ行われる場所、即ちニューヨーク市庁舎とマンハッタン市内の高級中華レストランに注目したい。異なる場所で行われる二つの挙式に反映された文化的差異を対照的に検討しながら、登場人物の視線の権力関係とも結びつけつつ考察を行う。

映画の中では、両親が渡米した翌日にウェイトンとウェイウェイがニューヨーク市庁舎で入籍手続きを行う。望遠レンズでキャメラは徐々にティルト・ダウン[42]し、前進のトラッキング・ショットが終わったときには、ニューヨーク市庁舎の建築物がはっきりと映し出される（図1-4）。市庁舎はニューヨーク市のロウアー・マンハッタン、ジヴィック・センターのブロードウェイ、パーク・ロウとチェンバーズ・ストリートの間に位置するシティホール・パークの境内にある。一八一〇年から一八一二年にかけて建設されたアメリカで最も古い市庁舎で、ニューヨークを象徴する建築物だともいえよう。

図1-4

キャメラはウェイトンたちの視線と同一化し、観客はカジュアルな格好の若いカップルが挙げるごく簡素な結婚式を目にすることができる。そして、右にパンしつつ待機中のウェイトンたちへと対象を移し、続いて奥行きのある式場の講壇へと移動するが、フォーマルな服装の二人は先ほどの若いカップルとは対照的である。服装を通じて、結婚は人生で一番大切なことであるという中国の伝統的な観念が強調されるのである。続いてショットが切り替わると、キャメラに背を向けていた二人はキャメラの正面を向くことになる。キャメラは司会者である政府官員の視点と同一化し、肩越しのショットから、ややハイ・アングルで、前景の二人と後景の座っている両親が観客から見られる対象として扱われる（図1-5）。更にミディアム・クローズアップショットによって盛装で出席する両親に注目し、入籍者以外の出席者へと観客の目線を導くことになる。

アメリカ史を反映する公的機関で西洋式の結婚式を行うという判断は、西洋文化をすでに

図 1-5

図 1-6

内面化したウェイトンによるものである。しかしその場に居合わせた他のカップルが夫婦二人だけで入籍手続きを行うのに対し、ウェイトンはやはり親によって代表される中国の伝統的な観念と妥協すべく、フォーマルな服装で親をつれてともに挙式を行う。アメリカの公的な意識を代表する市庁舎は、合法的にアメリカの公民権を所有する異性愛カップルへ権利を付与する政治的な権力空間である。個人的なことと政治的なことは結ばれている。この権力空間に置かれるウェイトンとサイモンの同性愛カップル、中国の伝統的な観念に従って行動する両親および不法移民のウェイウェイ、彼らはすべてそこから疎外される人物たちではないだろうか。

挙式直後には、市庁内の廊下を通過する人々が望遠レンズで長々と映し出される。やや暗い廊下の通路でフレームの中央に据えられたウェイウェイの白いワンピースが視線を彼女へと引き付ける働きをするのだが、ここでは選択フォーカスにより彼女の主動者としての姿勢が示される（図1－6）。市庁という公的機関に付与される政治性を通じて、ウェイウェイはウェイトンの法律上の妻となり、公的に婚姻関係を結ぶ。これにより、異性愛社会における合法的な家族としての地位を獲得するのである。

一方、市庁舎での簡素な結婚式と対照的に、マンハッタンの高級レストランで挙げられる中国式の盛大なウェディング・バンケットは、完全に中国文化を反映しているものである。このレストランは父親の元部下である老陳の所有物件である。市庁での結婚式の直後、サイモンの提案によりお祝いの食事がこのマンハッタンで最も高級な中華レストランで行われることになる。ニューヨーク市庁舎のショットと同じようなハイ・アングルの視点から、豪華な洋風インテリアを備えお洒落な雰囲気が漂う高級レストラン内部の風景が俯瞰的に映し出されるのだが、その風景だけを見るのであればそこは完全にニューヨークの洋食レストランである（図1－7）。だが宴会ロビーで行われる結婚披露宴のシーンでは、頻繁なハイ・アングルの広角ショットによって盛大な宴会場が展示され、やや暗い市庁内の部屋とは異なり会場のセッティングが鮮やかな色で装飾されている様子が示される（図1－8）。西洋風のレストランからは一変し、中国の伝統的な披露宴会場へと転換を遂げるのである。大勢の華人系および欧米系の来賓が中国式の食卓を囲んでいる様子も、中国の盛大な宴会で示される「団らん」のイメージを容易に連想させる。この言葉は「まるい」という言葉から、「集まって車座にすわること」の意味が生まれ、「集まってなごやかに楽しむこと。親密で楽しい会合」を意味するようになった。この披露宴によって、異なる人種、民族、性別の人々が集まる異文化の混在する空間が作られるのである。

図 1-7

図 1-8

新郎新婦が入場する際、キャメラは二人の正面をミディアム・ショットで捉え、ややハイ・アングルのズームアウトによって、来賓の目線に晒された二人をフォローイング・ショットで捉える。市庁の部屋の配置と同じように会場の一番奥の中央には講壇のようなメインテーブルが据えられているが、新郎新婦と両親の主賓テーブルは正面に設置されている。そして新郎新婦はその公的な場における来賓の見世物として、メインテーブルの壇上に上がる際にキスや抱擁など親密な身体接触を要求されるのだが、この場においてウェイウェイは、単なる新婦というよりも、異性愛社会の性的欲望を投射する視線の受け手である女性として提示されることに

図1-9

図1-10

なる。強制的な異性愛制度に支配された視線のメカニズムに晒された状況下では、同性愛者であるウェイトンも異性愛者として振る舞わざるを得ない。宴会直後に二階の部屋に移動することによって、ようやく公的な場から私的な空間へと転換するのだが、個人的な空間とは言え、新婚夫婦の部屋である「洞房」という意味を付与されるために、友人が部屋に押しかけてからかうことを拒否できない場所となってしまう。これは中国の伝統的な婚姻習俗を引き継いだものであり、披露宴直後に酔っぱらったウェイトンとウェイウェイは、完全に他人から見られる対象として扱われることになる。

友人たちが退室すると、部屋は再び私的空間へと転換する。二人きりで布団を囲んで裸でベッドに横になる際（図1-9）、ウェイウェイが「あなたのことを解放しよう」（我要解放你）という印象深い台詞を発する。この言葉が登場するのは二回目であるが、「解放」という言葉はセクシュアリティの文脈で言えば、性的解放とジェンダーの解放へ向けての集団的努力を指す言葉である[43]。キャメラは完全な俯瞰ショットで二人の半裸の姿（図1-10）を捉えており、上位な立場にあるウェイウェイは、ウェイトンとの性的な関係においても主動者になる。Dariotis & Fung によれば、ウェイトンの拒否する態度及びウェイウェイのやや強引な肢体の動作から判断すれば、それは一種の「強姦」である。更にその征略的行為によってウェイウェイは妊娠するのだが、これによってウェイトンとサイモンの家族は永遠に放置される（(re)locates）ことになるのだと指摘している[44]。レイプとは、一般的には相手の同意なしにその個人の身体に対して性的暴行が加えられることであると定義できる[45]。一方ラディカル・フェミニズムの視点からみれば、異性愛関係はレイプ（強姦）に類似しているのだが、それはロマンスの神話によって隠蔽される。そしてその際、女性を性的対象にすることが特に強調され、男性は異性愛的性関係に向かう衝突を持つものであると想定される[46]。家父長制文化の下では女性は性的に受動的な存在であるとみなされるため、映画におけるウェイウェイの身体的な侵入は、フェミニズムの文脈における「強姦」の意味を転覆する。レイプは権力であるという指摘が示唆するように、それは何よりも暴力や支配の行為である。この性的な支配行為によって、ウェイウェイは男性であるウェイトンの異性に無関心な身体を矯正しようとしたのだと考えられる。

ここで先に挙げた二人が初めて出会うシーンにおける「解放」の意味合いを思い起こしてみると、同シーンでウェイウェイは大家であるウェイトンに対し、住まいという私有領域の専有や他人の排除などの自己主権を宣言していた。この点を踏まえれば、今回のセックスシーンにおいて、女性であるウェイウェイは単に性的な行為主動者としてウェイトンの身体に対する占有権を主張したのではないことが分かる。フーコーは、権力とは単に外部から抑圧するだけでなく、内部から動かし人々の主体そのものを作り上げていく機能を果たすものであることを指摘しており、従順な身体とパノプティコンという権力と身体の管理装置に注目して、権力を分析している[47]。中国の伝統的な結婚式の中の「洞房」という私的な空間は異性愛婚姻制度を内包しており、パノプティコンのような権力の装置となる。彼らはこの私的な空間と設定された装置の中で、来賓の視線に向け、性的な見世物としてパフォーマンスしなければならない。このような権力装置に置かれたウェイトンは見られる対象でありながら、異性愛婚姻制度に内部から従い自分の身体と欲望を自ら管理する。ウェイウェイの強制的な支配行為を受けて、ウェイトンは自らその言説に従い矯正された身体を作り出そうとしたのだと考えられる。

二人の初対面のシーンの粗末な暮らしの空間からマンハッタンの高級ホテルの「洞房」まで、男性優位の視線を有し社会的な地位もあるはずのウェイトンは、終始ウェイウェイに見られる者として扱われていた。そこでは不法移民であり政治的な権力を保有しないウェイウェイは、自分の居住領域を「解放された」空間として認識しており、以降、身体と視線の両方の権力者でありながら同性愛者でもあるウェイトンのことを、異性愛世界へ解放しようとする行為主動者のイメージを込めて描かれることになる。なお映画の中では、二人の階級の違いも具象化された空間を通して鮮明に表れていた。そして行為主動者という彼女の人物設定は、ジェンダー・ポリティクスにおける男女の二項対立の図式を打破することになると考えられる。更にゲイ・カップルと一人の女性が構成するクィア・ファミリーを再編することにより、異性愛中心のファミリー・ロマンスを解体することにも成功しており、それは従来の男女のジェンダー役割を転覆するだけでなく、異性愛者である女と同性愛者である男の権力配置をも明らかに攪乱している。一方、二つの結婚式が行われる公的な場では、優位な男性としてのウェイトンの視線的立場が完全に失われ、ウェイウェイとともに観客から見られる対象となる。そこでは登場人物は異性愛中心主義を強制する構造空間の中へと据えられ、自らの性的欲望を抑圧しながら監視された状態の下でパフォーマンスを遂行することしかできない。このように、『ウェディング』という映画には、クィア・ファミリーにおける男/女の視線の権力関係の転換により、ジェンダーとセクシュアリティが交錯しながら、既存のジェンダー秩序が解体されようとする様相を読み取ることができる。

第三節　食事シーンから見る変貌した家族表象

映画の中で家族は様々なかたちで描かれている。「民は食を以て天となす（民以食為天）」とは中華圏で人口に膾炙した諺だが、「食事」という日常のさり気ない行為は、映画の中にもしばしば登場する。特に、中国の場合では、家族メンバーが仲良く食卓を囲む姿は、よく見られる風景である。

「家族」とは、訓示的解釈によれば、「夫婦の配偶関係や親子、兄弟などの血縁関係によって結ばれた親族関係を基礎にして成立する小集団。社会構成の基本単位」ということになる。更に血縁関係と結婚関係に基づいた「家族」という概念は、寝食、性関係、養育といった活動を共有し、少なくとも「同じ釜の飯を食べる」ことが期待される、共同生活を行っている集団としても定義することができる(48)。そして家族をテーマとする父親三部作には、家族そろっての食事場面がよく登場する。例えば李安の長編デビュー作である『推手』には、食卓における中華と洋食の対比によって親子の文化的差異が明示されている。映画の中で何度となく繰り返される食事シーンは『ウェディング』にも引き継がれており、言葉の壁や文化の違いなどが料理と共にテーブルに並べられる。しかし結婚披露宴の場面と比べると、『ウェディング』の食事シーンについて論じた先行研究は多くない。また食事場面にそれぞれの人物間の権力関係と物語との関連を読み取ることができるという事実に対して、先行研究にはあまり触れていない。だが実際には、食卓という場を借りる形で家族のメンバー間での会話は物語の重要なモチーフの一つとなっており、食事シーンはこの映画には欠かすことのできない重要な場面である。なぜならば、映画において両親とゲイ・カップル、ウェイウェイからなる五人家族が葛藤する描写は、他ならぬ五つの食事場面に集中的に描かれているからである。両親が米国に到着した後の初めての夕食から、ニューヨーク市庁で行われる結婚式当日の朝食シーン、その後のマンハッタンの高級中華レストランでのお祝いの夕食シーン、妊娠したことがばれてしまった朝食シーンや父親退院後の夕食シーンまで、一連の食事シーンは物語全体を貫く存在である。食卓を囲む食事シーンは第四章で詳細に論述するマージャンシーンと同じように、限定されたスペースにおける人間関係が集中的に表れている場面である。キャメラを駆使することで食卓を囲む家族表象がどのように映像化されるのか、また食卓の下に隠されている欲望をいかに読み取ることができるのかというのが本節の関心である。以下では、具体的なシーンの分析作業を行う。

(1)　初回の食事シーンから見る「家族メンバー」の老張

英語の「family」とは通常、父親、母親、そしてそれに依存する子供たちという、いわゆる「生物学的な」核家族を指す[(49)]。映画における父、母とウェイトンの三人からなる核家族は、一見するとこの定義通りに正常な枠組として配置されている。映画のオープンニングシーンでは、台湾にいる母から郵送された録音テープの音声が流れる中で、ウェイトンのことが話題に上り、二分ほど滔々と続く雑談によってその核家族像が大まかに観客に伝えられる。この録音テープの中で、かつて軍隊の師団長だった父が、定年後は妻とともに暮らしている使用人の老張のことしか思い通りにできていないということがわかるのだが、これは老張のことが映画の中で初めて言及される瞬間である。また「愚鈍な妻とコック」[50]（中国語原文〝蠢妻和笨厨〟）という母親の手紙からは、父親が老張のことを妻と並列した上で、二人に対して同じような評価を下していることがわかる。コックとして四〇年に渡って三人と共同生活をしている老張は、映画における「高家」とは血縁関係としては結びついていないにせよ、「同じ釜の飯を食べる」という要素から考えれば、家族のメンバーとして無視することのできない存在であるだろう。最後まで映画には姿を現さないものの、高家の核家族的な構成からすれば老張は特別な家族メンバーであると言うことができる。

コックである老張は、特に家族全員が揃う食事シーンでのセリフにおいて集中的に扱われる。両親がウェイトンの自宅に到着してすぐの最初の夕食シーンにおいて、中国の伝統的な食卓とは異なるダイニングでの洋式の四角い食卓を囲む家族全員が映される。父親は上座に座っており、ウェイトンとサイモン、母親とウェイウェイが、それぞれ父の両翼に配置されているのだが、それは家族団らんの食事風景とは異なっており、父親が常に権力者としての立場に据えられていることを強調する。上座に座る父親をフレームの中央に据えており、観客の注意が正面の被写体である父親に集中するように仕向けている。食事は人間に自分の社会内での地位を思い出させるものであり、古代中国では座る場所と顔を向ける方位がその人の社会的地位をはっきりと表していたが[51]、映画では両側に座るほかの家族全員がウェイウェイの手作りの料理（実際にはサイモンの作ったもの）を吟味する父親の反応を待つ様子が中景ショットで（図1-11）撮られており、食卓を囲む家族の全体像を観客に明示している。これは、料理の鑑賞という一側面から、父親の家長としての権威を食卓という場で観客に伝える効果がある。そして同じような中景ショットによって、父親から料理の専門家のような賞賛をもらったウェイウェイは「老張の腕にはかなわない」と謙遜しながらサイモンへ視線を投じ、彼を手まねで指している姿を映している（図1-12）。家族全員が揃う初対面の食事シーンにおいて、核家族である高家の中で料理などの家事労働を担当者する老張のことが改めて話題に上るわけであるが、このことは老張が料理堪能なサイモンとともに、家族内の家事労働の担当者であることを示唆する。二人のジェンダー役割は重なるため、先述したクィア・ファミリーにおけるサイモンの設定には、映画において不可視化された老張のことが投影されているのではないかと考えられる。

なおこの食事シーンの直前に、父親が自宅のベランダで息子であるウェイトンと話をする場面があるが、これは映画の中で唯一の父子二人きりの談話シーンでもある（図1-13）。そしてこの談話シーンにおいて、父親は祖父によって結婚させられることに反発したために従軍することになったという経緯を初めて息子に自ら告白する。[52] 実は原作脚本の設定では父親はただの局長にすぎないが、映画では軍隊の長官へと変更されている。一般的な職場とは区別された強権的な機関である軍隊の長官へ変更された設定によって、核家族の家長でありかつ国家の権力機関の長官であるという父親の権力者としての立場を強化している。また外省人という父親の身分も、当時の国民党統治下の台湾社会においては統治階級に属すると言える。一方で異性愛婚姻制度から逃れた父親は集権制の軍隊に加入している。その男一色の軍隊は女性を排除する男性社会であり、男性の連帯と女性の周縁化という特徴も有している。それは「同じ釜の飯を食べる」男性同士の絆が結ばれやすい特殊な空間である。イヴ・K・セジウィックが一九世紀のイギリス文学を分析する際に提示したホモソーシャリ

図1-11

図1-12

図1-13

ティという理論的な枠組は、男性同士の強固な絆、女性の周縁化、ホモフォビアという三位一体の構造をもっている(53)。男性同士が社会のあらゆる場で形成する親密な関係性であるホモソーシャリティは、女性および男性同性愛者が排除の対象となり、ヘテロセクシュアルの男性たちはそこで自らが他者と同質であることを確認する。軍隊は男性により構成される特殊な団体であり、戦友という男性同士の親密な関係を基礎としてホモソーシャルな連続体を形成する。アルバムに保存された古い写真が示すように、軍服姿の若い父親が他の男性と肩を組む写真は、軍隊において展開される男たちの連帯を描くものである（図1‐14）。

図1-14

その一方で、脚本に存在する元教員という母親の身分は映画の中で言及されず、母親には社会的機能が付与されない。その結果、母親は家庭内の空間に行動範囲を限定された主婦に一変させられ、中国の伝統的な社会を支えてきた儒教倫理に規定された女性としての役割が強調される。儒教倫理において、「家」は国を治めるための社会秩序の根本と認識されてきた。そして家は女性に母、妻、あるいは娘としての一定の身分、そして社会的地位を与えてきたが、その反面、「家」には男女の役割やジェンダーを固定化する働きがあったことも忘れてはならない。男性は家業を受け継ぎ次世代に引き継がせるという役割を担い、女性は祭祀を継ぐべき男児を産み育てるという役割を担い続けてきたのであり(54)、この役割分担からみれば、映画における彼女の妻という身分は、そうした再生産の役割に当てられているということの強調に他ならない。

なおウェイウェイに結納品を送るシーンにおいては、「これは老張からあなたへの金製の腕輪よ（这是老张给你的金镯子）」という台詞を含め、母親によって老張のことが二回言及される。母親は、老張が用意した金製の腕輪を結納品としてウェイウェイに手渡すのだが、中国の伝統的な婚姻の風習では新郎側の親族から新婦に結納品を送ることで婚約関係を正式に締結するので、母親のこうした振る舞いは、老張が両親と同じような親族として対等に扱われていることを示す表現であると言える。更に父親は、四〇年以上にわたって共に生活しウェイトンを育てた家族の一員とし

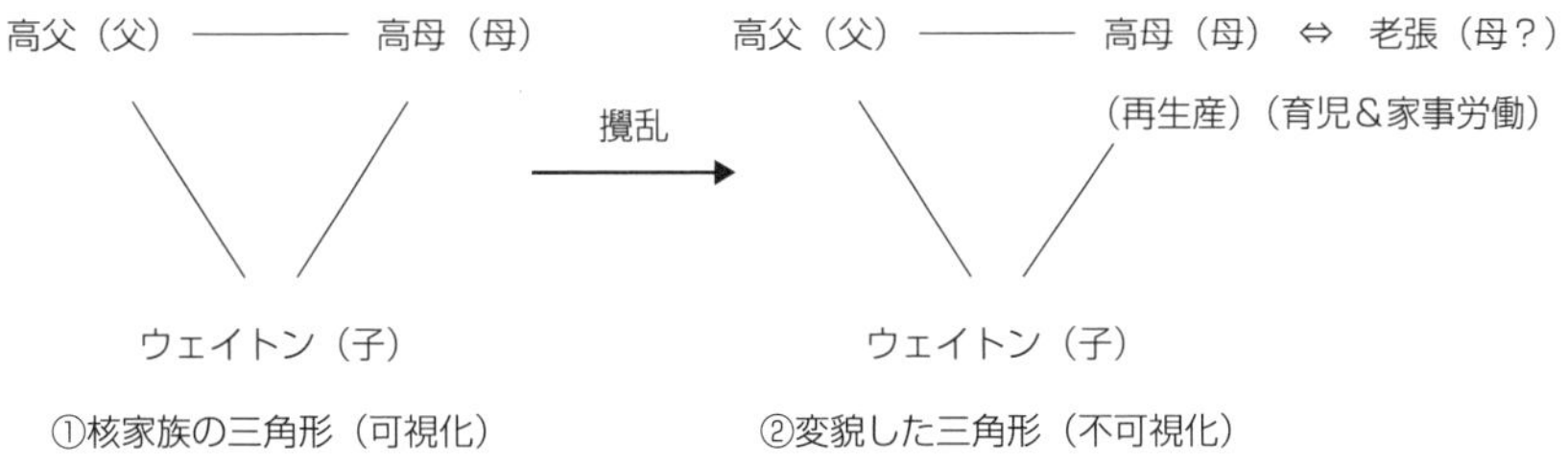

図1-15

て、老張のことをウェイウェイに正式に紹介する。男女の性別役割に基づく分業という考えにおいては、女性は家庭内の家事労働と育児を担当するのだが、核家族ではこの役割は母親が担当することになる。このことを考慮に入れるのであれば、老張は父—母—ウェイトンから構成される核家族における使用人というよりも、むしろ再生産以外の育児と家事労働の役割を担う者であると言うことができる。これによって、父、母、子というファミリー・ロマンスにおいて、老張という人物はもう一人の母親役を担当し、共存していると理解できる。

以上、初回の食事シーンを分析することにより、不可視化された「家族メンバー」である老張という人物を発掘し考察することが可能になった。中国の伝統的な家族観に基づく形で映画において父—母—ウェイトンという家族パターンは、老張という存在を加えることにより、**図1-15**のように攪乱されているように考えられる。

(2) 入籍後の祝宴

作品世界の時系列に沿って整理するならば、両親はアメリカに到着した翌日にニューヨーク市庁舎で行われた結婚式に出席し、その後五人一緒にマンハッタンの最高級の中華レストランでお祝いの食事をしている。先述した中国式の披露宴会場とはこのレストランのことであり、映画の中では自宅以外の場所で行われる唯一の食事シーンでもある。しかもこの食事シーンには、家族五人以外の参加者も登場する。つまり父親の元運転手であり、この中華レストランの支配人となった老陳という人物である。俯瞰ショットによりスクリーンでは静的なものよりレストランで移動している人へ注意が向けられるが、その後の

図 1-16

図 1-17

水平アングルの切り替えショットによって正面から映される老陳に観客の視線が導かれる（図1－16）。このように、彼はこのシーンにおける主要な登場人物であることが強調されており、老陳のＰＯＶショットによって観客の目線はテーブルを囲む家族へと導かれる。

　この食事シーンは前節で検討した食事シーンと異なり自宅の私的な空間から公共空間へと変化しているが、外部の公共空間においても上座を占める父親が相変わらず家族の権威者であることが提示されていると言える。そして全景ショットで、父親の左手側にいるウェイトンとサイモンの背後に立ち父親の正面を向いている老陳の姿がスクリーン上に映される。母親とウェイウェイは後ろ姿しか映されないこの構図によって、この食事シーンがこれらの四人をめぐって展開してゆくことが示唆される。もう一つの視点は両親の背後からの肩越しのショットで（図1－17）、前景の両親がぼやけ、後景の老陳とウェイトン、サイモンからなる三角形の構図が中央に置かれる。この二つの視点を切り替えることによって、登場した皆のそれぞれの表情の変化が観客に明示される。

　続いて父親にサーブする際に、老陳は父親の傍に近づく。立ったままの老陳はフレームの中央に据えられるため観客の注目を集めやすく、これは自分のレストランを結婚披露宴の会場として父親のために中国式の結婚披露宴を行う提案をするという物語の展開に即している。中国の伝統的な思想において、家庭内ではもっとも重要視されるのは孝である。孝は家の内部の秩序であり、常に上の世代に対する下の世代の服従を意味してきた。その顕著な例が「父母の命、媒酌の言」と呼ばれる婚姻方式である。[55]「もしあなたが宴会を設けないというなら、それは大変な親不孝になりますよ。（你要是不同意就是不孝）」という老陳の台詞から、映画において披露宴が親孝行の儀式となっていることが窺える。中国語の「教養」や「宗教」の「教」の字は、「孝」の字から発展的に変化してきたものであり、即ち「孝」の字に使役を表す「攵」のつくりを加え、「孝ならしめる」という意味を表したものである。[56] そしてこのレストランの場面で（図1-18）、立っている老陳は見る立場に据えられており、父親の権威と同一化し中国の伝統的な家族制度を通してウェイトンのことを従わせようとしているのだと理解できる。一方でウェイトンはそうした老陳のまなざしを回避し、見られる立場から逃れたいという視線の受動者的姿勢を維持している。視線の権力に対抗し伝統的な家父長制度の秩序に反抗しようとするにもかかわらず、父親の代理人である老陳に対して反逆するウェイトンは「父親」―政治秩序の権威の象徴に対して、屈服する姿勢を示している。

図 1-18

図 1-19

なおこのシーンにおける老陳の使用言語は中国河南省の地域方言であるが、この言語の違いによって、中華文化からの疎外者であるサイモンは排除される。そしてマンハッタンの最も豪華な中華レストランで披露宴を挙げるという決定は、公的な儀式として異性愛中心社会の正統性を強化する手段でもある。老陳は「われわれはアメリカに対して絶対に面目を失するな（我们丢脸也不能丢到美国来）」と言いながら、サイモンを手で示している（図1-19）が、ここで具象化した西洋文化として扱われるサイモンは、中華文化と対比的な立場に据えられることになる。図で示したように、老陳の視線に晒された見られる者としてのサイモンは、西洋の白人男性という本来優位にある立場において挑発を受けているのである。中華レストランという場所において、セクシュアル・マイノリティのサイモンはまた異性愛婚姻制度に排斥された疎外者として設定される。更に、中国の伝統的な親孝行や婚姻制度といった東洋文化は中国語という共通言語を通じてサイモンが代表する西洋文化に対抗してみせる。二つの異なる文化によって投影される異性愛中心主義と同性愛を解放しようとする思想はそもそも食卓で語られることのない不可視化された存在であるが、その一方でこの食事シーンにおいては、お互いに「疎外の人」と見做している老陳とサイモンとの視線上の関係性を通じて中国の伝統的な思想と西洋文化とが衝突するさまが可視化されることとなる。

(3)　カミングアウト後の食事シーン

映画では、ウェイウェイが妊娠したことが全員知るところとなり、ウェイトン、ウェイウェイ、サイモンが激しい喧嘩を繰り広げたことを受け、父親は一度入院してしまう。病院でウェイトンは母親にカミングアウトし、父親が退院した後、家族全員揃っての最後の夕食の場面を迎える。語られることなく隠されてきたセクシュアリティのことが、食卓でとうとう明るみに出ることとなる。

食事する前の調理の仕込みシーンでは、ミディアム・ショットで、前景の母親と後景のぼやけたサイモンが捉えられるが、これにより異性愛制度を内面化した母親と同性愛者のサイモンとの対立関係が示唆される。ただし言語上の障壁があるために二人は交流不可能であり、そこでウェイウェイが通訳を担当し、結果として異なる文化の仲介者という立場が彼女に付与されることになる。父親の中国書道の作品に対して専門的な評論を下すことができ、母親が大陸から持ってきた昔のチャイナ・ドレスを着こなすことができる。ウェイウェイは中華的な伝統文化の継承者として描かれながら、同じく中国大陸出身である外省人で主婦である母親とは異なり、絵画や書法に優れた芸術的才能を顕わす女性知識人としてのイメージも強化されていると考えることができる。加えて、西洋的な同性愛文化も容易に受け入れられることから、八〇年代改革開放後の中国大陸を具象化した存在である新しい女性ウェイウェイは、より一層寛容で包容力のある性格として描かれることになる。

この場面における座席の並び順はニューヨークに到着したばかりの夕食と同じである。だが初回の食事場面と比べれば、キャメラは水平アングルよりもやや高い視点から食卓を囲む皆の姿をズームインで映し、そこでは退院後の箸すら上手く使うことのできなくなった父親の衰えた様子が初めてはっきりと映し出される。それまでの食事シーンにおける権力者イメージを備えた父親とは異なり、観客から見られる対象となった衰えた姿は権力者イメージを弱体化させている。また同時にプロットの展開によって、父親がこの食事シーンの場において、息子がゲイであるという事実を既に把握していることが観客に示される。そして父親はサイモンが料理をしたという事実に対し、自分で食器を洗うという提案を能動的に提出することで応える。映画の食事シーンにおいて可視化されるこれら二つの家族の表象は、一見すると正常なタイプと特殊なタイプの二項対立を形成しているように見受けられる。ところが父親は中国の伝統的な家父長制度の家長として、ウェイトンの同性愛者という身分を意外にも柔軟に受け入れる。まさにレイ・チョウが指摘したように、その「驚くほどの柔軟性」[57]という点が、この映画において最も議論すべき箇所なのである。家族の権力者である父親と、長く家庭内労働と育児役を担当してきた老張、および再生産の役割を担う母親からなる不可視化された三角形は、映画の中で描かれるウェイトン、サイモンとウェイウェイの三角形の図式と対照的に配置されている。この配置に従うのであれば、ウェイトンの性的指向から考えて、父親のセクシュアリティも同じ同性愛者であるという結論を導き出すことができるのではないだろうか。もしこの結論が成立するのであれば、父親の「驚くほどの柔軟性」の要因を解釈することができるだろう。

　父親は中国大陸から台湾に渡り、軍隊の高官を務めた外省人である。前述したように、国家の統治権力の装置として父権制の継承を保証する当時の軍隊は、女性を排除した男性性を中心にした集団である。父親は異性愛規範に基づき制度化された結婚からは一見抑圧されていないように見えるが、この不可視のメカニズムに囚われている彼は、自分の性的欲望も隠蔽せざるを得ず、結局は中国の伝統的な孝道に従って跡継ぎが絶えないように異性愛婚姻制度を受け入れるしかない。例えば空港で両親を迎えるシーンでは、父親の目線はキャメラと同一化し、ウェイウェイの後ろ姿を見つめ、彼女がたくさんの子供を産むことができると判断する。つまり父親にとっては、女は再生産の役割を担う存在にすぎないのである。その一方で父親はサイモンを本当の「嫁」と見做し、息子二人のゲイ・カップルという関係をも黙認している。「名分学説」とも呼ばれる儒教の学説は中国の家族制度を支配している社会哲学であるが、その中の「名分」とは、すなわち階級である。「名」は「名称」、「名義」を意味し、「分」は「本分」、「義務」を意味する。(58) そしてここで規定される秩序に従えば、ウェイウェイが名義上の妻である一方で、サイモンは義務上の妻、つまりウェイトンの世話役を担当しているパートナーであるということになり、父親はそれを認めているのである。そしてこのように父親のセクシュアリティを考察することにより、映画において可視化された核家族表象を攪乱する要素を読み取ることが可能になる。攪乱された核家族表象とは、まさにゲイ・カップルと女一人から構成されるクィアな家族の三角形の図式から投げかけられたものである。名分学説を想定すれば、母親は無論ウェイウェイに相当し、名義上の妻、子供を再生産する役割の担当であり、料理や育児など家庭内労働を担う老張は、義務上の妻であるサイモンと重なるが、これらの三角形は社会構造としての家族パターンが揺らぎながら変貌した結果であると考えられる。

図 1-20

前節で確認した通り、父親と老張、母親はともに大陸出身の外省人であり、ウェイトンは外省人二世でありアメリカの公民権も持っているのだが、こうしたナショナル・アイデンティティの曖昧さがセクシュアリティと混在しているのである。一方で妊娠したウェイウェイは、サイモンにもう一人の父親となるよう依頼している。元のクィア・ファミリーに子供を加えることで核家族パターン（父―母―子）を回復しようとしているようにも見えるが、それにもかかわらず、核家族の三角形の構図は打破され、両親、老張、ウェイトンからなる四人家族の図式へと変化する。映画では、キャメラはミディアム・ショットで（図1－20）サイモンが左右の腕でウェイトンとウェイウェイを抱擁する姿を映し出すのだが、ここでは子供という存在によって対立したアイデンティティと文化が一つの連帯関係を締結することが示唆されている。アメリカ人と台湾人の父親、中国人の母親から構成される家庭において、子供のアイデンティティはどのように構築されるのだろうか。単に血縁関係から見るのであれば、台湾の父親と中国の母親から同じような中国文化のルーツを受け継ぐということになる。しかしながらゲイ・カップルの父親たちは共通のイデオロギーを持っているため、子供にとっての権力の象徴である父からもまた大きな影響を受けることになるはずであり、これにより西洋文明をも内面化することになるだろう。アメリカ人であろうと、台湾人であろうと、中国人であろうと、変貌した家族によって育まれた子供は、まさに李安が告白するように[59]、自分のアイデンティティに対して一生曖昧な認識ではいられないだろう。伝統的な血縁関係を超えて構成される新たな家族表象には対立する性的アイデンティティが内包される一方で、そこでは監督自分自身個人のナショナル・アイデンティティの曖昧さもまた暗喩されているのである。

おわりに

本章は李安の『ウェディング・バンケット』における特定の空間に位置する家族表象の攪乱に注目し考察を行った。具体的には、映画で描かれるニューヨークの私的な暮らしの空間と公的空間に焦点を当て、それらの場所に置かれるゲイ・カップルと一人の女性から成るクィアな家族像を視線の権力という視点から検討したのである。そこではウェイウェイの視線の主動者としてのイメージが強調され、男性優位の視線の権力システムが転覆されているという事実を読み取ることができた。またクィア・ファミリーにおける三人、そして老張という人物を掘り起こしたうえで父親のセクシュアリティを究明することを通じ、伝統的なファミリー・ロマンスの構造が映画の中で解体されていたことが明らかになったが、伝統的な家長としての父親イメージが転覆されることで、新たな読解が成立することになった。

つまりこれら二つの家族像とは、対立したパターンではなく、互いに照射しあいながら変貌した家族の構成なのである。父権制とマイノリティ・セクシュアリティとが交錯することによって、家族規範から逸脱したクィア・ファミリーが形成されるわけだが、それは新たな家族パターンとして不可視化されていた家族像を提示する一方で、その家族表象において見られるナショナル・アイデンティティは政治的な意味の隠喩でもあった。新たな家族メンバーのアイデンティティの曖昧さゆえに、映画に混在している性的アイデンティティに関わる言説もそこに包含されることになる。そして映画で描かれる男女や親子の葛藤を通し、男／女、同性愛／異性愛、東洋／西洋といった二項対立の権力秩序は打破されるが、そこには対立から融合への多様な可能性が含まれているように見える。次章では舞台をニューヨークから現代の台北に移し、父―母―子というファミリー・ロマンスからは一変して、母親が不在の家庭に注目する。生活空間や職場といった私的／公的な場という空間に置かれる父親に焦点を当てて、深く検討を行う。

注

(1) 徐立功『譲我们再愛一次：徐立功的電影世界』天下遠見、二〇〇六年、五六頁。
(2) 張靚蓓編著『十年一覚電影夢：李安伝』人民文学出版社、二〇〇〇年、五〇頁。
(3) 映画の中には「You're witnessing the results of 5000 years of sexual repression」という英文のセリフがある。
(4) 外省人とは、国共内戦に敗れた国民党政府の台湾移転に伴って、一九四九年以後に大陸から台湾へと移住した人々およびその子孫を意味する。若林正丈『台湾の政治――中華民国台湾化の戦後史』東京大学出版社、二〇〇八年。
(5) 前掲『十年一覚電影夢：李安伝』、二八二頁。
(6) 柯瑋妮著、黄煜文訳『看懂李安』時周文化事業、二〇〇九年、一〇一頁。
(7) 史書美「グローバル化とマイノリティ化――李安と柔軟性の政治」『現代思想』二〇〇一年三月号、ユリイカ、青土社。
(8) 李明「家父長的文化における中国系アメリカ移民の表象――映画『夜明けのスローボート』と『ウェディング・バンケット』をめぐって」『大阪大学言語文化学』二〇、二〇一一年、一五－二四頁。

（9）周斌「在中西文化衝撞中発掘人性——評李安的〝父親三部曲〟系列影片」『華文文学』二〇〇五年五月。

（10）Whitney Crothers Dilley, *The Cinema of Ang Lee: The Other Side of the Screen*, Wallflower Columbia University Press, 2003.

（11）Rey Chow, *Sentimental Fabulations, Contemporary Chinese Films: Attachment in the Age of Global Visibility*, Columbia University Press, 2007. pp 135-143.

（12）Wei Ming Dariotis and Eileen Fung, "Breaking the Soy Sauce Jar: Diaspora and Displacement in the Film of Ang Lee", in Sheldon Hasio-peng Lu（ed.）*Transnational Chinese Cinema: Identity, Nationhood, Gender*, University of Hawai'i Press, 1997, p 199.

（13）Ma Sheng-Mei, "Ang Lee's Domestic Tragicomedy: Immigrant Nostalgia, Exotic/Ethnic Tour, Global Market.", *Journal of Popular Culture* 30, 1, 1996.

（14）Eilee Cheng-yin Chow, "Food, Family, and the Performance of "Chinesensee" in Ang Lee's Father-Knows-Best Trilogy", Paper pressnted at the North American Taiwan Studies Conference, Columbia University Press, 1997.

（15）戸張東夫『スクリーンの中の中国・台湾・香港』丸善、一九九六年、一八六頁。

（16）李安、馮光遠『喜宴』時代文化、一九九三年、一六頁。

（17）前掲『十年一覚電影夢：李安伝』、五一頁。一九八七年に『ウェディング』の脚本を構想し執筆し始めたが、映画デビュー作『推手』は二年後の八九年執筆し始めたと述べている。

（18）Emilie Yueh-yu Yeh and Darrell W. Davis, Taiwan *Film Directors: A Treasure Island*, 2005, p 202.

（19）原文は How are we supposed to understand this startling flexibility on the part of the old man? 前掲 Rey Chow、一三八頁。

（20）現代アメリカの歴史と社会については、『アメリカの二〇世紀（下）一九四五－二〇〇〇年』の内容を参照した。有賀夏紀『アメリカの二〇世紀（下）一九四五－二〇〇〇年』中央公論新社（中公新書）、二〇〇二年。

（21）楊遠嬰編『電影概論』（第二版）北京聯合出版社、二〇一七年、六七三頁。

（22）アメリカ合衆国ミシガン州出身の脚本家、映画プロデューサー。プロデューサーであるジェームズ・シェイマスは作品のクリエイティブ面、現場統括、ビジネス運営など、映画製作にかかわる全般の責任を負う立場にあった。

（23）その映画作品とは『ポイズン』（*Poison*）と『恍惚』（こうこつ、原題：*Swoon*）の二作である。『ポイズン』は、一九九一年に製作されたアメリカ合衆国の映画で、原作はジャン・ジュネの『薔薇の奇跡』である。この作品は一九九一年サンダンス・フィルムフェスティバル、ドラマ部門グランプリ受賞した。『恍惚』は一九九二年公開のアメリカ合衆国の映画で、ベルリン国際映画祭テディ賞、カリガリ映画賞受賞した。一九二四年にシカゴで実際に起きた「レオポルドとローブ事件」を基にして製作された映画である。

(24) 前掲『喜宴』、五〇頁。
(25) 虞戡平「上一個世紀的「孽子」」『聯合報』二〇〇三年二月二八日付「聯合副刊」に掲載。
(26) ジョセフィン・ホー著『「性／別」攪乱——台湾における性政治』御茶の水書房、二〇一三年、一六〇頁。
(27) 赤松美和子、若松大祐編著『台湾を知るための60章』明石書店、二〇一六年、一七三頁。
(28) 中華圏の同性愛映画については、『胶片密語：華語映画中的同性恋話語』を参考した。辺静『胶片密語：華語映画中的同性恋話語』中国伝媒大学出版社、二〇〇七年。
(29) 丸川哲史『台湾、ポストコロニアルの身体』青土社、二〇〇〇年、七四頁。
(30) 前掲『喜宴』、三五頁。司馬遷の『史記 秦始皇帝本紀』に出てくる故事成語として知られ、「皇帝があらゆる面で最高の権威と唯一の基準となる」という意味だと解釈され、皇帝の権威が絶対的なものであることを強調した言葉と言える。馮は、当時の国民党の政治的主張を指して、この言葉を用いている。
(31) 河口和也『クイア・スタディーズ』岩波書店、二〇〇三年。
(32) ソニア・アンダマール、テリー・ロヴェル、キャロル・ウォルコウィッツ著、樫村愛子、金子珠理、小松加奈子訳『現代フェミニズム思想辞典』明石書店、二〇〇〇年、二九四頁。
(33) タムシン・スパーゴ著、吉村育子訳『フーコーとクィア理論』岩波書店、二〇〇四年、九頁。
(34) 谷本千雅子「ファミリー・ロマンスの解体とクィア・ファミリーの可能性」松本伊瑳子、金井篤子編『ジェンダーを科学する——男女共同参画社会を実現するために』ナカニシヤ出版、二〇〇四年、六九 - 九〇頁。
(35) 解放の意味は、①古い習慣や伝統の束縛から考え方を放つこと、②革命の力を用いて反動統治を覆し人民を抑圧から脱け出させることである。『中日大辞典増訂第二版』大修館書店、九四二頁。

(36) オットー・フリードリッヒ・ボルノウ著、大塚惠一、池川健司、中村浩平訳『人間と空間』せりか書房、一九七八年、一二三頁。
(37) 前掲『アメリカの二〇世紀（下）一九四五－二〇〇〇年』、三二頁。
(38) 越智道雄『ニューヨークからアメリカを知るための76章』明石書店、二〇一二年、一七七頁。
(39) パンは、垂直線を軸にキャメラを回す動きである。フレーム空間を横にスキャンするような印象を与える。ディヴィッド・ボードウェル、クリスティン・トンプソン著、藤木秀朗監訳『フィルム・アート』名古屋大学出版会、二〇〇七年、二五六頁。
(40) ルネ・ジラール著、古田幸男訳『欲望の現象学』法政大学出版局、一九七一年。
(41) クロード・レヴィ＝ストロース著、福井和美訳『親族の基本構造』青弓社、一、〇〇〇年。
(42) ティルトは、水平線を軸にキャメラを回す動きである。スクリーン上では、ティルトの動きは、空間が上から下へ、下から上へと開けてくるような印象をもたらす。前掲『フィルム・アート』、二五六頁。
(43) ジョー・イーディー編、金城克哉訳『セクシュアリティ基本用語事典』明石書店、二〇〇六年、一七五頁。
(44) 前掲 Dariotis & Fung. 1997, p 202. 原文は Her sexual aggressiveness toward Wai-tung leads to the pregnancy which ultimately (re)locates her permanently into Simon and Wai-tung's domestic milieu. である。
(45) 前掲『セクシュアリティ基本用語事典』、二四九頁。
(46) マギー・ハム著、木本喜美子、高橋準監訳『フェミニズム理論辞典』明石書店、一九九九年、二六七頁。
(47) ミシェル・フーコー著、田村俶訳『監獄の誕生――監視と処罰』新潮社、一九七七年。
(48) 前掲『現代フェミニズム思想辞典』、一一一頁。
(49) 同上注、一一一頁。
(50) ＤＶＤ『ウェディング・バンケット』（台湾、アメリカ映画、一九九三）、竹書房。映像の台詞では「退休以后在家只能管我和老张两个人。大概蠢妻跟笨厨比部队还难带吧。」である。
(51) イーフー・トゥアン著、阿部一訳『個人空間の誕生――食卓・家屋・劇場・世界』せりか書房、一九九三年、五七頁。
(52) 映画における中国語のセリフは「为了逃家从军嘛。爷爷安排了一件婚事、我一赌气卷了个包包离家从军了。」である。
(53) イヴ・Ｋ・セジウィック著、上原草苗、亀澤美由紀訳『男同士の絆――イギリス文学とホモソーシャルな欲望』名古屋大学出版会、二〇〇一年。
(54) 関西中国女性史研究会編『ジェンダーからみた中国の家と女』東方書店、二〇〇四年、三頁。
(55) 同上注、二頁。
(56) 林語堂著、鋤柄治郎訳『中国＝文化と思想』講談社、一九九九年、二七九頁。
(57) 前掲 Rey Chow、一三八頁。
(58) 前掲『中国＝文化と思想』、二七八頁。
(59) 白睿文『光影言語：当代華語片導演訪談録』台北麦田出版、二〇〇七年、二九〇頁。

第二章　焦点化される父親の欲望
――『恋人たちの食卓』

はじめに

前章でゲイ・カップルと女一人のクィア・ファミリー表象を検討したうえで、父権制家族の権力者である父親のマイノリティ・セクシュアリティを再考することを試みた。『ウェディング・バンケット』からは、強制的な異性愛家族パターンを攪乱することによって、一元的で父権的な権力秩序に抵抗しようという姿勢が読み取れる。

本章は『ウェディング・バンケット』の次作、ニューヨークから台北の都市空間に舞台を移した『恋人たちの食卓』（原題『飲食男女』、台湾、一九九四）を検討対象として取り上げ、料理をめぐって焦点化された父娘だけで構成された外省人家庭における焦点化される父親像を考察していきたい。

台湾で育った李安は、唯一の現代台北を舞台とする華語映画作品において外省人家庭は次のように描く。妻を亡くし、男手ひとつで三姉妹を育てながら名門ホテルの料理長を務める外省人一世の朱氏は、中国の伝統的な家父長制家族における父親像には収まらない人物である。映画のタイトルに示されるように、料理を通して、その父娘家族における それぞれのセクシュアルな欲望を中心に映画は展開する。八〇年代以後の台湾社会の変遷によって、台湾ニューシネマに登場する父親は従来の権力者イメージを次第に崩していったと考えられる。九〇年代初期に上映されている李安の父親三部作の完結篇において独身の老いた父親のイメージは具体的にどのように表現されているのであろうか。この問いが本章の出発点である。

関連する先行研究では、藤井省三は、父親の外省人一世という属性に言及し、その属性と台湾国民党政権の関係について論及している[1]。焦雄屏は、李安の作品における父親イメージは九〇年代の台湾映画作品における父親像とは異なり父親への崇拝を中心にしており、社会秩序再編の時代の流れにおいて父親の権威を保つような姿であると指摘した[2]。Whitney Crothers Dilley はグローバリゼーションと文化的アイデンティティの角度から、映画のタイトル、物語の構成及び食べ物と性欲のメタファーに注目し、李安の作品の中でもっともグローバルな作品であると論じた[3]。カール・ドールは東洋哲学の観点から主に映画における人物関係の情と礼に着目した分析を行い、父親と娘三姉妹それぞれの新しい生活が伝統家族の桎梏から脱し、和やかで新しい家族形態になったと指摘した[4]。

以上の先行研究は、父親の外省人としての立場および映画のタイトル、グローバル化の要素や中国の伝統的な思想といった角度から映画を検討している。しかし、父親の置かれた社会的、個人的な空間と父親イメージとの関連性、視線のポリティクスの視点からの父と娘たちの葛藤、または父親像それ自体の分析などの研究はほとんどなされていない。本章は、以上の先行研究を踏まえ、「外省人」という歴史的な要素に着目しながら、飲食と男女という二つのテーマから、特に家庭の内部と外部の諸空間における父親の表象を視線理論によって分析し、多面的な父親を考察していきたい。

手法としては、父親の置かれた空間に着目し、シーンを取り上げて映像テクスト分析を行う。具体的には、ローラ・マルヴィの視線理論、映像のミザンセンと撮影法の要素という映像の視覚的な表現をあわせて、人物の視線における権力関係を検討した上で、李安がどのような父親像を構築したかをジェンダーの視点から論じたい。多重な属性を付加された男性である主人公は、外省人官僚に重用された中華料理人という社会的地位を獲得しながら、家庭内では伝統的な家父長家族の権力者というジェンダー・ステレオタイプから脱却した登場人物である。彼が社会的に構築された父親というイメージをいかに担い、またいかにそこから離脱していくかを、特定の空間における父親の行動を空間と視線における権力の理論で分析することにより検討したい。

第一節　オープニングに関する考察

『恋人たちの食卓』は、一九九〇年代の台湾の大都会・台北を舞台にして展開する物語である。現代都市台北の基礎は一八九五年の日本統治に始まり、一九七〇年代以後、再びに大規模な再開発が進み、今では東アジアでも有数のモダン都市となっている。

映画の冒頭シーンにおいては（図2－1）、ハイ・アングルにより台北市内中心部の大通りをバイクや車が盛んに往来する様子が捉えられ、日々せわしく活動している社会的・文化的な空間が映し出される。図に示したように、続いて中央部に、タイトル「飲食男女」という四文字が映される。タイトルが既に、この映画は現代都市・台北で起こった飲食と男女に関する物語であると提示しているのである。

図 2-1

『恋人たちの食卓』の撮影時期である一九九四年頃の、まさに地下鉄のない街である現代の台北都市が映される。藤井省三が、「台北都市の公共鉄道輸送が未整備のまま巨大都市化して車社会に突入してしまった台北の交通問題によって、九〇年代バブル経済期における民衆の不安や欲望に付けこみ(5)」という指摘をしたように、映画において台北に暮らしている外省人家族のそれぞれの欲望が刻印されている。

さて、外省人という概念を台湾の歴史に沿って簡潔にまとめておく。台湾の移民史から台湾住民の民族的構造、即ち「エスニック(6)」な構成を見てみると、原住民がいて、それから一七世紀初め頃から広東から移住を始めた漢族がいる、というものである。第一次移民は一七世紀初めから一九世紀末ぐらいまでである。中国の全体的な移民の動きと運動としては、福建省南部と広東省北部から移民した漢族は現在では本省人と呼ばれる。中国はあまりにも広大な国であるために各地方によって言葉も文化も相当に違う。台湾の本省人は台湾語を話し、一九四五年まで日本の植民地だったことも影響して、一つのまとまった文化圏を形成していた。それから第二次移民として、日本敗戦の一九四五年から中華人民共和国建国後の五〇年代初めにかけて、一〇〇万を超える大陸各省の人々が国民党政権の党・政府・軍と共に台湾に渡って来た。彼らは外省人と言われ、台湾生まれのその子女を含めて二〇〇万人以上になる。彼らは主に北京語を使用言語としており、本省人と区別された。住民のマジョリティはやはり第一次移民の子孫である本省人であり、外省人は数としてはマイノリティではあるが、脱植民地後の台湾社会の政治的・社会的各方面で圧倒的な権限を有してきた(7)。このような事情から、両者の間には政治的・階級的対立が生じてきた。

外省人というテーマは八〇年代以後台湾ニューシネマに度々登場する。李安と同じような外省人二世である侯孝賢の名作『悲情城市』(1989)は、登場人物の言語に焦点を当てることで国民党支配の始まりの時期における本省人と外省人の確執を扱った作品である。そして、侯孝賢のもう一つの傑作『童年往事』(1985)は、台湾を異郷と思い、大陸に戻りたいという願いにさいなまれ、本省人の社会に容易に溶け込めない外省人の一家を描いたものである。彼は映画で主人公の少年が自分の少年時代の自画像であると認めている。侯孝賢を含む外省人二世は、親たちから強い望郷の念を教え込まれていたにもかかわらず、台湾を自分の本当の故郷として考えていた。それによって、侯孝賢の映画では、いつも台湾の風土や人情が真情を込めて描かれている。大陸に帰ることばかり思い詰めていた親たちに反して、台湾に愛着を感じていることが映画から伝わる。侯孝賢と同じような客家系の外省人二世である楊徳昌(エドワード・ヤン)による、『牯嶺街少年殺人事件』(1991)は、自らのルーツとしての六〇年代の外省人コミュニティの諸相へと遡行した作品とも言える。外省人二世の少年の孤立感は外省人全体の感じていた孤立感を凝縮したもののように感じられる。台湾に移住した外省人監督らはその外省人としての体験を自分の映画作品に込めて描いた。序章で紹介したように、同じような外省人二世であるにもかかわらず李安の成長経歴は侯孝賢や楊徳昌とは異なる。外省人というアイデンティティの形成には家族から多大な影響が与えられる。そのため、本章の検討対象である『恋人たちの食卓』では、本省人と外省人との対立関係ではない、台北で生活する外省人一家の諸相が描かれる。

映画の原題は「飲食男女」であり、英訳は「Eat Drink Man Woman」という中国語の直訳である。タイトルには、映画の二つのテーマが明らかに提示されている。『孟子』の「告子章句」に「生これを性と謂う。食と色とは性なり」(8)とあり、生と性とが同じ発音であるところから、生は即ち性であるというのだ。また、食欲と性欲は人間にとって生まれながらの欲望と強調されている。ここで筆者が注目したいのは、タイトルの四文字の組み合わせと字体である。**図2-1**に示したように「飲食」と「男女」は一文字ごとにズレながら上下二列で配列されており、更にそれぞれが異なる書式で表示される。象形文字の小篆で「男女」が表示され、続く「飲食」は楷書で表記される。ここでは、二つのテーマの相違が、書式自体の違いにおいて明らかに見受けて取れるのである。漢字の書体の歴史的変遷からみると、篆書はもっとも古い書体と言えるもので、三五〇〇年前に甲骨文字として生まれたと考えられている。そして、楷書は南北朝から隋唐にかけて標準となった書体であり、点画の配置や曲がり方が統一されているという特徴がある。(9)これらの異なる書体により、「男女」が人間のもっともプリミティブな欲望である一方で、「飲食」は一種の制御された欲望であると示唆されているのだろう。また、「飲食」を「男女」の上に置くことによって、食欲は食卓で言及できるような欲望である一方で、性欲は食卓の下に隠された、口にしにくい欲望であることが示唆されていると解釈できる。このように、映画の主題はオープニングタイトルによって既に暗示されているのである。

タイトルで明確に示されたように、映画は人間の再生産のためには欠かせない要素である「飲食」と「男女」という二つの視点から外省人家族に焦点を当てる。本映画では母親不在の家族において、家長である父が母親の役割を兼ね、料理という人間にとって生きるための基本技能を生かし三人の娘を育てている。その一方で、彼は料理を通して社会的な地位を付与され、料理の腕に相応しい権力と立場を得た。では、この映画の父親に関連して、食欲と性欲という人間の本性はいかに描かれているであろうか。以下の節では、「飲食」と「男女」という二つのテーマから父親（朱氏）を中心に論じてみよう。

第二節 「飲食」

本節では「飲食」をキーワードとし、料理人としての父親が配置された空間に焦点を当てる。彼が外省人であることを踏まえ、自宅の台所（家庭空間）および職場のホテル（社会空間）における父親の権力者イメージを読み取る。一方で家庭内部と外部空間の双方において、味覚喪失の危機に遭遇した父親はセクシュアリティの危機をも感じ取っている。その意味で、去勢された父親イメージがどのように読み取れるかも、次節の「男女」も踏まえて検討していきたい。

(1) 台所——私有空間の権力者

映画のオープニング・ショットからクロスカッティングによって空間転換が行われ、ハイ・アングルで静かな邸宅に移る。平屋の正面からハイ・アングルで、邸宅という物理的空間の外見が見渡せるようにフレームに提示される（図2-2）。現代の台北の都心部に位置する一軒家の住宅、即ち物語の主要な空間である朱氏の家が観客に提示されるのである。それは、日本植民地統治期に建てられた日本家屋である。外省人移民の多くは日本人が日本に帰っていったあとに残された日本式の家屋に住んでいる。日本家屋の構造は、「開放的構造になってはいるが、必要があればプライバシーが高塀か厚い生垣を巡らすだけで確保される」[10]と言われるように、朱家も外部から中の私的空間が見えぬよう、高い板塀や、塗装されていないであろう灰色の塀に囲まれている。朱の邸宅は開放的空間としての庭園と、

図 2-2

閉鎖的空間としての二部屋で構成されている。家全体は和洋折衷の工夫に満ちたデザインである一方で、建物は通りに面して建てられており、正門は中国式の木造の観音扉である。更に、中華文化のシンボルである対聯も扉の両側に貼られている。鮮やかな赤い対聯と灰色の塀という視覚的な対比により、異文化の混淆が外部空間から表現される。加えて、部屋の内部構造やインテリアにも和、中、洋の要素が入り混じっている。このように、朱家は和式の邸宅や洋風インテリア、中華文化といった多様な文化で空間が構成されているのである。ボルノウは、「空間の概念は人間の行為と関わり、そして、人間の生活において、家屋の意義を世界の中心として」いると指摘した[11]。本映画に即していえば、戦後遷台した外省人世帯が伝統の中華料理の技能をもって台湾に移住し日本植民地時代の遺物に住んでいるといった、多文化的空間に暮らしている人間の営為は単一的ではないことが予想される。

　さて、台所という空間での父親の行為を通して父親イメージを考察してみよう。「都会の家屋では、台所は、家の一方の側にある。一般にはL字形の袖の部分にあり、一枚の差し掛け屋根に覆われた下屋になっている[12]」と観察されている通り、台所の位置は和風の邸宅のデザインに従って設定されており、玄関を通り抜け、客間を経由した先の、邸宅の西北角に置かれている。個人を中心にして、台所は父親にとって中心的な空間として登場している。

　映画は、週末の食事会に集まる娘たちのために食事を準備する父親の手のクローズアップで始まる。李安は父親が優れた料理の腕を振るう場面を、素早くショットを切り替えながら観客に見せる。照明と構図のセッティングによって、キャメラは父親の作業している手とまな板の上に置かれている食材にクローズアップし、父親が精緻な包丁さばきで食材を切り分け、料理の腕を振るっていることを観客に見せる。一方、昔の中国「家父長が包丁をふるうことが基本[13]」という観点に則れば、包丁のシニフィエは父親の家父長権力であるということになる。料理道具を通して、父親が家族における家長とい

図2–3

図2–4

図2–5

う権力者であることが表現されている。キャメラは一段目の包丁からティルト・ダウンし始め、しだいに下へ動き、三段に渡って並べられている数多くの異なる形の包丁がフレームに映る（図2－3）。包丁を振るって食材を処理する行為と被写体である刃物とを重ねて、一種の攻撃性を暗示している。更に言えば、包丁という表象をクローズアップし料理の技能を強調することにより、父親の権力者イメージを観客に伝えている。ボルノウの「空間は人間の行為を通して征服される[14]」という指摘があるように、父親は台所という私的空間において、食材を処理するだけに留まらず、その場所におけるすべてのものを所有し、支配しているのである。

キャメラはややローアングルから、料理人の格好をした父親と国民党政権における元総統である蒋介石、蒋経国父子とがそれぞれ一緒に写っている正面写真をミディアム・ショットで撮る（図2－4）。キャメラは順番に左へパンしつつ、スーツ姿の父親が当時の総統である李登輝や他分野の有名人と一緒にいる写真を映す（図2－5）。衣装とメイク（現在の父親は、写真に写っている当時には生やしていなかった髭をたくわえており、年月の経過が表される）によって、父親が若い頃からグランドホテルに勤めており、何十年にもわたって政府高官に奉仕してきたことが示される。キャメラはこれらの写真にフォーカスし、名門ホテルの元料理長という統治階級に位置する外省人の身分が強調される。

また、映画には父親が一人で台所の中で料理をしている場面がよく登場する。娘を台所に入らせないことにより、父親がこの空間を自分の領地と見なしていることがわかる。台所は父親個人を中心にして私的な空間として構築されている。この私的な個人空間で示される当時の上流階級の有名人と父親との写真は、父親が権力階層に認められた外省人の技術者であり、台北という大都市で接収された日本家屋を与えられたエリート階層であることを示している。これら貴重な写真や題字は、最も来客の目に付く場所に置かれるのではなく、父親の専有空間である台所に置かれている。このことにより、台所という私的空間は、父親に権力と栄光を付与するポリティクスの場所となる。父親は料理という技術によりこの空間を占有し、支配できる権力を持つと考えられる。

(2) 職場のホテル——外省人としての栄光

台所のシーンに続いて、映画は四秒ほどの長さの設定ショットに切り替わって、グランドホテルの全景がクローズアップされる。同じようなキャメラワークの設定によって、家庭内部の私的空間から外部の公的空間に場面が転換することが観客に伝えられる。ハイキー・ライティングという照明のミザンセンを利用することで、観客は周りの闇よりも立派で華やかなグランドホテルに注目する（図2-6）。この最高峰のホテルが父親の職場であるという描写は観客にインパクトを与える。

図2-6

グランドホテルは、日本統治時代の台湾神社が台湾旅行社の経営する「台湾大飯店」となり、その後一九五二年に宋美齢を中心とした台湾敦睦聯誼会が結成されたことで「圓山大飯店」として開業した[15]。国民党との深い関連性がホテルの歴史から窺える。換言すれば、台湾の高級料理は戦後に蒋介石ら国民党が遷台した時に大陸各地からついてきたコックたちによってもたらされたものなのである。大陸から渡来した高級料理の伝統は、主に外省人がもたらしたものである。そのため、父親は外省人一世として優れた腕で当時の国民党政府の高官や上流社会の貴人に仕え、料理長にまで上り詰めることができたのである。

キャメラは職場に到着した父親の後ろ姿を追い、手持ちショット(16)で父親から見た戦場のような忙しさの厨房へと突進していく。この技法はもともドキュメンタリー映画の撮影で使われるものなので、手振れによる不安定な映像が観客に臨場感を実感させる。このキャメラと父親の主観ショットを並置することで、観客の注意を父親にとって親密かつ公的な空間であるグランドホテルの厨房へと集中させる。厨房はいわばホテルのホスピタリティの裏側であるため、これらのショットは観客に未知の空間を窃視する快感をもたらす。更に、ややハイ・アングルにより観客は高い視点からキャメラの視線と同一化して、父親の背後にフォーカスしつつグランドホテルの厨房の全景を見ることができる。

一方で父親がコックコートに着替える時には、親友で次席料理長の温さんが後ろから服を着せかけ、前景の父親、マネージャー、そして後景の温さんがフレームに入る。父親の着替えを通じてこの空間内の絶対的権威者という地位が強調され、彼の存在がだれよりも重要であるということが示される。宴会用スープの食材であるフカヒレが不良品であったために浮き足立っていた厨房は、父親の老練な指揮により見事に立ち直った。更に、マネージャーのホッとした顔がクローズアップされ、父親の料理長としての権威がここで頂点に達する。

更に、ホテルのマネージャーや親友の温さんは父親に国宝級の中華料理の秘伝を本にして書き残してくれと頼む。この場面では、単なる調理場だけに留まらず、言語と文字により社会空間における父親の料理の権威者としてのイメージが作られている。父親はマネージャーに「中国各地の料理が台湾に流れ込んで四十年も経ったから、皆混ざっちまって訳がわからなくなってしまった（中国菜到台湾四十多年、早已经是三江五湖汇流入海、都是一个味）」と述べている。このセリフからみると、中国大陸から台湾へ渡った父は、「川（四川）、揚（淮揚）、潮（広東）、浙（上海）」といったある特定の地域／空間に限定されない料理すべてを一つの料理として扱っているのである。中国大陸各地域の料理は、象徴的に父親の外省人としての身分を暗示する。一九四九年以来四〇年をかけて、各地域の中華料理は台湾本島の味と段々と融合し、次第に没個性化した料理となっていった。料理を切り口にして、父親が中華文化を伝承する主体として、多様な人々から構成された新たな移民社会である台湾に定着したというように読み取れる。彼は地理的な空間の移動に従い、自分の外省人のアイデンティティを台湾社会と融合させつつ、台湾という特定空間への連帯感を次第に強めてきたのであろう。

社会的な職場空間においては、元名門ホテルの料理長としての父親は、優れた料理の腕で高い社会的地位を獲得し尊重されている人物であると思われる。また、中華料理をメタファーとして、父親は外省人という政治的意味を付与された地位にあるが台北という新たな政治空間で自分のアイデンティティを再認識していることが窺えよう。

(3)　味覚の喪失——去勢される権力者

上述の救援シーンの前に、自宅のダイニングでは、娘たちがかつての父親の栄光には無頓着でグランドホテルの宴席料理並みの豪華な晩餐すら有難く思っていない様子が見られる。更に、次女は父親の味覚が衰えていることを指摘し、父親の権威に明らかに挑戦する。リバースショットが長女と三女及び父親の顔を切り替え、三人の顔をミディアム・クローズアップして、それぞれの反応をはっきりと観客に伝える。父親が怒った表情で、「自分の舌はまだ健在だ」と反発しながら席を去る。父親は娘たちの視線の下で、完全に見られる者である。そして、キャメラは再び彼の後ろ姿に注目し、観客の視線も同一化して、父親は二重の視線から見られる対象となってしまう。このシーンで、父親が料理人として娘たちの食欲を満足させることができないことのみならず、味覚喪失という苦痛を抱えていることも暴露される。

これとは対照的に、救援シーンにおける父親と温さんが一緒に不良品のフカヒレをチェックしている場面では、ツーショット(17)で二人が二つの被写体として均等に配置されている。一般には、単一の被写体をフレームの中心に置き、できるだけ観客の注意がその両側に分散しないようにすることが多い(18)。しかし、二人のバランスを均等に取り、観客の視線が双方に分散するように促している。これは父親の権力者としての存在感が単独の被写体であったときよりも半減していることを示唆する。料理長である父親が温さんの味見に頼ってフカヒレの味付けを加減する様を見せ、父親の味覚の鈍化を裏付けている。言い換えれば、彼は味覚喪失によって料理人としてのアイデンティティの危機に瀕しているのである。

一方、父親が温さんに告白するように吐露する「飲食男女、人之大欲、不想也難。好滋味誰嘗過阿。（食と性は人間の重大な欲望だ。求めたくなくても無理だ。その素晴らしさは味見していないのだから）[19]」という言葉から、父親においては人間の大切な欲望である食欲と性欲の双方が満たされていないことが分かる。料理人としてだけでなく、人間としても、ともに危機に直面している。儒教の経典である『礼記』にも「飲食男女は、人の大欲存す。故に欲悪は、心の大端なり。人は其の心を隠す[20]」とあるように、人間の二つの欲望は人の情意の基本でありながら、その心情は隠されていることが多い。父親の台詞から、彼が食欲喪失を隠し、性的欲望も抑圧された状態に陥っていることが読み取れる。従って、舌というシニフィアンがファルスの代役となり、セクシュアリティの危機も味覚の鈍化から密かに伝えられるのである。

加えて、料理長としての立場を考えると、味覚喪失により他人に頼り料理の味を判断するという設定は、職場での父親の権力を大いに弱めるものとなる。味覚の鈍化という事実に加え、娘には言えない性的危機も、この場面での父親のセリフにより曖昧に伝えられる。個人的な性的欲望について語る父親は、前述した自宅の台所における絶対的権威者という自らのイメージを矮小化する。料理人としての父親は味覚の去勢によって男性としての性的欲望を抑圧される去勢者である。彼の中国の家父長制における家長イメージは揺らいでいる。このように、映画の二つのテーマは巧みに交錯しながら展開する。次節では、「男女」を中心に、父親のイメージを検討していきたい。

第三節　「男女」

本節では「男女」をキーワードとし、ジェンダー視点から母親不在の家族における父親イメージを検討する。前述したように、味覚喪失により性的欲望が抑圧されつつ新たな核家族を築きたいという欲望を隠している父親が、どのようにセクシュアリティの危機を解消したかに注目し考察してみたい。

(1)　母親役割の担当者

中国の伝統社会を支えてきた儒教倫理では、家は、国を治めるための社会秩序の根本と認識されてきた。それに加えて、家には男女の役割、ジェンダーを固定化する働きがあった[21]。家父長制家族において、母親は抑圧される者として不可欠な存在であり、育児と家事を担当する[22]。映画『恋人たちの食卓』は母親不在であるという設定である。そのかわりに、父親一人で、食事以外にも三姉妹を世話する描写が散見される。父親が母親の役割を担当し、家事労働もすべて負担している。従って、家族の構成から役割に至るまで、『恋人たちの食卓』は中国の伝統的な家父長制家族イメージとは異なっているのである。こうした家庭内の父親の「主夫」[23]イメージに着目し、家という私的空間における父親を検討していきたい。

前述したように、父親は毎週日曜日には三姉妹のために宴席料理のような高級中華料理を用意して娘たちを迎えている。毎日の食事を用意することから、父親は性別分業における母親役としての家事労働を担っていることも示される。最初の夕食シーンに注目したい。設定ショットにより、ややハイ・アングルで円卓に並べられた豊富な宴会料理がクローズアップされ、料理をエスニックな見世物として扱い観客の注意を引きつける。中国伝統の円卓を取り囲む会食の方式で、三姉妹が父親の着席を待っている様子が後景として映される。中華的伝統文化の下での家族団らんの

図 2–7

イメージが伝えられる一方で、家族内の父親の権威も強調されていると思われる。しかし、キャメラは父親の座席の後ろにあるため、前景ショットのフレームには父親の背中しか映らない（図2－7）。そのことによって、父親の存在感が薄められていると考えられる。席の座り方により、監督が最も着目させようとする人物(24)である次女は、父親の真正面に向かい合う位置に据えられる。次女は、料理への志向を父に認められずに断念し、父の意向に従い航空会社の管理職に昇りつめるが、結局最後には父親の料理の腕を受け継ぐ形となる。映画で繰り返される食事場面では、父と次女との対立関係が座席の配置からうかがえる。映画のタイトルで示されたように、家族全員のそれぞれの語られない性的な欲望は自宅の食事シーンを通じて観客に語られる。料理、家族の絆や男女の関係、心理的なずれなどの要素はいずれも食事シーンに反映されている。初回の食事シーンでは、父親は初めて自分の恋を娘たちに打ち明けようとするが、自分の味覚の鈍化を指摘されたため諦めてしまう。食卓で父親の権威が次女から明らかに挑発されるとともに、父親の語れない性的欲望と味覚喪失という話題が絡み合うことによって、人間としてプリミティブな二つの欲望の危機に直面する父親は、従来の家族内の権力者イメージを弱化させることになる。

主夫である父親は育児、料理以外の家事労働などの母親の役割も担当している。冒頭の料理シーンの途中で、父親の家事労働の場面は室内から室外に転換する。望遠レンズによって、日本式の自宅の庭園という開放的な空間において父親が洗濯物を干している様子を観客に見せる。自宅の庭という場所は、私的空間といっても、父の主夫イメージが他人の視線の下に晒されるされる可能性のある空間である。上半身の姿が映るミディアム・ショットでは、父親が絡まっている女性のストッキングと下着を苦労してほどいている様子が見える（図2－8）。次のショットは急に次女の会議中の姿に切り替わり、鮮明なコントラストを生み出している（図2－9）。このようなモンタージュの編集による家の中で洗濯などの家事を担当する父親と社会進出した次女とを比較する描写からは、父親のイメージが矮小化される一方で、次女がかわりに性別役割分業の男性役を担っていることが強調される。次女は公的空間と私的空間の双方において、娘というより、むしろ「息子」という権力者の立場に設定されているのではないだろうか。そのように考えれば、次女が実家で料理を作って里帰りした父親をもてなす結末は、この家の所有者が父親から次女に受け継がれたことを意味すると解釈できる。一方、母親不在のため家事労働や育児など家庭内の役割分担はすべて父親が担当させられている。従って、育児と家事労働のシーンの父親は母親の役割を担っており、シーン全体が「父の欠落」[25]というイメージを作っているのではないだろうか。

不在である母親は、実は写真の形で登場する。キャメラは台所の外の壁に掛けられている母の遺影のほぼ同じ高さで平行に、母の写真にフォーカスを当てる。写真の掛けられている場所は空間のセッティング（映画における部屋の空間構造）により、台所の隣のリビングであるとわかる。前景としての写真に焦点があり、後景の父の姿がぼやけている。そして、構図の配置により、母の写真は右上がりに見える一方で、父の姿は左下に据えられる（図2-10）。対角線で母が夫である父親を見張っているような視覚的な効果が生み出されている。この構図によって、台所で料理している父親は、いつも亡妻の視線のもとで見られる者となっていることが示唆される。

二つ目の写真が登場する場面は、父親が自分の部屋で薬膳の研究をしているシーンである（図2-11）。ハイ・アングルのフレーミングでは、観客は高い視点から父親のことを見下ろす。同じショットで、父親の読んでいる『内経知要』という漢方薬

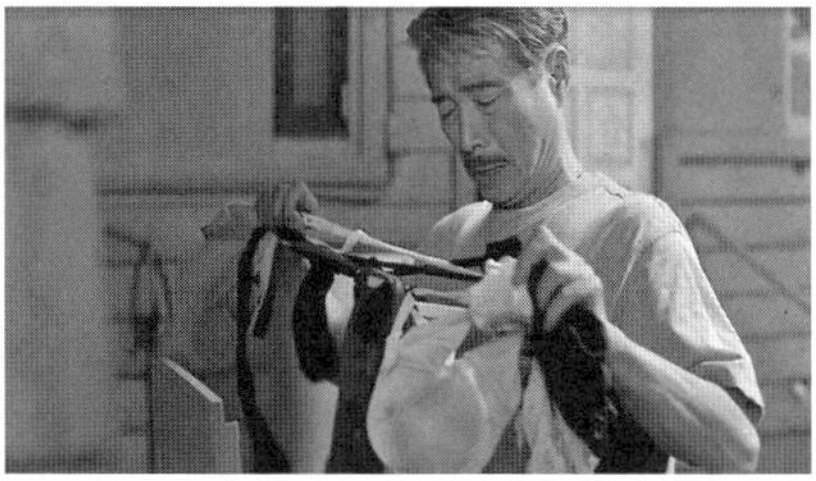

図 2-8

図 2-9

図 2-10

図 2-11

経典に記載された腎臓の滋養処方が観客に明示される。従ってこのシーンでは、男やもめである父親が新たな恋愛のため精力増進に努めていることが分かる。これは、亡妻の視線への一種の挑戦とも解釈できよう。個室という私的な空間にある父親は、亡妻の視線を浴びながらも、内面の欲望を解放している。

このように、母親は不在で、写真としてのみ現れるという設定により、父親の主夫イメージが強調されている一方で、父親の抑圧されているセクシュアリティと、再婚がその危機を解消する可能性も秘かに表現されているのである。

(2) 父親の家出と回帰

父親の再婚という行為を通し、父親一人で三姉妹を育てるという家族形態は解体され、父—母—子の核家族に回帰する。この節では、欲望された父親イメージの考察を中心にして、恋愛対象の確立、そして自分の欲望をいかに宣言するかという点を検討してみたい。主に自宅の台所、ダイニングという内部空間、そして公衆浴場という外部空間から父親イメージを検討する。

まず、映画の冒頭から登場し、自宅の台所で展開される。相手不明の電話でのやりとりを見てみよう。物語世界の音[26]としての電話の呼び出し音により、観客の注意は電話の内容に集中させられる。父親が発した「昼ごはん済んだかい。まだなのか?」というセリフにより、電話の相手は親しい知人であると推測できる。なお、続いて彼がすぐに料理の手順を教え始め、日曜日の夕食会で娘たちに伝えようという台詞によって話題が転換することから、相手とはかなり親密な間柄であることが示唆されている。先行研究ではこの秘匿された電話の相手について検討されたことはないが、それは映画の結末で父が再婚する錦栄（長女家珍の同級生の姉、原籍は大陸湖南省の外省人二世）だと解釈できる（後述）。先述した、初回の夕食会で父親が自分の新しい恋を告白しようとした意欲を連想すれば、ここで父親の秘密の恋愛対象が音声として映画に登場しているのだとわかる。父親は、自分が専有する私的空間である台所でしか気楽に恋愛対象と話すことができない。従って、父親にとって台所は、自分の抑圧されたセクシュアリティを一時的に発散できる場所だと解釈できるのではないだろうか。

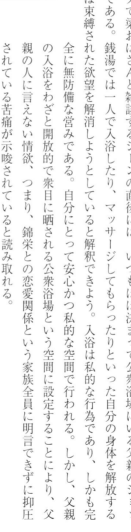

一方、父親が再婚するのであれば、相手は錦栄の母親である未亡人の梁おばさんであろうと娘たちは想定する。注目すべきは、リビングで梁おばさんと雑談するシーンの直後には、いつもほぼ決まって公衆浴場にいる父親のショットに切り替わることである。銭湯では一人で入浴したり、マッサージしてもらったりといった自分の身体を解放する行為を通して、父親は束縛された欲望を解消しようとしていると解釈できよう。入浴は私的な行為であり、しかも完全に無防備な営みである。自分にとって安心かつ私的な空間で行われる。しかし、父親の入浴をわざと開放的で衆目に晒される公衆浴場という空間に設定することにより、父親の人に言えない情欲、つまり、錦栄との恋愛関係という家族全員に明言できずに抑圧されている苦痛が示唆されていると読み取れる。

図 2-12

結末の日曜の食事シーンでの父親の「家出」ひいては結婚宣言が映画のクライマックスである。以下の場面分析により、食事を通じて父親の立場が変わることに着目したい。この食事シーンでは従来の父娘だけでなく、娘の恋人たち、また錦栄の家族も顔をそろえており、特別な食事だと観客に暗示される。キャメラは次女の上方に据えられ、ハイアングルのショットで対面に座っている父親と梁おばさん、錦栄を主要な被写体として正面に映す（図2-12）。父の左右に梁おばさんと錦栄が配置され、観客に三人の関係性をめぐって物語が展開することが暗示される。続いてミディアム・クローズアップ

図 2-13

ショットが、梁おばさんが能動的に父にお酒をつぐという行為を捉える。これは、彼女が父の再婚相手候補であることを自認しており、妻／母親の代理として父親に仕えるパフォーマンスをしているのだと解釈できる。これにより、これまで母親役割の担当者であった父親が、対照的に仕えられる権力者の立場に転換する。彼が長女と三女と乾杯する際には、娘たちそれぞれのカップルと、彼と梁おばさんがリバースショットで捉えられ、彼らもカップルになるであろうと観客に示唆される。躊躇する父親が一人でお酒を飲む様子はクローズアップ・ショットに切り替わり、彼の抑圧された苦痛がその表情で観客に伝えられる。続いて梁おばさん、父親と錦栄のミディアム・ショットに切り替わり、立ち上がった父親が両側の二人、ひいては列席者全員を見下ろす図式となり、ここで彼は主動的に視線の権力者の立場に立ったと言えるだろう。ここで梁おばさんの着ている中華圏の伝統的な服飾表象であるチャイナ・ドレスは、中国大陸から来た外省人という属性を強調すると共に、伝統的スタイルのシンボルとなる。一方、洋装のブラウスを身に着けた娘の錦栄には、外省人二世としての、西洋文化が浸透した現代都市の新世代のイメージが投影されているのではないだろうか。梁おばさんは、「料理が熱いうちに早く話せば（有话就说吧、菜要凉了）」と父に早く宣言するように促す。キャメラは先ほどと同様のショットで二人を捉え、「お母さん、何卒私たちの結婚を許してほしいのです。（请伯母成全我们）」という大胆な告白で錦栄との関係を皆に知らせ家出を宣言する父親は、立った姿で全員を見下ろす視線の権力者となる（図2－13）。

父の宣言は大騒ぎをもたらす。梁おばさんが退場したあとに次女が一人で円卓の側に立っている姿はロング・ショットで捉えられ、ダイニングの空間的要素がフレームを占める。今までダイニングや台所の専有的支配者であった父親はもはや退場し、空間の占有者は次女に転換している。ショットが切り替わると、父親と錦栄の娘の小学生・姍姍の二人が家を出る姿がフレームに映る。ここでは、この旧式な住宅という空間において支配者が父親から次女に変わったこと、更に父親が血の繋がっていない姍姍の父親として、新たな父娘関係を引き受けたことが表現されている。

　エンディングシーンでは、新居に引っ越した父親が日曜日の夕食に参加するため旧宅に戻ってくる。冒頭シーンと対照的には、次女一人で父親の権力の場であった台所で夕食を準備している。しかも、やってくる家族は父親一人のみである。父娘二人きりの食事場面は映画の中ではこのシーンが唯一である。ミディアム・クローズアップショットで二人が相対し、料理を吟味する姿が撮られる（図2－14）。次女は母親の代理として、昔母親が得意だったスープを作って父親に食べさせる。料理の才能を受け継ぐ次女の手作り料理を通し、亡妻のスープを味わうことができた父親の味覚は回復することができた。図2－15のように、映画は父親が両手で次女の手を軽く握っている姿で終わる。映画において、父親と次女の間で交わされる唯一の身体接触の場面である。旧宅を離れて新たな家族を組み立てる父親が、亡妻と最も似ている次女のスープによって味覚を回復させるという設定から、性的危機も解消できるようになると考えられる。

図2-14

図2-15

　結局、自宅で全員が揃った食事シーンにおいて、父親は主動的に再婚相手を決め、家から脱出し再婚することを宣言する。外省人一世の父親と台湾生まれの外省人二世の錦栄とが結婚し、日本植民地時代の産物である旧宅を離れ、現代風のマンションに引っ越す。ボルノウが論説したように、家屋とは「人間が、自分の世界のなかで、住まい、人間が我が家としてくつろぎ、そして人間がくりかえしそこへと帰郷することのできる場所」である[27]。しかも、新居で錦栄が妊娠していることによって、旧宅で亡妻のスープを味見するという設定は、住空間の転換、「家出」と味覚の回帰により、父親が自身の性的危機を解消して現代の台北の都市空間に定着するようになったと読み取れるのである。

おわりに

本章では、空間と人物の関係性に注目しながら、李安による三部作の完結編である『恋人たちの食卓』の中の、九〇年代台湾ニューシネマの単一の権力者を再構築した、従来のものとは異なる父親表象を検討してきた。自宅の家屋空間や職場に位置する父親をめぐって、ジェンダー視点及び映像分析により、多面的な父親像を究明した。料理を切り口として、家庭外での外省人料理長、家庭内での母親のジェンダー役割を兼ねる主夫、そして性的欲望が抑圧されている異性愛男性といった複数の父親像から変貌した、欲望された父親イメージが構築されているのである。

自宅の専用の台所では、エキゾチックな中華の食材が父親によって処理されることにより、父親の権力者イメージが強調される。その上、台所に掛けられている写真からは父親は料理人という専門職によって国民党政府統治者及び上流階級に認められていることが窺え、父親の外省人エリートとしてのイメージが明らかになった。職場における父親の権威を描く一方で、キャメラの視点により、父親は観客から見られる対象として扱われる。加えて、父親の味覚喪失は象徴としての去勢を強調し、料理長という強力な権力者イメージが弱められていることが読み取れる。

また、本映画における母親の不在という設定は、近代家族の性別役割分業という観点からすれば父親のイメージを転覆し、初老の「主夫」像を提示している。更に、キャメラワークの効果により、父親は、常に観客と娘たちから見られる者となってしまう。また、母親は写真の形ではあるが、視線の権力を父親に及ぼしており、母親の視線の下においては、父親の性的抑圧と性的不安が看取される。だが、父親の性的危機は再婚で解消する。物理的空間において父親は異郷者として移住した日本植民地時代の産物の旧宅から脱出し、心理的空間においては彼を縛る家族から脱出し、異性愛婚姻制度に回帰して新たな家族形態を再編した。

このように『恋人たちの食卓』は、伝統的な中国的文化圏の家族において権力者であるはずのステレオタイプ的な父親像を大胆に転覆させた。この映画は、外省人家庭にとって異郷である台北という現代都市空間において、多文化を調和させた料理即ち「飲食」を通して、自分の去勢への不安即ち「男女」の性的な危機を解消し、現代都市台北に融合していく外省人家族が再構築される物語として読解できるのである。

注

（1）藤井省三『中国映画——百年を描く、百年を読む』岩波書店、二〇〇二年、二三七-二四一頁。
（2）焦雄屏『時代顕影：中西電影論述』遠流、一九九八年、二五九-二七一頁。
（3）柯瑋妮著、黄煜文訳『看懂李安』時周文化事業、二〇〇九年、一一六-一三二頁。
（4）李政賢訳『李安的電影世界』五南出版、二〇一三年、一四〇-一六〇頁。
（5）藤井省三『現代中国文化探検——四つの都市の物語』岩波書店（岩波新書）、一九九九年、二二六頁。
（6）若林正丈は、移民により形成された台湾社会の特色を「エスニックな多様性」と表現している。若林正丈『台湾——変容し躊躇するアイデンティティ』筑摩書房、二〇〇一年、三〇頁。
（7）若林正丈『海峡——台湾政治への視座』研文出版、一九八五年、二二頁。
（8）食欲と性欲とは生まれながらにもつ人間の本性である。貝塚茂樹訳『孟子』「告子章句（上）」中央公論新社（中公新書）、二〇〇六年、二〇五頁。
（9）書体の歴史は『書体大百科字典』を参照した。飯島太千雄編『書体大百科字典』雄山閣出版、一九九六年。
（10）E・S・モース著、齊藤正二、藤本周一訳『日本人の住まい』八坂書房、一九九一年、七四頁。
（11）オットー・フリードリッヒ・ボルノウ著、大塚恵一、池川健司、中村浩平訳『人間と空間』せりか書房、一九七八年、三四頁。
（12）前掲『日本人の住まい』、一二五頁。
（13）多田道太郎「食事と文化」、多田道太郎（ほか）著『食の文化』講談社、一九八〇年、二一一頁。
（14）前掲『人間と空間』、二三二頁。

（15）グランドホテルの歴史については、http://www.grand-hotel.org/taipei/ja-jp/ を参照した。（二〇一九年一一月二八日閲覧）

（16）作り手は、なめらかなキャメラの動きではなく、小刻みに揺れる、ぶれた映像を求めることがある。手持ちキャメラのショットは、フィクション映画でもよく見かけられるようになった。デイヴィッド・ボードウェル、クリスティン・トンプソン著、藤木秀朗監訳『フィルム・アート』名古屋大学出版会、二〇〇七年、二五九頁。

（17）ツーショットは一つのショットで二人の人物を撮ることを指し、通常は胸部から上のバストショットを指すものである。シーンの内容次第で二人の調和または不調和のどちらも描くことができる。ジェニファー・ヴァン・シル『映画表現の教科書』フィルムアート社、二〇一二年、一六八頁。

（18）前掲『フィルム・アート』、二〇五頁。

（19）台詞の日本語翻訳は筆者による拙訳である。

（20）竹内照夫著『礼記上』新釈漢文大系二七、明治書院、一九七一年、三四二頁。

（21）関西中国女性史研究会編『ジェンダーからみた中国の家と女』東方書店、二〇〇四年、一頁。

（22）マギー・ハム著、木本喜美子、高橋準監訳『フェミニズム理論辞典』明石書店、一九九九年。

（23）日本では八〇年代半ごろになると、「妻の方が外で働き、夫は家で家事育児」と従来の役割分業を逆転させる家庭が目立ち始めた。そして、「主夫」という言葉も定着しはじめる。米国では「ハウスハズバンド」。村上紀子「「男と料理」を女の側からみると」、竹井恵美子編『食とジェンダー』ドメス出版、二〇〇〇年、一四一頁。

（24）「次女という人物像は、この映画のキーマンである」と監督李安は述べている。張靚蓓編著『十年一覚電影夢：李安伝』人民文学出版社、二〇〇七年、八四頁。

（25）父の欠落とは、父性、父親機能が絶対的に欠落していること、父となったときの父親役割が欠けているかほとんどないことで、男性自身の姿をさしていることに疑いはない。丸山茂『家族のメタファー』早稲田大学出版部、二〇〇五年、二四七頁。

（26）物語の音とは、ストーリー上の世界の中に音源がある音のことである。登場人物が発する言葉、ストーリーのなかの物体が発する音、ストーリー上の空間にある楽器から発せられる音楽は全て物語の音である。前掲『フィルム・アート』、三四八頁。

（27）前掲『人間と空間』、一一九頁。

第三章　古典中国を移動する女侠
――『グリーン・デスティニー』

はじめに

前章では、『恋人たちの食卓』の二つのテーマを軸として、現代の台北の外省人家族における父親像を中心に検討した。映画において焦点化される父親の欲望によって、父親は視線の客体となり、八〇、九〇年代の台湾ニューシネマに登場する父親像とは異なった、父権の神話に挑戦しようという姿勢が読み取れる。

李安の初期華語映画作品はほぼすべてがミクロな家族に焦点を当てたものだが、その後は暫く華語圏を離れて本格的にハリウッドに進出した。

本章では、監督が少年時代から憧れてきた古き中国の武侠世界を題材に長年温め続けてきた挑戦作である、王度盧(1)の武侠小説『臥虎蔵龍』に基づいて作った武侠映画『グリーン・デスティニー』（原題：臥虎蔵龍、英語題 *Crouching Tiger, Hidden Dragon*、中国・香港・台湾・米国製作、二〇〇〇、以下『グリーン』と表記する）を研究対象として取り上げる。

武侠といえば、文字通りに武術と任侠のことである。(2)武侠映画には主に武侠小説を原作としたもの、武侠小説以前のさまざまな伝説をベースにしたもの、そして映画オリジナルのものがある。物語のテーマは基本的に勧善懲悪である。中華映画圏においては層の厚い人材と武侠映画というジャンルの歴史的蓄積があったため、東洋の神秘に満ちたダイナミックなアクションは世界中の観客を魅了した。この映画は西洋、特にアメリカで大ヒットを記録しただけでなく、アカデミー賞の最優秀外国語賞をはじめとして、四部門で受賞した。武侠映画史的にはもちろん、中国映画史上においても大変な快挙をなしとげて話題になった。

『グリーン』の公開よりも前に、ハリウッドではディズニー・プロ製作のアニメーション映画『ムーラン』（1998）が公開されている。ウォルト・ディズニーの『ムーラン』は、完全なアメリカ資本によるアメリカ映画として中国の古い木蘭物語をリメイクすることで世界中を席捲した。高い興業成績を収めるだけでなく、一九九八年のアニー賞作品賞を受賞していることから分かるように芸術性と商業性をともに両立させている。ムーランとは、北魏（439-534）の長篇楽府（民間歌謡）『木蘭辞』のヒロイン木蘭を指す。戦場を駆け巡る颯爽たる男装の女戦士木蘭は、西洋の観衆の喝采を浴びるスーパー・ヒロインとしてハリウッドに進出を果たした。一方、ハリウッドをはじめ西洋のアクション映画を変えた『マトリックス』（1999）は、ヒーローたちの超人的な飛翔の表現によって西洋の観客を魅了した。そのアクション技術には、香港映画でよく使われるテクニックのワイヤーワークが用いられた。本場のワイヤーワークをハリウッドに導入したのは、香港のエキスパートの一人である袁和平（ユエン・ウーピン）(3)である。彼は『グリーン』の武術指導でもある。『マトリックス』の大ヒットに伴い、一気に香港スタイルのワイヤーワークも脚光を浴びた。それゆえ、ワイヤー技術を通し、『グリーン』にも描かれる空飛びなどの中国古典武侠世界が西洋の観客に対して見事に表現されることになり、世界的ヒットの基礎を固めていった。一方、『グリーン』とほぼ同じ時期に上映された『チャーリーズ・エンジェル』（2000）は、三人の女性探偵を中心に描くハリウッドのアクション映画である。特に、華人女優であるルーシー・リューはヒロインの一人として、闘う女性のイメージをもって西洋の観衆にインパクトを与えた。以上のように、『グリーン』が上映された時代においてハリウッドの影響圏を中心とする西洋の観客は、中国武術や闘う女戦士、エキゾチックな異文化空間に対する多大な関心を寄せていたと言える。それらの要素がすべて絡み合った『グリーン』は、中華圏に存在する武侠映画という独自のエキサイティングな映画として西洋の観客の関心を惹いたのである[4]。

李安は武侠映画『グリーン』によって江湖の空間（後述）に凝縮されている想像の「古典中国（古典の中の中国）」を実写化したいという動機に関連して、「最初、私の野心は二人の女性、特に玉嬌龍と兪秀蓮の陰陽両性を表現しようということにあった[5]」と述べており、『グリーン』が武侠映画であるにも関わらず女性造型を目的としていたことが窺える。

『グリーン』についての先行研究では、主に撮影技法、映画産業、トランスナショナルシネマや映画の芸術表現などの多様な視点から検討されてきた。本章で検討する映画自体の人物造形、古典中国の空間や視覚表現について、以下で関連した論説を挙げる。James McRae は、映画における中国の伝統社会の道教と儒教における矛盾と融合という角度から登場人物の自由への願望について論述した[6]。Whitney Crothers Dilley は、「『グリーン』においては古典中国の写実的な描写が提示されることはなく、かわりに観客の皆が心で想像する中国表象が監督の伝えたいことである[7]」と述べている。更に Dilley は、映画のグローバル化、東洋と西洋の越境性、監督自身の華人アイデンティティの認識に焦点を当てて論じている。一方、簡政珍は物語性と空間要素に注目し、映像のリズムをキーワードとして取り上げ、映画の時間と空間性を人物イメージの分析に結びつけ、李安の新たなテクストはモダニティに属すると述べている[8]。沈乃慧は、王度廬の原作との比較から、映画に提示される風景と映画の物語の関連性を分析する[9]。そして王飛の分析は、映画における登場人物の内面の欲望と風景との関係性に注目し、風景の文化的意味と古典中国との関係を示した[10]。

上述のように、映画に関する先行研究は必ずしも少ないとは言えないが、李安が最も関心を持った女性の造形という点を十分に解明できているとは言えない。ヒロインである玉嬌龍は安易に善や悪という二分法で定義されない人物である。伝統的な華語武侠映画における男性中心の描き方とは異なり、『グリーン』における女侠はスクリーン上にどのように力強く描写されているのか。従来の武侠映画によって規定された男女、善悪の二項対立のジェンダー秩序をどのように転覆するのか。更に、古典中国のイメージがそれらにどのように結びつくのか。本章の問題意識はこのような点にある。

その問題点から出発し、本章では李安の武侠映画における女性の造形と空間構成との関わりの観点からジェンダー的権力による秩序に抵抗する姿を明らかにしたい。研究手法としては、空間や場所の表象の意味と人物造形の関係をキャメラワークの手法を検討しながら解明していく。映画『グリーン』における空間構成として注目するのは「江湖」である。陳平原によれば、江湖はもともと長江と洞庭湖とを指す単なる地理的な言葉であったが[11]、武侠小説においては、官に対する、「野の世界、一所不住の香具師的社会、国法の及ばない世界」[12]、という三つのイメージが指摘できるという。映画はそれを踏まえ、これら三つのイメージが、更に無法な移動空間である新疆の荒野、政治的空間としての北京城、侠客の活動空間としての江南という三つの地理空間に転換されている。このような江湖世界に李安は古典中国への想像を投影した。本章はまず中華圏武侠映画の系譜を整理し、李安に多大な影響を与えた胡金銓監督の武侠映画作品における女性造形を明らかにする。次に、それぞれの空間表象を三節に分けて、ヒロインの造形との関係性を考察する。こうした相互に異質な三空間を往来する作中において、ヒロインの玉嬌龍を中心に、セクシュアリティを追求する女性、家父長制度下の娘としての役割を打破する貴族のお嬢様、異性装のパフォーマンスで伝統的な江湖秩序を撹乱する女侠という多様な姿が映し出されていく。一方、李安が関心を注いだもう一人の女性兪秀蓮はどのように対照的に描かれるのか。序章で述べたローラ・マルヴィの視線理論を援用しつつ、見る主体としての男性と見られる対象としての女性という二項対立的な視線の権力システムを用いて、批評の範囲を拡張させる。彼女は視線の映画的構造は男性的なものだと指摘した。しかし、彼女の理論は物語の視線の権力関係を男女のみに限定して検討している。本章では、視線の権力関係に関する理論は、女性同士の間においても適用できると考える。また、ヒロインの玉嬌龍という女性の身体表現を考察する場合には、映画の中の男性人物の視線と同一化した観客の視線に向けられる「見られる客体」を「見せる行為主動者」という存在に転換されていることが窺える。なお、映画における空間が表象する意味、また空間と人物の関係性について、中国の伝統的な民居建築物の空間構造を踏まえながら、オットー・フリードリッヒ・ボルノウの空間論を採用した分析を行う。

仮説を先に述べれば、西洋の観客に馴染みのある武侠映画『グリーン』に登場する闘う女侠は、従来の中華圏武侠映画とは異なり、行為主動者としての女性イメージを構築しているのである。グローバル化時代の華語映画作品として、単に西洋の視線に応じてエキゾチックな想像上の東洋を表象するのではなく、むしろ複数の女侠の姿に工夫を凝らし、伝統的な中華圏武侠映画を継承しながら西洋に対して能動的に提示される作品であると結論づけたい。

第一節　中華圏の武侠映画の系譜

本節では、華人武侠映画の系譜を簡単に概説した上で、『グリーン』の位置づけを考察する。武侠映画は中華圏特有の映画ジャンルである。一九二〇年代に中国で興った大衆文芸・武侠小説を原作とする映画作品群は、清朝以前の中国を舞台とする時代劇であり、剣戟（チャンバラ）、拳脚（格闘技）、内功（気功術）などの武術に秀でた侠客たちの活躍を群像列伝風に描いてきた。武侠小説の元祖は、一九二四年に連載を開始した平江不肖生（本名向愷然）の『江湖奇侠伝』とされている。そして、一九二八年にその作品が『火焼紅蓮寺』（張石川監督、北京語）と題して映画化され大ヒットする。これをきかっけに上海映画界で最初の武侠映画ブームが起き、一九二八年から一九三一年までの間に四〇〇本近くの武侠映画が製作された。この時期に武侠映画が流行した背景には、軍閥の混戦以来続く内戦に嫌気がさし、娯楽に逃避しようとした観衆の心理が作用していたことがあったという[13]。しかし三〇年代に入るとブームは去り、左翼系の映画や文芸映画が主流になった。

一方、三〇年代の香港では『粉粧楼』（1938）を皮切りに広東語の武侠映画が隆盛となっていた。その後の武侠映画の本格的な台頭は、世界一のシリーズ数を誇る広東語映画『黄飛鴻』の最初の作品が一九四九年に登場したことに端を発する。中華人民共和国成立後の五〇年代には中国大陸では武侠小説が発禁処分となったため、以後はショウ・ブラザーズ率いる香港映画が武侠映画の主な発展の場となった。

『黄飛鴻』シリーズに代表される武術場面の演出によって六〇年代にショウ・ブラザーズが中国語を用いて製作した武侠映画が主流となり、張徹や胡金銓（キン・フー）などの名監督やアクション俳優が発掘された。一方、胡金銓の代表作『大酔侠』（1966）や『残酷ドラゴン／血闘竜門の宿』（1967）、『侠女』（1970）は、香港や東南アジアで武侠ブームを呼び起こした。『侠女』は当時の武侠映画として初めてカンヌ国際映画祭のフランス高等技術委員会グランプリを受賞した。また、胡金銓監督は同年「世界五大監督」に選ばれた。胡金銓映画における中国古典文化、京劇の要素と舞踊パフォーマンスなどは、李安に多大な影響を与えた(14)。

七〇年代には李小龍（ブルース・リー）の登場を通して、「カンフー映画(15)」というジャンルが香港から発信され、諸外国において広く知られることになる。その後、成龍（ジャッキー・チェン）がアクション俳優として、コメディ要素をカンフー映画に絡めて本格的に登場し、新たなカンフー映画ジャンルを創出した。一方、七〇年代半ばから八〇年代初頭にかけて、新派武侠小説の代表者である金庸の作品『射鵰英雄伝』（1977）、『侠客行』（1980）、『碧血剣』（1981）などを原作とする映画も次々に登場した。九〇年代には『スウォーズマン』（原題：笑傲江湖）シリーズの公開によって徐克（ツイ・ハーク）や程小東が登場し、伝統的なカンフー武侠映画はポストモダンの流れを導入しながら、CG特撮など革新的な技術を採用した。更に新たな『黄飛鴻』シリーズが発表され、華人のヒーロー黄飛鴻が鮮やかに書き直された。金庸らの武侠小説も続々と再映画化され、武侠映画が再び注目されるようになった。こうして武侠映画のメッカは内陸から香港に移った。香港映画界で発展してきた武侠映画を、一躍アジア圏から世界へ発信されるジャンル映画として雄飛させ、定着させたのが『グリーン』であると位置づけられよう。

監督李安は映画『いつか晴れた日に』（1995）以降、度々小説を原作とする一連のハリウッド映画を製作してきた。その後なぜ中華圏の武侠映画を製作することを選択したのか。それは、監督の幼い時期の夢をかなえるためであり、彼が古典中国に憧れていたからであるという。[16]またなぜ王度廬の小説を選び、それをどのように改編したのだろうか。「武侠小説で最も好きな作家は白羽、次が王度廬だ」[17]と李安は言っている。更に王の小説『臥虎蔵龍』の豊かな女性イメージが興味深いとも述べている。つまり、彼は原作から「豊かな女性イメージ」を抽出し、映像作品として描き直そうとしたのである。こうした李安の創作意図を反映したキャスティングであろうか、『グリーン』で主要人物を演じたミッシェル・ヨー（「兪秀蓮」役）とチェン・ペイペイ（「碧眼狐」役）は、それぞれ、男優の主役が主流の香港の武侠映画界において主役をつとめたことがある人物の抜擢となっている。[18]特に、チェン・ペイペイが演じた女戦士「金燕子」は異性装で男性になりすますことによって男性中心の武侠世界に進入した颯爽たる女侠イメージによって大きな反響をもたらした。主要な登場人物がたいてい男で、女性は脇役か添え物であることの多い張徹の武侠映画の中でも、美しい女侠は主役として異彩を放っている。まさに六〇年代の中国語で製作された武侠映画に咲いた大輪の花であったと言える。

李安に深い影響を与えた胡金銓映画には、男性の役割を果たす女戦士がよく登場する（『大酔侠』の「金燕子」等）一方で、京劇の諸要素を採り入れているため、隈取りのようなメーキャップをした人物のステレオタイプがよく見られる。彼の武侠映画における女性人物は、見た目は戦士であるものの、自己意識を持たない抽象的な行動者に過ぎないという批評も多い。[19]対して李安は『グリーン』にチェン・ペイペイを起用するに当たり、暗い過去を持つ悪役の「碧眼狐」を演じさせた。彼はショウ・ブラザーズ時代の胡金銓映画から強く影響を受けながらも、明確な意思を持つ女性をチェン・ペイペイに演じさせることによって、伝統的な女侠イメージを覆そうとしたのではないだろうか。

第二節　無法の西部空間——荒野における主体性の芽生え

本節では物語の時間軸にそって、まず荒野という空間において少女時代の玉嬌龍の女性セクシュアリティの検討を

図3-1

試みる。この映画の物語構造では、フラッシュ・バックを採用し、北京城の屋敷で結婚式を目前にした玉嬌龍が私室で鏡に向かって独り髪を梳く場面から開放的な荒野空間が挿入され、上京する前に西域の砂漠で羅小虎と初めて出会った時へと彼女の記憶を遡る。ナラタージュ[20]で全景ショットに切り替わり、北京から西へ三千キロも離れた広々として黄色い砂漠風景が眼前に広がる（図3－1）。そうしてキャメラは砂漠から、狭い輿の中で玉嬌龍が自分の櫛を弄んでいる姿のミディアム・ショットに切り返す。キャメラはその精緻な玉の櫛をとらえる。女性の髪は「青絲」[21]（中国語の「情絲（男女間の慕い合う感情の喩え）」と同音）とも呼ばれるため、櫛には恋い慕う気持ちが付加されている。この櫛はその後二人の出会いのプロットに繰り返し登場し、物語の進行において重要なモチーフとなる。

これに続く羅小虎の登場する場面において、キャメラは下からティルトアップし、引き続きハイ・アングルで馬に乗っている羅小虎を中心に構成された盗賊の群れを映す。彼らは定住せず、荒野を往来し財産を奪おうとする遊牧民集団である。言い換えれば、彼が身を置く荒野は官に対する野の世界である。二人が初めて会うシーンでは、キャメラは羅小虎の後ろ姿をフォーカスして彼の視線と同一化し、官兵たちの旅の行列を砂丘の上から見下ろす。羅小虎は視線の主動者であり、官との対立関係も示唆される。続いて、キャメラは玉嬌龍の目線と同一化し、手に持った櫛越しに輿の窓から乱闘中の羅小虎を見る（図3－2）。リバースショットにより、櫛を握りしめた玉嬌龍の顔がアップになる（図3－3）。官府での身分を表す輿に対し、羅小虎の代表する荒野は平穏な空間とは対照的な、危険や災難が常在する混乱の空間である。ボルノウは居住地の近隣に対する拡張した空間を、広い土地、見知らぬ土地、そして遠方の土地という三つの概念で示し、そこにおいては「空間のみではなく、人間の心も狭くなったり広がったりする」[22]と説明している。荒野は「広い」「遠方の土地」に当たり、更にこの「見知らぬ土地」が玉嬌龍の心を広げ、羅小虎に好奇心を抱く効果をもたらす。

玉嬌龍はこの「広がった」心をもって貴族の令嬢を表す輿という空間から脱し、羅小虎に奪われた櫛を求めて自発的に馬で砂漠を疾走することによって、正面からアップで〈見られる〉立場を逃れ江湖に突進する行為主体者となる。西洋の観客に馴染みのあるムーランのイメージと重なり、中国古代の遊牧民族の少女のように活発かつ行動的で、楽々と荒馬を乗りこなして草原を疾駆する果敢な女性イメージが強調されている。キャメラは超ロング・ショットで二人の疾走する姿をとらえる（図3－4）。再び近接ショットでは、嬌龍が疾走する馬上から矢を放ったり槍を振るったりして激戦を繰り広げる様子が見られる。彼女の立場は受け身から攻撃する側へと転換している。このように二人の戦闘場面におけるロング・ショットとミディアムアップ・ショットとの切り替えにより、羅小虎は最初の強奪者から受け身の立場となり、入れ代わりに玉嬌龍は〈見られる〉者から能動的行為者となる。

図 3-2

図 3-3

図 3-4

武侠小説で、生活の場として最もよく登場するのは洞穴と荒野と寺院である。(23) 広々とした砂漠の風景に対し、羅小虎の住まいの洞穴はイェンにとって、完全に「見知らぬ土地」である。次の全景ショット（図3－5）では、玉嬌龍を中央に据え、洞穴の全貌と玉とが、ともに見られる対象として扱われている。「自己の安全に衝撃を与える他者のものは見知らぬ

図 3–5

図 3–6

ものである。よく知っているものは善であり、よく知っていないものは悪なのである」[24]というボルノウの論によれば、当初、閉鎖的な洞穴は彼女にとって自分の安全を脅かす「悪」の空間だったと言えよう。砂漠で迷って再び羅小虎に救われ、洞穴に連れ戻された時、手足を縛られた玉嬌龍は空間を占有できず、体験できない状態に置かれる。しかしながら、羅小虎は入浴できるよう彼女を解放する。水平アングルで、風呂に入っている玉嬌龍の満足気な表情をミディアム・クローズアップショットが捉える（図3－6）。彼女は全身を解放することができ、ここで初めてこの洞窟を自分が保護されている安らぎの空間と見なす。入浴中彼女を独りにした羅小虎の紳士的態度も手伝って、同じ空間を共有する彼に対する親密な感情もこのとき生じたのではないだろうか。入浴後、キャメラは二人の上半身をミディアム・クローズアップし、低い位置に据えられた玉嬌龍は再び視線の受動者となっている。この後、彼らは諍いの中で身体的接触を持ち、それによってかき立てられた欲望のままに関係を持つ。ハイ・アングルによる全景ショットと、二人の格闘からのセックスの場面を捉えたショットが、オーバーラップしながら相互に現れる。二人の交歓のシーンはほぼ玉嬌龍が上位であり、主体の立場にある。彼女にとって、洞穴は悪の空間から安らぎの空間に変わり、自分の身体とセクシュアリティの解放できる場所となったのである。

李安は武侠小説に描かれる荒野および洞穴のイメージを転覆し、その空間が原始、自然そのものであることを強調し、そうした空間の特性によって玉嬌龍のプリミティブなセクシュアリティ（性的欲望）が満たされたことを表現している。「一所不住」の荒野は玉嬌龍に直観的な江湖のイメージを提供し、更に進出という行為の遂行を刺激する空間である。

フェイドアウトにより、ほどなくして再び黄色い砂丘に荒野の画面から左から玉と羅が一緒に馬に乗っている姿が映しだされる。玉は羅と同じような遊牧民族の衣装に着替えた。この変化は、羅に対する関係が敵対から同一化したいという密接なものになった表現と解釈できよう。共に赤色の服を着ていることは「快適な、晴れやかな感情」(25)を表し、二人の間に温かさと深い幸福の感情が生じていることを示している。全景ショットの切り替えにより、荒野から壮大な山々に囲まれる草原に移動する。二人の住まいは原始的な洞穴から北方の遊牧民族が住んでいる「パオ」に変わっている（図3－7）。満州語の「パオ」は、家屋を意味する。(26)パオに入居したことは、玉のプリミティブな性的欲望と自由への渇望が一時的に満たされたことを象徴していると読み取れる。キャメラは、クローズアップでの二人の顔と超ロング・ショットでの遠方の山脈との間で切り替わっている。玉にとって羅と一緒に住んでいるパオは、初めて想像中の江湖世界へ進出して得た自分の生きる空間としてくつろげる場となり、彼女はその場所に根をおろしたいと思う。もはやそこは彼女にとって「遠方」ではなく中心を意味している。更に、羅と結婚の約束をし、彼に櫛を贈る行為からみれば、自ら婚姻対象を決めるという彼女の主体意識がこのパオのシーンに表れていると考えられる。羅に再び北京城の親元に戻される玉は江湖への憧れを一時的に隠し、北京の屋敷でグリーン・デスティニー（青冥剣を指す）を見てから、江湖の世界へ本格的に進出した。次節で荒野と対比的な官の空間において、彼女の江湖夢がどのように形成されたのか詳しく検討する。

図 3-7

第三節 官の東部空間――北京城における「江湖夢」の形成

映画の時代背景は、一七世紀の清朝である。本節では、当時中国の首都であった北京城が映画においてどのように呈示されているのか、更に玉嬌龍が西部の自由な荒野から官の権威と制度を代表する東方の北京城に移動し、清朝官僚の邸宅でいかに俞という女性と出会い、江湖に憧れ、女性を取り巻く家父長制的な婚姻制度の束縛から脱し自己意識を形成していくかを考察する。その自己意識を本書では『武侠映画の快楽』の術語を適用し、「江湖夢」(27)と呼ぶことにする。

まず、歴史上の北京城という都市空間を見てみよう。清王朝の皇都・北京城は、明の遺制をほぼそのままに引き継いだため、その空間構成は明代と同様であった。北京城は皇帝の都城として計画的に設計され築かれた都市である。特に、清代の八旗(28)制度により、宮殿(紫禁城)を含む内城と外城には、都市北京を二分する権力の装置という意味が含まれている。なぜなら内城は王族や満州八旗の軍団に独占され、漢族はすべて外城に追い出されたからである(29)。こうした内城と外城という建築の空間構成は、官僚と庶民という二項対立の権力階級社会を空間の上でも形作っているといえよう。

入城する場面で、まずキャメラは鏢局の女主人、俞秀蓮の視点と同一化し、彼女の馬に乗った姿をミディアム・ショットでとらえる。高位の視点に配された彼女は、POVショット(point of view shot この場合、俞の主観ショット)で賑やかな京城の外の街を一望する。続いて設定ショットに切り替わり、当時の正陽門(現在の前門大街)が賑やかな繁華街として現れ、露天劇場、芝居小屋など庶民生活に関わる風景がフレームに登場する。それらと対比させるように、クロスカッティングショットによりハイ・アングルで往来の庶民たちに溶け込んだ俞秀蓮の後ろ姿を追い、正陽門を抜け、北京城の内城を遠景ショットでとらえる。徐々にティルトアップし、堅固な城壁に囲まれた内城全体を、更に入れ子の形でもって皇城全景を観客に俯瞰させる（図3－8）。そのショットでは、建築配置において権力構造を示す中軸線に従って、威厳に満ちた皇都イメージがフレームの中央を占めている。眼下には低層の四合院が織り成す灰色の瓦が一面に広がり、至高の皇権を体現する煌びやかな紫禁城を引き立てている。このように、『グリーン』において初めて場内を捉えるシーンでは、キャメラワークを駆使し、兪という江湖人物の視点から、北京城が庶民社会と官の権力とが併存している場所であることが示されている。

玉嬌龍と兪秀蓮とが初めて出会う場所は、北京城の貴族である鉄貝勒の王府（貴族の邸宅）[30]と設定されている（図3－9）。四合院がいくつも連なり、立派な庭園のある屋敷の続く王府は内城にあると推測できる。四合院では、伝統的な中国社会の宗法制度と礼法にならい、家族が長幼、男女、尊卑により分けられ使用する部屋が割り振られている。[31]王府の中心となる中庭の北側に位置する最も重要な「正房」では、「野」[32]にある漢人女性、兪秀蓮が、排除されることもなく重要な来客として招待されている。

図 3-8

図 3-9

続いてロング・ショットで、華やかな満州貴族の旗装（満族の伝統衣装）で書斎に立っている玉嬌龍の全身像がフレームに登場する。梳旗髷とよばれる満洲貴族独特の髷に結いあげた髪に簪が挿され、絹の胴着は刺繍で覆われ、全体が赤い色調で、高級官僚の娘らしい品格を醸し出している。貴族階級の官僚の子女のイメージが、キャメラ・アイに〈見られる〉ものとして設定されているのである（図3－10）。キャメラはリバースショットに切り替わり、書斎の外の中庭で青冥剣《グリーン・デスティニー》を抱えている簡素な漢族婦人服の兪秀蓮をとらえる。中庭は正方形で、建物の配置も整然と直線的である。[33]望遠レンズに

図3-10

よる奥行きのある空間配置から、この屋敷では身分違いの兪秀蓮の疎外感、あるいは彼女と玉嬌龍との階級格差が暗示されている。更に、玉嬌龍は客人でありながら勝手にこの邸宅の主人の私有空間に侵入しており、この場面で既に、権力社会の規則を侵す人物であることが示されている。それと対照的に、同じ客人であっても、兪秀蓮は王府の空間構造を代表する権威体系に従い、許可されるまで書斎に足を踏み入れない。二人の女性は、出会いの場である書斎における空間配置からして既に対照的な存在であることが明らかである。

書斎では、剣について説明しながら、兪秀蓮は武侠世界独自の掟という価値観を玉嬌龍に伝える。武林[34]の名門である武当派の玄牝剣法[35]とグリーン・デスティニーの関係性にも言及する。この剣法こそ、玉嬌龍が一〇歳から秘かに師匠である碧眼狐から習得した武当の絶学（免許皆伝）である。兪秀蓮がその場で剣法の型を見せる際、キャメラは玉嬌龍の憧れるような表情をクローズアップし、彼女のグリーン・デスティニーに対する、ひいては江湖に対する羨望を提示する。書斎という政治的な「官」の空間において、玉嬌龍は兪秀蓮と出会い、自由で刺激的な「野」の江湖世界に触れたことにより、権力を代表する貴族の身分を捨て、自ら「野」の世界を体験したいという意思が彼女に芽生えたと考えられる。

一方、書斎は伝統的な礼教を代表する場でもある。二人の女性は江湖から現実に戻り、結婚を話題にする。中国の女性の役割と存在意義は家の内にのみ限定され、女性の行動範囲、生活空間も家の内に限定されている。[36]「私はもうじき嫁ぎます、でもまだ自分の思い通りの暮らしを送ったことがないのです（我就要嫁人了、可我还没过过自己想过的日子）」という玉嬌龍の台詞からは、彼女にとって結婚は自分の行為を束縛され、活動空間を限定されることであると読み取れる。玉嬌龍は娘として親の命令に従い、北京で強大な勢力を誇る一族である魯家に嫁ぐことになっている。家父長制度は女性に母、妻、娘として一定の身分と社会的地位を与える代わりに、家に閉じ込め束縛する。一方、兪

図3-11

秀蓮が自由に江湖世界を往来できるのは、母、妻、娘といった身分を一切帯びていないためで、伝統的な社会における家族内女性の役割を放棄すれば男性優位の武侠世界に進出することができる、と玉嬌龍は考える。しかし、江湖世界にいる兪秀蓮も、伝統的な家族構成、つまり結婚は女性にとって何より大事なことであると述べる。

実は、江湖のライフスタイルは天下を放浪する浮草暮らしであるが、その内部の人間構成、擬似家族的な師弟関係によるヒエラルキーである。[37] 互いの称呼から、例えば師匠は「師父」、師匠の妻は「師母」、兄弟子は「師兄」、弟弟子は「師弟」となり、各流派がまるごとの一つの家族であることがわかる。そして、江湖の流派は長幼の順によって「師匠＝親」から「弟子＝子」へと武芸を伝えていくことがアイデンティティであるため、世代間の上下関係を重んじる階級社会なのである。つまり、庶民社会の家族関係と対照的に存在している江湖の擬似家族の集団となる。ここでは、江湖から伝統的な庶民生活に回帰しようとする兪秀蓮と、家から脱出したいと願う玉嬌龍との対照的関係が浮彫りになる。

続くシーンで、玉嬌龍は覆面の戦士の姿でグリーン・デスティニーを盗むという行為を通し江湖世界に闖入した（図3－11）。夜盗のシークエンスでは、ファストモーションによって女性二人の空《くう》を走る足が表現され、彼女たちは建物で囲まれた空間から脱出し、ワイヤーワークによる超重力表現で二人の優れた軽功（気のパワーにより空飛ぶ能力）を見せる。キャメラはハイ・アングルから設定ショットで闇の中の多数の四合院建築を俯瞰している。四合院は四周を壁で囲まれているため、市井の喧噪から隔絶されている上に防御性も兼ね備えており、安全な生活環境を提供している。[38] このシーンのミザンセンは北京城の灰色という色彩を背景に屋敷空間の内部と外部をとらえつつ、玉嬌龍のパフォーマンスを中心に収めている。玉嬌龍の盗剣行為は、このように堅固な王府の空間装置を破り、更に脱出する。昼の貴族の子女の姿とは対照的に、彼女は夜盗の装束に身を包み、黒い布で覆面をして女性であることを隠す。マルヴィによれば、〈見る〉視線を掌握する映画のキャメラ・アイは男性的なものであり、「女性はイメージとして男性のまなざしの受動者である」[39]が、変装した玉嬌龍は女性として〈見られる〉立場からの脱出を試みたと言える。玉嬌龍は覆面をはぎ取られないよう、休むことなく軽功を駆使し移動する。ワイヤーワークを利用したファンタジーのような軽功の視覚表現によって、玉嬌龍は規定された空間から脱出し、視線の受動者という女性役割からも脱し得ている。

このように、権力を象徴する王府及び自宅という内部空間において玉嬌龍は親の決めた相手と結婚させられることが決まり、それらの空間から脱出したいという願望を抱きはじめていた。北京城の屋敷で兪秀蓮と出会い、またグリーン・デスティニーを占有したことをきっかけに、玉嬌龍は抑圧された家父長制度の娘としての役割から脱出し、自分の江湖夢を叶えるため、密かに、碧眼狐からいざなわれていた侠客の江湖的世界に踏み出すのである。

第四節　侠客の江南風景——想像の江湖を攪乱する

武侠映画によく見られる伝統的な活動空間—茶屋、「客桟」（旅籠屋）、「鏢局」（護送業）、竹林などは『グリーン』にも登場する。李安は『グリーン』において、官僚による統治の中心から離れた江南地域を江湖侠客の活動空間として設定した。本節は、江南地域の淮安の辺りに[40]設定された茶屋、客桟、鏢局、窑洞《ヤオトン》（洞窟）といった場所を取り上げ、その空間における玉嬌龍と江湖客のアクション場面に注目しつつ、想像の江湖を攪乱する女戦士イメージの検討を試みる。

(1)　茶屋および客桟

婚家から脱出し再び剣を盗んだ玉嬌龍は、江湖での生活を求めて兪秀蓮に会おうと江南地域にある「雄遠鏢局」を目指す。このシーンに移る際、キャメラは王府の書斎をフェイドアウトさせ、ロング・ショットで淮安郊外の樹林にある一軒の粗末な露天茶屋をとらえる。このショットの切り替えにより、「官」から離れた世界に転換したことが表現されている。

　北京城の厳重に警備された建築物とは対照的に、開放的な茶屋は往来する人々が誰でも利用できる公共空間である（図3-12）。キャメラはまずグリーン・デスティニーを捉え、上にティルトアップし、辮髪をたらし男物の服を着た玉嬌龍を見せる。ここでキャメラは観客の視線を男性武芸者二人の視線と同一化させ、玉嬌龍に注意を促すのである。次にややハイ・アングルから座っているイェンを映し、彼女がテーブルの反対側に立っている男性二人から〈見られる〉対象となったことを表す。一見、上述の男性から〈見られる〉女性という図式に符合するようであるが、男装というパフォーマンスによって、彼女は男性から見られてはいるものの欲望の対象者という立場を免れている。

図3-12

図3-13

　「客桟」という空間表象は、胡金銓の武侠映画にはよく登場する(41)。上述の通り、江湖が一つの場所に定住せず各地を渡り歩いて生計を立てている人々の社会であるならば、客桟は「生存と空間の闘技場」(42)として、移動する江湖客が一時的に集まる場所である。抽象的な意味での江湖が、混雑した客桟空間に凝縮されている。客桟における玉嬌龍と各流派の武芸者との対戦は、江湖の伝統的な価値観に対する彼女の挑戦を意味する。このシーンの冒頭では、遠景ショットで賑やかな町にある二階建ての客桟がフレームに入ってくる（図3-13）。キャメラは玉嬌龍の動線に従い、一階中庭の真ん中から階段を登り、二階の窓側の隅にある優雅な個室に着く。玉嬌龍は

図 3-14

二階に上ったことによって視線の権力者として階段を上がってくる各流派の武芸者たちを〈見る〉ことが可能になり、キャメラ・アイも彼女の視線と同一化する。武芸者たちは玉嬌龍の前方と右側から彼女を囲み、威圧感を醸し出す。武侠小説における武林は様々な武芸の流派から構成された一つの社会であり、武当派と少林派を筆頭として、武侠の名門社会が築かれている(43)。ステイタスを重んじる武林は、名門であるほど権威と発言権を持つ一種の身分制社会である。玉嬌龍はいくら腕が強くても名門正統派の門弟ではないと武林では蔑まれる。それとは反対に、玉にとって江湖流派の掟およびそれに規定された人間関係は個人のアイデンティティを束縛するものである。

客桟の狭い通路や階段の構造を生かした上下移動の多いショットが、玉嬌龍の軽功、拳脚（刀剣を使わない手わざ脚わざの戦闘テクニック）、剣法といった武芸を見事に切り取り展示する。武林の権力を掌握する階級、少林に属する禅師と対峙する場面では、玉嬌龍は激闘を繰り広げながら「瀟洒人間一剣仙、青冥宝剣勝龍泉。任凭李与江南鶴、都要低頭求我怜。沙漠飛来一条龍、身来無影去無踪、今朝踏破峨嵋頂、明日抜去武当峰（私は無敵の剣神。この手にあるのは竜泉剣よりも優れたる碧名剣。李慕白に江南鶴よ、汝らもひれ伏し、許しを乞うであろう。荒野から飛来したる竜は、跡形もなく誰にも追えぬ。今朝に峨眉山を踏破し、明日は武当山を引き抜かん）」と名乗りを上げる。この台詞は、玉嬌龍がグリーン・デスティニーを自分の所有物と見なし、武芸を誇る無敵の剣神を名乗り、名門である流派の権威に挑戦していることを示している。また、荒野出身だと宣言することにより、自分は無限の空間を求め、どの流派にも所属しないことを強調している。この台詞に伴い、フレーミングのアングルとキャメラの移動を組み合わせて、オンスクリーン空間、即ち客桟という狭い空間にキャメラ・アイを集中させ、激しい格闘シーンを見せる。ここで李安は、胡金銓映画によく見られる京劇の要素も採り入れている。全員を倒したイエンは京劇の舞台でよく見られる様式である「起覇亮相(44)」（舞台の真ん中に立ち、ポーズをとる）のように、スクリーンの中央で左手に持ち替えた剣を背中に回し、右手を上に掲げて決めの型をとる（図3－14）。このポーズは、彼女が圧倒的勝者として戦闘を終えたことを示している。

武侠映画によく登場する茶屋と客桟という空間では、玉嬌龍は男装で男性中心の江湖世界に踏み込むというジェンダー・パフォーマンスにより、視線の権力メカニズムの受動的な立場から権力者の立場への転換を試みる。上述の分析により、本シーンで玉嬌龍は、盗んだ剣で単に狼藉を働いているのではないことが分かる。江湖世界に本格的に進出した彼女は男性を頂点とする武侠社会において、女性でも最強の剣士になりうることを示し、秩序に挑戦していると解釈できるのである。

図3-15

（2）鏢局

「鏢局」は、運送業と警備保障と保険業を兼ねたような職業であり、清代に隆盛を極めた[45]。原作小説では、「雄遠鏢局」は河北省にあると設定されていた。しかし、兪秀蓮の取り仕切る雄遠鏢局——二回目の戦闘の場所となる——が江南地域に位置することは映画の冒頭で分かる。宋代から清代にかけて商業が盛んであった江南地方の徽州（今の安徽南部）地域は、明清時期に伝統の礼法から多大な影響力を与えられたエリアであった。本項は、徽州地域に内包される父権制度下の男女役割を考察しながら、その地域における伝統民居の空間構造に注目する。互いに反目する玉嬌龍と兪秀蓮の死闘のアクション場面を取り上げ、歴史的な文脈で規定された女性役割を顧みつつ、二人の女性同士の葛藤を考察していきたい。

映画のオープニングでは、ロング・ショットが水辺に並んだ白い壁の民居建築をとらえる（図3－15）。次に設定ショットの切り替えによって、屋根の反りかえった牌坊式建築を

図 3-16

明示し鏢局の所在地を明らかにする。牌坊（牌楼とも称し、一列に立った柱で空間を区別する建物）は中国の広範な地区に分布しているが、特に徽州地域によく見られる。魏則能は徽州牌坊建築の空間構造や特徴について、「明清時代に牌坊の建築は興隆を極め、数量は激増し、建築方式も複雑になった。最初は二本柱の簡潔な形であったものが次第に三本柱、四本柱、五本柱、八本柱になっていく。形状も東屋や正方形などが現れた。材料も木材だけであったものが、レンガ、石、更に漢白玉（宮殿建築用の白い美石）などが使われるようになった。表面の装飾も多くなり、竜や鳳凰などの伝説上の動物などが彫刻された[46]」とまとめている。当時徽州では数多くの官庁、古書院、祠などの建物の前に、しばしば高大で威厳のある牌坊があり、政府や宗族などの権力と影響力を象徴していた。一方で夫を失った女性が節を守って再婚しなかったことを称え建てられることもあった。

映画に現れた鏢局の手前には、四本柱の牌坊式門庁が建てられている。兪秀蓮は父親の後継ぎとして「雄遠鏢局」を取り仕切っている。鏢局で護送を務める武芸家を鏢客という[47]。北京城から鏢局に戻るシーンでは、広角レンズで兪秀蓮の様子が捉えられている（図3－16）。スクリーンに映された微小な姿とそびえ立つ厳粛な牌坊の対照的な視覚表現によって、父権制度を包摂する空間建築から兪秀蓮に与えられる圧迫感が読み取れる。ただし彼女は鏢客という身分を持ち、鏢局から離れて自由に江湖を往来できるため、玉嬌龍は彼女を羨む。その一方で、江湖世界は擬似家族の集団化したものでもあり、鏢局という江湖世界の代表空間にあって兪秀蓮は儒教倫理の規範を内面化しており、自分の行為に配慮している。兪秀蓮の居室は建物二階の最も奥まったところにある。このような配置はもともと女性の活動空間を制限するためだけでなく、男と女、内と外の境を非常に明確に区切るためでもある。彼女が鏢局の二階の寝室に置かれた位牌に祈りを捧げるシーンでは、ややハイ・アングルでＰＯＶショットが「先夫孟思昭之位」の文字をとらえる。これより、彼女が亡き夫に対し「守節」していることが分かる。「守節」とは再婚しないことである。李慕白と互いに慕い合っているにもかかわらず、兪秀蓮は、その儒教倫理的な道徳規範に規定される婦道を内面化して厳守している。鏢局の責任者として男性の役割を担っている兪秀蓮からは、家長の意思を体現した家法に服従する姿が読み取れる。

鏢局の空間構造は徽州民家の建築に従っているため、鏢局の中央庁堂の太師壁に掛けられる対聯に「春祠秋尝遵万古聖賢礼楽」「左昭右穆序一家世代源流」と示されているように、礼法に規定された祖先に対する尊重や階級観念が強調される。父権制度の家法の制約下で、男性は功名を勝ち取り、外に出て金を稼ぎ、一家を養うという責任を負わされた。一方、女性にはすべての活動を家に限定され、婦道を守り、家を継ぐ子を産むことが求められた(48)。鏢局は商業の場でありながら伝統的な家でもあり、その内と外も一定の規範の下にある。それゆえ、男性の家長が不在であろうと、空間の権力者を代行している兪にとって家庭の倫理規範はなによりも大切なことであったことが窺われる。

庶民社会の伝統家族を出て江湖世界に進入した兪秀蓮は、性別役割の衝突といった状況に直面したとき、再び伝統に回帰することに思い至った。一方、その倫理規範から逸脱した玉嬌龍は家出という行為を通して、江湖の集団のように兪秀蓮と「義理姉妹」の絆を結びたいと願う。キャメラは門庁から中央の広間に向かい、全景ショットで中央庁堂の太師壁を背景として天井（庭）に立っている二人の姿を捉える。建物の中央にある天井は、四方を囲まれた限定された空間である。こうした中国の伝統的な儒教倫理的規範を支えるために構築された場での対戦では、キャメラの視座はハイ・アングルのロング・ショットからミディアム・ロングショットへと切り替わり、二人の身体に接近し、対戦する姿をより鮮明に観客に見せる。水平アングルで、二人の被写体はフレームの中央にバランス良く収まっている（図3－17）。この構図により、二人の対等な敵対関係が観客に示唆される（図3－18、3－19）。二人の相異なる価値観はその対戦の一側面から窺える。俯瞰ショットで、中庭の四角い空間に囲い込まれた玉嬌龍は軽功を発揮できずに様々な武器を駆使する兪秀蓮と対決する（図3－20、3－21）。玉嬌龍は王府四合院の閉鎖的な政治空間から江湖世界へ越境したにもかかわらず、北京城での対戦とは対照的に、江湖を象徴する場所である鏢局に囚われて

図 3-17

図 3-18

図 3-19

図 3-20

図 3-21

いる。

兪秀蓮の権力空間である鏢局は、江湖世界の義・信・誠という価値観が投影された場所でありながら、上述の通り伝統的な家族制度の下で構築された空間でもある。彼女は場所の所有者である一方で、家族空間に内包された秩序に支配されており、その意味で受動者でもある。ここでの女性同士の対戦は武芸の対決というよりも、むしろ伝統に規制された行為と、それに反発する意識との衝突を象徴しているのではないだろうか。また、女性二人の対戦シーンでは、ショットの頻繁な切り替えによって、身体の動きは舞踊のようなパフォーマンスとして観客に見せられる。男性を中心とする伝統的な武侠映画のイメージとは異なり女性の身体性が強調され、女性中心の武侠シーンがここに作り出されたと考えられる。

(3) 窑洞（ヤオトン）

『グリーン』では、一般の武侠映画における終盤の激闘とは異なり、暗闇の「窑洞」（ヤオトン）における李慕白と碧眼狐の死が映画のクライマックスである（図3－22）。更に、この碧眼狐と李の死が玉嬌龍の再生をもたらす。映画における窑洞はあちこちに雨水がたまっている一方で、火を起こし兵器を精錬する場として設定されている（図3－23）。李安は、「クライマックスシーンでは、彼（李慕白）は神秘的なところへ行きつかねばならない。実のところ、李慕白は追求の果てに、その万物を育むところへ行きついたのである」[49]と述べている。つまり李安は、窑洞[50]が中国の古代思想で万物の根源をなすと考えられる五つの元素（金、木、水、火、土）を統合する場であることを踏まえて、李慕白の最期の場面として設定したのである。これは、原作小説と異なる空間である。

図 3-22

図 3-23

碧眼狐は玉嬌龍の師匠である。碧眼狐はかつて武当の師に性的欲望の対象とされたことから師を暗殺し[51]、江湖名門の武当の権威に歯向かったため、武侠世界から悪女のレッテルを貼られた。碧眼狐は玉嬌龍の乳母として身を隠し、玉の両親を欺いて嬌龍の師となったことは、江湖から官僚世界への越境行為と考えられる。しかし、碧眼狐に武術を学んだ玉嬌龍はその奥義を記した物も読めるようになり、密かに学んだ技を字が読めない師匠には伏せて明かさなかった。玉嬌龍のこの行為は、武侠世界における従来の文化の秩序とルール、つまり親と子に相当する師匠と弟子の立場を破壊する。よって、「官僚エリート世界」においても、伝統の江湖の秩序世界においても、碧眼狐は周縁的な存在であり、その意味で二重の弱者である。裏切られた碧眼狐は、武闘で負傷した玉嬌龍を窑洞まで連れて行く。

そこは人間が住まう空間ではなく、集団生活から隔たった孤立した場所である。怪我をした玉嬌龍は弱者の立場に置かれ、すべての連帯から切り離されている。窑洞には羅小虎の洞穴と同じような配置で入り口が一つあり、完全に閉鎖された空間ではないが、玉は自分の身体を制御できないために意識的に空間を占有することもできない。流派の掟を破った玉嬌龍には罰として死が迫っていたが、碧眼狐が放った毒針は玉嬌龍のことをかばった李慕白に刺さり、彼は碧眼狐と一緒に死を迎える。

窑洞の空間的特徴といえば、火と水の相克要素を内包する混沌の空間であることだ。その空間には、ある意味で悪も善も共存している。中国の象徴体系によれば、火は陽であり、男性であり、そして男根である。反対に水は陰で、女性、受動性を示す。また、水は人間の個性のうち女性的な側面を象徴している。(52)水に浸ることは火の意識を消すことであり、それは死を意味する。(53)ただし、女性原理として水はまた再生をも意味する。(54)薄暗くて湿っぽい窑洞は、子宮のように新しいものを生み出すところでもあるのだ。父権的な江湖秩序を代表する李慕白の死と、江湖秩序の反逆者である師匠・碧眼狐の死は、いわば玉嬌龍にとって江湖夢が消えることを意味するのではないだろうか。そのかわりに二人の死は、玉嬌龍の再生をもたらす。五つの要素が調和する空間において、再生した反逆者、玉嬌龍は改めて抑圧されていた自由への願望を再認識する。一方、伝統的な儒教思想で自分の行為を規制してきた兪秀蓮は、李慕白の死に瀕して、初めて抑圧してきた愛情を李に告白する。換言すれば、兪秀蓮も玉嬌龍のように行為能動者となり、倫理規範に規定された伝統的な女性の枠を超えて、初めて自分の抑圧された感情を解放するのである。

考慮に値するのは、原作小説を書き直した映画のエンディングシーンである。小説では、玉嬌龍は自分が死んだと世間に信じさせるために崖から飛んで自殺したように見せかけ、実際は羅小虎と一緒に荒野に戻っていく。映画においては、キャメラはローアングルで武当山脈から雲海に身を投じる彼女の全身を映す（図3－24）。そして、彼女の穏やかな表情がクローズアップされ、俯瞰ショットの中で風と一体化した姿が大きく羽根を広げているように徐々にフレームから消えていく（図3－25）。この場面は李安監督に多大な影響を与えた香港監督李翰祥の大ヒット作品『梁山伯与祝英台』（1963）のエンディングを連想させる。この映画では蝶に化した二人が、礼教の束縛から抜け出し、新たな生を迎えたような姿となる。あたかも、荒野から飛来した竜（玉嬌龍）が虚空に身を任せ、俗世から離脱しようとするかのような『グリーン』のラストシーンは、西部劇でカウボーイが荒野から現れ、最後にまた荒野へと去っていくのと同様のエンディングなのである。このような書き直しによって、玉嬌龍がこのまま死ぬのか、それとも伝説通り生き返るのか、観客に想像させるように仕向けている。ハリウッドのハッピーエンディングや伝統的な武侠映画の一般的な勧善懲悪の結末を攪乱し、善の代表である李慕白と悪の代表である碧眼狐はともに死に向かい、玉嬌龍の生死も曖昧なものとされる。江湖の世界における男女、善悪の二項対立によって構築される秩序を転覆させようという姿勢が読み取れる。

ジェンダー反転の視点からみれば、玉嬌龍は男性優位の視線の権力システムに規定された見られる立場から脱出し、身体とセクシュアリティの欲望を解放する。また、家父長制度下の女性の役割も打破しながら、想像上の江湖へと進出する。ラストシーンで、玉嬌龍は谷に身を投げることにより、彼女の果たしえない欲望を果てしない武当山の雲海と融合させる。彼女は父権論理における女性の受動者位置を拒否し、本来在るべき空間に戻ったかのように今後も無秩序の空間を追求すると考えられるのである。

図 3-24

図 3-25

『グリーン』は倫理秩序を重んじる徽州地区の民居建築の画面から始まり無限の海に身を投じるロマンチックなラストシーンで終わり、荒野、北京城、窑洞などの具象化された空間要素によって李安ならでは想像上の中国を構築した。戴錦華が「『紅いコーリャン』の後、九〇年代以降初めて、「中国」が「男性」のイメージで国際的視野に出現したように見える。[55]」と述べたように、中国映画は国際映画祭において「中国」の男性イメージと結びついている。ハリウッドおよび世界市場を席巻した華語映画『グリーン』には、江湖の世界に想像上の「中国」イメージを内包させている。ただし、その父権制下の秩序世界を自由に移動するのはヒーローである李慕白ではなく、反逆者である女侠の玉嬌龍の方であった。玉嬌龍が荒野から北京城、また江南に移動する行為は、想像上の無秩序な江湖の世界を追求する物語の行動者としてのものであると読み取れる。言い換えれば、中華圏の武侠映画作品としての『グリーン』において構築された江湖の空間は、想像の「中国」を投影する一方で、東洋と西洋という二重の視点によって能動的な女侠イメージと結びついているのである。

おわりに

本章では、中華圏の新型武侠映画である李安の『グリーン・デスティニー』を対象に、荒野、北京城および江南地域それぞれの空間要素に注目し、ヒロインの玉嬌龍を中心に、キャメラワークの手法で空間が女性造形といかに関連しているのかを解明した。李安は胡金銓映画に大きな影響を受けつつ、想像上の江湖の世界を三つの地理空間から視覚的に具象化しようと試みた。権力社会を代表とする北京城の王府から無法の西部である荒野の洞穴へ移動することを通して、玉嬌龍の女性としてセクシュアリティが目覚めるとともに、隠してきた江湖夢への憧れも喚起される。彼女は、異性装というパフォーマンスにより貴族の娘としての規範的ジェンダー秩序から逸脱しつつ、伝統的な家父長制社会から江湖の世界に進出する、因習に対する反逆者としても造形されている。このように、『グリーン』に描かれる玉嬌龍という女性人物は、束縛された秩序空間から脱出し移動することを通して、身分、ジェンダー、またセクシュアリティにおいて越境する行為主動者となっていく。彼女は、その身体表現やセクシュアリティの提示を通して、単に女戦士であるだけではなく、意識的に他者の視線を捉え見る側に据える権力者に転換した。

総じて言えば『グリーン』は、胡金銓監督の武侠映画の要素を継承しながらも、空間によって女性の内面的変化を叙述するという手法で、自己の意思を持たず抽象化されていたステレオタイプの女性造形を転覆し、これまでの武侠映画には見られない多面的なヒロインを再構築しているのである。また、古典中国を具象化した江湖の世界を移動する多様な女侠の造形によって、男女および女性同士の視線の権力メカニズムを攪乱し、西洋からのまなざしを見返す東洋イメージを提示したといえる。

注

（1）王度廬（1909-1977）は、鴛鴦胡蝶派の扇情的なメロドラマを最も巧みに取り入れ、武侠小説の中で悲劇的な恋愛を展開して人気を博した。代表作となる連作「鶴鉄五部曲」は一九四〇年代を中心に書かれたものである。第四作である『臥虎蔵龍』は、満州貴族の令嬢玉嬌龍と砂漠の盗賊羅小虎の身分違いの恋を中心に描かれる作品である。

（2）岡崎由美、浦川留『武侠映画の快楽』三修社、二〇〇六年、一〇頁。

（3）袁和平、一九四五年生まれ。父も有名な武術指導であった。早くからアクション映画に出演しキャリアを積んで、以来カンフー映画やアクション映画の監督あるいは武術指導として第一線で活躍する。

（4）キネマ旬報『作品特集：グリーン・デスティニー』、二〇〇〇年、八〇-八七頁。

（5）張靚蓓編著『十年一覚電影夢：李安伝』人民文学出版社、二〇〇七年、一七三頁。

（6）James McRae, "CONQUERING THE SELF, Daoism, Confucianism, and the Price of Freedom in *Crouching Tiger, Hidden Dragon*", The University of Kentucky, 2013.

（7）Whitney Crothers Dilley, *The Cinema of Ang Lee: The Other Side of the Screen*, Wallflower Columbia University Press, 2003.

（8）簡政珍「臥虎蔵龍：悲劇與映象的律動」『聯合文學』二〇〇一年四月号。

（9）沈乃慧「李安的中国奇幻想像：解析電影《臥虎蔵龍》」『長庚人文社会学報』二〇一三年、一九七-二一三頁。

（10）王飛「「グリーン・デスティニー」に対する再考――「風景」とその視覚表現からのアプローチ」『野草』第九八号、二〇一六年。

(11) 陳平原『千古文人侠客夢』北京大学出版社、二〇一〇年、一一六頁。
(12) 前掲『武侠映画の快楽』、五二頁。
(13) 佐藤忠男、刈間文俊『上海キネマポート』凱風社、一九八五年、二三七頁。
(14) 前掲『十年一覚電影夢：李安伝』、二七九-二八一頁。
(15) 映画ジャンルの一つで、主人公その他が〝功夫〟に秀で、これを駆使した格闘場面を活劇の主体とするアクション映画。功夫は広東省では中国武術の意味、他地域では鍛錬、それによる力量といった意があり、功夫映画といったとき、武術映画全般を意味することもある。山下慧、井上健一、松崎健夫『現代映画用語事典』キネマ旬報社、三八頁、二〇一二年。
(16) 前掲『十年一覚電影夢：李安伝』、一六九頁。
(17) 同上注、一七一頁。
(18) ミッシェル・ヨーは『プロジェクトS』（スタンリー・トン監督、一九九三）、チェン・ペイペイは『大酔侠』（胡金銓監督、一九六六）、『金燕子』（張徹監督、一九六八）等において主演した。
(19) 焦雄屏「電影儒侠：懐念大師胡金銓」『胡金銓的芸術世界』躍昇文化、二〇〇七年、一六八頁。
(20) 映画の主に回想場面で、画面外の声に合わせて物語を展開させる技法。山下慧、井上健一、松崎健夫編『現代映画用語事典』キネマ旬報、一〇五頁、二〇一二年。
(21) 「青丝」、少女の黒髪を指す。漢語大詞典第十一巻五四四頁。苏曼殊《为调筝人绘像》诗之二：〝淡掃娥眉朝画師、同心華髻结青丝。〟「情丝」、男女間の恋の感情の喩え。清孔尚任《桃花扇选优》：〝倩人寄扇、擦損桃花、到今日情丝割断、芳草天涯。〟『漢語大詞典』第七巻、五八三頁。
(22) オットー・フリードリッヒ・ボルノウ著、大塚惠一、池川健司、中村浩平訳『人間と空間』せりか書房、一九七八年、八五頁。
(23) 前掲『千古文人侠客夢』、一三六頁。
(24) 前掲『人間と空間』、八七頁。
(25) ゲーテ著、木村直司訳『色彩論』筑摩書房、二〇〇一年、三八二頁。
(26) 王其鈞著、恩田重直監訳『イラストで見る中国の伝統民居』東方書店、二〇一二年、一〇六頁。

(27) 「江湖夢」とは、庶民の定住社会及び官僚エリート社会に対してアウトサイダーたる一所不住の旅稼業を生業とし、更に社会規範から逸脱したアウトサイダーとしての任侠世界を理想とすることである。前掲『武侠映画の快楽』、五五頁。
(28) 満州族独特の軍事・行政組織。八つの集団からなり、異なる軍旗を持っていた。八旗は黄、白、紅、藍の四色があって、それぞれ「正」と縁どりのある「鑲」の二種に分かれていた。つまり、八種の旗をもっていたのである。村松伸『北京――三〇〇〇年の悠久都市』河出書房新社、一九九九年、五九頁。
(29) 倉沢進、李国慶『北京――皇都の歴史と空間』中央公論新社（中公新書）、二〇〇七年、一四頁。
(30) 清代、爵位は一二等級に分かれていた。王府に含まれるのは、上から親王、郡王、貝勒、貝子、鎮国公、輔国公の階級が住む邸宅である。前掲『北京――三〇〇〇年の悠久都市』、七一頁。
(31) 前掲『イラストで見る中国の伝統民居』、四一頁。
(32) 岡崎由美『中国武侠小説への道――漂泊のヒーロー』大修館書店、二〇〇二年、一四頁。
(33) 前掲『イラストで見る中国の伝統民居』、四一頁。
(34) 武侠小説における武林は、さまざまな武芸流派から構成された一つの社会である。筆頭は、仏教の少林派と道教の武当派である。
(35) 老子には、「谷神死せず、是れを玄牝と謂う。玄牝の門、是れを天地の根と謂う」とある。「玄牝」の牝は牡に対して女性であり、母性であり、従って物を生み出す力である。小川環樹訳『老子』中央公論新社（中公クラシックス）、二〇〇五年、一六頁。
(36) 関西中国女性史研究会編『ジェンダーからみた中国の家と女』東方書店、二〇〇四年、一頁。
(37) 前掲『武侠映画の快楽』、六〇頁。
(38) 前掲『イラストで見る中国の伝統民居』、四三頁。
(39) ローラ・マルヴィ著、斉藤綾子訳「視覚的快楽と物語映画」、岩本憲児、武田潔、斉藤綾子編『「新」映画理論集成1　歴史／人種／ジェンダー』フィルムアート社、一九九八年。
(40) 茶屋で二人の男性侠客が玉に向かって言う「淮安を経由してどこにいくのかい？」というセリフにより、茶屋の所在地は江南地域の淮安であることが分かる。
(41) 例えば、ショウ・ブラザーズにより作られた胡金銓（キン・フー）監督の『残酷ドラゴン　血斗竜門の宿』（原題：龍門客桟、英題：Dragon Inn, 1967）、『大酔侠』（原題：大酔侠、英語題：Come Drink with Me, 1966）、チャン・チェ（張徹）監督の『片腕必殺剣』（1967）、ラウ・カーリョン（劉家良）監督の『少林寺三十六房』（1978）またはジャッキー・チェン出演の『ドランクモンキー 酔拳』（1978）など武侠、アクション映画にはよく客桟での戦闘シーンが見られる。

（42）呉昊「試剣江湖：『怒』的武学与美学思考」『胡金銓的芸術世界』躍昇文化、二〇〇七年、一三二頁。

（43）前掲『武侠映画の快楽』、五九頁。

（44）魯大鳴『京劇入門』音楽之友社、二〇〇〇年、一五九頁。

（45）前掲『武侠映画の快楽』、五八頁。

（46）魏則能『中国儒教の貞操観』桜美林大学北東アジア総合研究所、二〇一五年、一四八頁。

（47）前掲『武侠映画の快楽』、五八頁。

（48）前掲『ジェンダーからみた中国の家と女』、八四頁。

（49）前掲『十年一覚電影夢：李安伝』、二二七頁。

（50）同上注、二一七頁。

（51）北京城での李慕白と碧眼狐の夜の対戦シーンで両者は次のように言葉を交わす。「你冒充道姑潜入武当、盗走心诀、毒害我师傅。今天该是你偿还师门血债的时候了（女道士と見せかけて、武当に潜入し、秘技書を盗み出し、わが師を毒殺した。今日その報い受けてもらう！）」「你师傅可惜太小看了女人、即使入了房帷、也不肯把功夫传给我。叫他死在女人手里一点也不冤（お前の師匠があまりに女を軽視してしまったのだ。私を抱くだけで、弟子扱いしなかった。女の私に殺されて当然だ）」。これにより、碧眼狐が李慕白の師・江南鶴と肉体関係を持ったにも関わらず武当の弟子にしてはもらえなかったことを恨んで江南鶴を毒殺し、秘技書を盗み出して逃亡したことが分かる。

（52）イーフー・トゥアン著、小野有五、阿部一訳『トポフィリア――人間と環境』せりか書房、一九九二年、五一頁。

（53）同上注、五一頁。

（54）同上注、五二頁。

（55）戴錦華『中国映画のジェンダー・ポリティクス――ポスト冷戦時代の文化政治』御茶の水書房、二〇〇六年、一七三頁。

第四章　戦時上海におけるスパイ物語
——『ラスト、コーション』

はじめに

本章では、前章で検討した『グリーン』と同様に原作小説から映画化された作品、中国近代女性作家張愛玲[1]（アイリーン・チャン）の小説「色・戒」を映画化した『ラスト、コーション』（2007）を取り上げて考察する。李安の華語映画であり、日中戦争という時代背景の下で二〇世紀の三〇年代に上海で行われたスパイに関わる物語である。前章で考察したメロドラマ、武侠映画とは異なり、戦争、身体、女性など複数の要素が絡み合い、ミクロな家族からマクロな国家に転換したジャンル映画である。

本章は、『ラスト、コーション』に描かれた上海の都市イメージに注目しつつ、その空間における登場人物の視線に着目し考察する。文芸作品に度々登場している上海イメージがどのように表れているのか、都市空間と物語の関連性について深く検討する。更に、視線権力の転換を分析し、今まで着目されていなかった人物関係を細かく観察することにより、映画における女性同士および男女間に託された権力関係を究明する。

続いて、本章の構成について以下で簡潔に紹介しておきたい。「はじめに」では、研究背景としてまず原作者張愛玲の経歴、作風および文壇における位置づけを紹介する。そして、監督李安の製作動機や小説から映画化された経緯を明らかにした上で、研究の意識を明確にする。原作と映画『ラスト、コーション』に関する先行研究を整理し、それぞれの地域における研究の方向性を示す。また、本章で利用する理論を紹介し、研究目的と予想される結論について述べる。

第一節では、映画の舞台である近代上海という都市空間に焦点を当て、原作との隙間に留意しつつ、映画における「老上海（Old Shanghai）」の文化表象を把握する。老上海の都市空間における建築物、交通機関、服装表象を中心に考察する作業を通して、映画の具体的な場面を取り上げ、そこに表象されている上海イメージに対し分析を試みる。

第二節では、女性同士の権力関係を集中的に顕在させるマージャンシーンについて考察する。映画に登場する四つのマージャンシーンを登場順にそれぞれの分析し、映像技法を用いて、マルヴィの視線理論を援用し、シーンにおける台詞、マージャン用語により、人物の視線権力関係の転換を明らかにする。

第三節では、男女の身体表現によって権力関係の転換を展示するベッドシーンについて考察する。物語の登場順に沿って大きな話題を呼んだ三つの過激なベッドシーンの各分節の内容を論じる。キャメラワークにより、両性間の視線と身体の支配関係に着目する。マルヴィの視線理論とフーコーの一望監視装置（パノプティコン）の概念を用いて、男女二人見られる対象の転換を起こすことにより、視線権力の二項対立関係の転換が起こる可能性を浮き彫りにする。

(1) 「色・戒」と「ラスト、コーション」

張愛玲は日中戦争中の「孤島」[2]時期以後に、上海文壇に彗星のごとく登場した人気女性作家である。華人世界において最も影響力のある作家として、[3]彼女独特の文体は東アジアのみならず、今日においても中華系の読者にインパクトを与え続けている。彼女の文学の世界観と人生は「華麗で蒼涼」[4]と表現され、磨き上げられた文体、凝った修辞に特色があり、そして何よりもそれまで現代中国文学につきものだった道徳観の押し付けがなかった。彼女ならではの文章は今日に至ってもしばしば話題にされる。短編小説「色・戒」[5]は、作者が五〇年代から執筆を開始し、以降三〇年間に渡り構想を深め、書き直し続けた作品である。タイトルは、「論語」季子編にある「君子に三戒あり、少き時は血気まだ定まらず、これを戒むることに色あり」という言葉に、物語の中で重要な役割をはたす指輪（「戒」は中国語で指輪の意味）をかけたものだと言われている。[6] 彼女の代表作『伝奇』には多くの読者が関心を持っているものに比べると、わずか二〇ページほどの「色・戒」の知名度は彼女の文学作品の中であまり高くないと考えられる。ただし、長年に渡り創作の変更がなされてきた背景には張愛玲独特の価値観と人生経歴が関係しており、忌みきらわれる「漢奸（売国奴）」に愛情を感じてしまうという設定には、作者自身の戸惑いもあったのではないかと思われる。「色・戒」の発表後、張愛玲は「羊毛は羊の身から生じるもの――『色・戒』を語る」[7]という文章で初めて自作に解説を加えた。ここから作者がこの作品をいかに重視していたかが窺える。

　監督李安は映画『いつか晴れた日に』（1995）以降度々小説を原作とする映画を製作してきた。『ブロークバック・マウンテン』を撮影している時から、『ラスト、コーション』の改編・構成など全体にわたって構想を練り続けており、『ブロークバック・マウンテン』でアカデミー監督賞を受賞した直後から、本格的に『ラスト、コーション』の製作を開始した。この小説の時代背景と主題は監督の従来の作品とかなり離れているにもかかわらず、なぜ張愛玲のこのあまり有名ではない短編小説を選択したのか。李安の創作動機は何だろう。それはインタビューを受けた際の李安の回答から窺える。李安は「色・戒」を張愛玲の小説の中で「もっとも好きな一編」と言い[8]、張愛玲に対しても、「中国人の近代作家で、これほどまで尊敬され、愛され、議論されている作家はいない」と高く評価した。李安は、この短編は彼女の他の作品と異なる「短編中の極上品」[9]であると言う。李安は、「色・戒」があらゆる意味で張愛玲自身の物語だと考えて、彼自身の解釈により長編映画化したのだ。一方、李安は、張愛玲が映画に影響を受けていて、原作「色・戒」は映画のような構成をしており、彼女が並べたものの隙間を埋めていくだけで良いとも述べた[10]。この映画は世界中で上映され、その内容は世論の反響を巻き起こし話題を呼んだ。華人世界において名高い二人（監督李安とその原作者張愛玲）は、自己の視点で日中戦争における一九三〇年代から四〇年代の時代物語を読者と観衆に伝えることに成功した。

映画『ラスト、コーション』は公開後様々な賛否両論を巻き起こした。特に議論の的になったのは「漢奸」の美化問題とベッドシーンである。このベッドシーンの大胆な描写については、従来の婉曲かつ含蓄のある李安の作風と大きくかけ離れているという意見が多数を占めた。(11) また、張愛玲の原作小説と比較する批評も数多く登場した。映画『ラスト、コーション』によって、原作「色・戒」に新たに関心を持った大陸、台湾、香港の読者も増えた。

映画は視覚的な映像という直感的な表現方法により、観客にイメージを提示すると言えよう。本章では映画テクスト分析を中心として、映画における男女、また女性同士の視線関係に着目し、李安が原作に描かれている場面をどのように映像化したのか、その場面における人物の視線権力関係の転換について検討してみたい。

(2) 先行研究の概要

先行研究について、まず張愛玲研究の全体的な傾向を概観した上で、小説「色・戒」に関するものを少し詳しく紹介する。続いて映画『ラスト、コーション』に関する批評をおさえておく。

張愛玲個人及び張愛玲文学作品は一九九〇年代の中国において再評価され始め、張愛玲は半世紀に渡り華人世界において魅力的な研究対象であり続けている。その広がりは中国大陸、台湾、香港をはじめとした、華人世界だけには留まらず、日本でも張愛玲文学研究に関する評論が数多く書かれている。夏志清によれば、彼女は人情風俗および複雑な人間性を鋭く描写し、それらを見事に表現することが出来る作家であるという。また彼女の作品は当時の歴史感をも含んでいると述べ、張愛玲を高く評価した。更に、夏志清は彼女を現代中国における最も優秀且つ重要な作家であると称賛し、近代文学史において魯迅に次ぐ地位を与えた。(12) 藤井省三は、家、恋愛、貨幣など上海・香港に移植された西欧文明の本質を、崩壊期という特殊な時代にあって抉り出したのが張愛玲文学であったと指摘した。また「自由恋愛が決して男女の平等な交際と自由な判断の結果結婚＝新家庭形成にいたるのではないことを示唆し、むしろそこにおいては経済が重要な位置を占めることを日常の低い視線で巧みに語っている」と述べるように、張愛玲はフェミニズム文学の先駆であるとも評価している。[13] 邵迎建は、日本国内で初めて出版された張愛玲文学研究の本格的な研究書──『伝奇文学と流言人生──一九四〇年代上海・張愛玲の文学』（御茶の水書房、二〇〇二）において、漂泊の人生を送った張愛玲のアイデンティティという視点から張愛玲文学作品を考察した。特に、張愛玲文学の頂点と言える小説集『伝奇』の小説一五篇において、登場人物がアイデンティティの危機を感じ、最終的にはアイデンティティ崩壊へ向かったのではないかと分析した。なお、女性アイデンティティの確立に向けて、張愛玲自身のアイデンティティも文学作品に投影された可能性を指摘している。林幸謙は『女性主体的祭奠：张爱玲女性主义批评』という著書において、フェミニズム視点および精神分析の方法を用いて、張愛玲文学を「男性をテクストの外に排除し、女性家長に家を支配させる」ものと論じている。池上貞子は張愛玲文学の代表作三編『金鎖記』、『留情』、『傾城の恋』を翻訳することを契機に張愛玲文学の研究を開始した。彼女の張愛玲の研究の専門書『張愛玲──愛と生と文学』は、張愛玲の人生の経歴及び代表作品における独特な技巧を明らかにしようと試みたものである。

短編小説「色・戒」についての主な評論には小説の内容、特に時代背景及び張愛玲自身の人生の経歴に着目しているものが数多く存在する。またフェミニズムの視点から主人公のイメージを分析しているものも多く見られる。ここで時代順により、小説「色・戒」の先行論について触れておく。

邵迎建は、女性の身体をキーワードに「民族・国家」および「男・女」に関するストーリーに着目している。邵は張愛玲が王佳芝という人物を通して、女性（知識人層の女性）の「性・愛」と「愛国」の矛盾を表明したのではないかと考えている。[14] 朱崇科は、新しい身体論、つまり小説の中の身体が肉欲の身体だけではなく、身体意識形態だという論点を提起し、小説作品の中における身体は民族・国・道徳とは無関係だと主張している。[15] 池上貞子は、人と文学と時代の関連性について考察している。「色・戒」の物語にはモデルの存在が推察できるが、人物のステレオタイプ化には属さないのが張愛玲の文学の本質であると述べる。[16]

映画『ラスト、コーション』については台湾をはじめ、中国大陸、香港、日本の学者が様々な角度から研究を行ってきた。

映画と小説との関連性及び「隙間」について、郭詩詠は、張愛玲小説と映画との関係を新たな切り口に分析している。小説においては「真偽」に対する思考について着目し、また、李安が映画においてこのような思考に対しどのように理解するのかを考察した。[17] 荘宜文は、映画には張愛玲の人生の経歴と胡蘭成との葛藤が少なからず投影されていると指摘する。監督は自身の理解で小説を再創作し、原作と比べると雰囲気は大いに異なるが同じ哲学視点を持っていると述べている。[18]

映画のジャンルとスパイ政治について、戴錦華は、『ラスト、コーション』はスパイ映画に属すると主張する。またこの映画はポストモダン的フィルム・ノワールであるとも指摘した。映画の実質をスパイ映画（冷戦映画タイプに属する）として、物語の流れによる役柄の身分の曖昧さと別人に扮する行為という特徴がポスト冷戦時代にも流行る一つの原因だろうと述べている。[19] 日本の研究では、星野幸代は李安が埋めた映画と小説との「隙間」に注目し、主人公が女スパイとして自分の体を組織に捧げたため自分のセクシュアリティ（性的欲望）の危機を感じたのだと解釈している。そして、同様に日本人のために働き、身体を組織に捧げる易氏も孤独なスパイであり、二人は相思相愛だった可能性があることを指摘している。[20]

映画におけるベッドシーンと映画の主題の関係について柯瑋妮は、ジョルジュ・バタイユの禁止理論を用いて王佳芝の「真実性」を分析している。特に、主人公二人の愛と犠牲、性と死の関連も禁止理論を用いて分析し、ベッドシーンについては性愛場面から二人の関係の転換を示唆している。[21] 張小虹は映画における「愛国主義」を中心に「映画メカニズム」との関連性に着目し、映像と音声の表現から「国への愛」と「男女の愛」について検討している。ベッドシーンの分析については、「肉体」と「国体」の二項対立傾向を批判し「肉体」はいつも「国体」の一部分であると論じている。[22]

映画の細部に対する分析では、李歐梵は映画に引用された古典的ハリウッド映画に着目し、『ラスト、コーション』との関係を解明している。更に映画における老上海（Old Shanghai）の表象に触れ、張愛玲小説における上海のイメージは従来の「モダン」なイメージではないと指摘している。[23] しかし、老上海表象の部分については簡単に紹介されたのみで、老上海文化表象と映画の主題の繋がりの分析は残念ながら欠けている。

以上の先行研究では、映画の主題から人物関係、映画の細部の表象、小説と映画の隙間および関連性に至るまで分析が行われてきている。しかし、映画と小説の「隙間」について言えば、小説と映画の冒頭部分はいずれもマージャンシーンであるが李安は映画において小説より多くのマージャンシーン（四場面）を設定している。映画の小説に対する再解釈が、物語の要としてマージャンシーンに表現されていると筆者は考える。それにもかかわらず、これらの場面に対する先行研究は多くはなされていないのが現状である。それに、ベッドシーンにおける分析は主に「個人」と「国」、言わば「肉体」と「国体」に注目し、個人と国家の関係要素がベッドシーンに政治的意味として付加された。しかし筆者は、映画におけるベッドシーンはスパイ活動の一環として扱われるだけでなく、男女両主人公間の個人権力の転換において重要なツールだと考えられる。

本章では上述した先行研究を踏まえ、映画テクスト分析を中心に、視線のポリティクスの視点を通し、その時々の権力による女性同士と男女間の視線権力の転換の可能性を検討することにより、映画における人物の権力関係を細かく観察して新たな解釈をもたらしたい。

映画理論といえば、序章で紹介したマルヴィは男女の視線の二項対立な構造を強調しており、つまり視線を男性側に限定して論じているのだが、本章ではそれを、男女間だけでなく女性同士の視線の権力およびその転換にも有効なものとして分析に適用する。一方、女性同士および男女間の支配と権力関係を検討する際には、ケイト・ミレットの「性の政治学」（sexual politics）の理論を参考にする。本章では、セクシュアル・ポリティクスという用語をミレットよりも広義に、例えば女性同士等にも援用するため、ジェンダー・ポリティクスといいかえて用いる。ジェンダー・

ポリティクスとはセクシュアリティの政治、即ち性的関係における不平等な権力にもとづくものである。そして、視線と空間の関連性を検討する際には、フーコーの一望監視装置概念を援用したい。フーコーは、ベンサムのパノプティコンという建築や空間的形象の用語を、見る・見られるという一対の視線を切り離す装置に発展させた。その装置は権力の行う分析的配分の方法でその空間に対処する。そして、その空間における監視される者は、自ら規律、訓練的な権力の秩序を内面化し矯正させられる。映画の中の建築物空間はまさに一つの監視装置と見做される。国家の権力施設として、連続的作用により監視の効果を確保する。それは男女間の視線権力関係の検討を可能にするだけでなく、国家や個人の二項対立敵視線関係も空間施設によって顕在化させるのである。

上述の視線理論と両性間の権力理論を通し、李安の『ラスト、コーション』におけるマージャンシーンとベッドシーンにおける男女および女性同士の間に視線の権力関係に注目し分析する。映画の設定により、「見る」主体と「見られる」対象が一定の条件の下では転換できるのではないだろうか。視線の権力転移により、李安の『ラスト、コーション』は、女性同士の権力関係と男女の二項対立の支配関係とを一時的にせよ転換させている可能性があるのではないだろうか。

第一節　老上海（Old Shanghai）の都市空間

近代都市上海（1842-1949）という文化表象は映画、小説、ドラマといったさまざまな表現形式で大衆に伝えられている。実際の都市としての性格よりも、上海にはそれに付きまとうモダン都市、「魔都」[24]としてのイメージが強烈である。それは上海という都市が、そのかなりの部分を表象に負っているからである。今の中国の第五世代[25]、台湾、香港のニューウェーヴ[26]と称されている監督たちは、二〇世紀の暮れ方になって、どういうわけか自らの出身地でもない二〇世紀初頭の上海を舞台にした映画を好んで撮影している。[27]むしろ彼ら旧上海の経験のない新しい世代の監督たちは、「それぞれの思惑を抱きつつも、明らかにハリウッドによって作り上げられた上海のイメージを利用しながら、歴史との距離をとっているのだ」[28]と見られる。

本節は、映画における老上海（Old Shanghai）の都市空間に着目し、李安監督は当時の上海を描いたこの映画で上海をどのように表象したのだろうか、また、上海の都市空間と物語はどのように繋がっているのだろうか、という問いを探究していく。

映画の時代背景としての上海のイメージを分析した研究としては、李歐梵が映画における老上海の表象に触れ、李安の映画と張愛玲の小説における上海のイメージは従来の「モダン」なイメージではないと指摘している[29]。更に、竜応台は、上海に対する描写はリアリティーを重視しており、その時代の歴史を喚起させるものだと指摘している[30]。

しかし、上述の分析では漠然とした上海に関するイメージに言及するだけで、映画に登場する老上海の文化表象と映画の主題の繋がりの分析が残念ながら欠けている。小説「色・戒」では主な場面は室内であり、背景としての上海という都市空間や庶民生活が多く描写されているわけではない。一方映画では、監督が多くの人員と費用をかけて[31]、できるだけ原作の物語の舞台である上海を再現しようとした。本節では、こうした意図をどう把握すればいいのか、登場人物の置かれる都市空間がどのように描かれるのかということを問題意識とする。

李歐梵は、「古典的ハリウッド映画における老上海を背景とする映画は、ほとんどフィルム・ノワールに属する。上海のこれらの映画における主なイメージは暗い罪悪の不夜城であると共に、異国情緒が漂っている。また、李安の映画における上海イメージのセッティングには多少フィルム・ノワールの痕跡が窺える」[32]と、上海の都市空間とフィルム・ノワールというジャンルとを結び付けて論じている。筆者は、上海という都市空間は単に物語の背景を示すだけに留まらず、スパイ映画という主題を醸し出す一つの役割を演じている装置だと考える。

手法としては、上海史を踏まえ、映画における具体的なシーンを挙げ、老上海のイメージが映画内テクストとしてプロットと緊密に融合している様を検討する。近代都市として出発し、「中国中の西洋」[33]の景観をもつ上海は、東洋と西洋の文化を巧みに融合させ独自の風景を生み出している。小説には言及されていない「里弄」、市民生活などの要素、また小説でも描かれている人力車、喫茶店、旗袍（チャイナ・ドレス）といった文化表象を取り上げ、李安監督が作ったそれぞれ特有の老上海イメージを究明する。なお、本書では当時の上海の都市空間に何らかの象徴的・政治的な意味が付与されている場合、それを「表象」と呼ぶことにする。日中戦争における上海は、汪兆銘政府特務機関[34]のテロ活動と日本軍の政治、経済封鎖により、「歹土」（無法地帯[35]）とも呼ばれた。映画における上海の都市空間の表象には、東西文化の融合する近代都市という側面だけでなく、日本軍占領下の閉塞感も感じられる。更に、スパイ映画という主題に結びつけて、空間と視線のポリティクスの視点から、映画独自の老上海の表象に対して監督がいかに政治、権力という要素を付加しているのかを究明したい。

(1) 建築物——政治的空間

本項では、上海独特の民居建築と市街地の歴史を踏まえて、『ラスト、コーション』に登場した建築物の効果と特有の意味を考察したい。近代と伝統が融合・共存している建築物という切口から、社会的・政治的背景も視野に入れる。上海は、伝統中国でも西洋でもない独自の都市文化を築いた。映画には庶民生活を反映している旧式商店・里弄住宅のほか、映画館、喫茶店、百貨店などの新興建築もよく登場する。特に、上海の伝統的民居建築という舞台設定は小説にはなく、映画で初めて設定されたもののため、その視覚的効果を詳しく分析したい。

近代都市上海の発展は租界を抜きにしては語れない。したがって、以下ではまず簡潔に上海の歴史と租界文化について紹介し、映画における老上海のイメージの歴史的変遷を紹介する。

アヘン戦争（1840-1842）の代価として、イギリスの艦隊に脅かされた清政府はやむなく南京条約を受け入れ、上海をはじめ広州、厦門、福州、寧波の五港を外国人に開放した。その後、イギリスは上海に租界を設置した。すなわち、イギリスは中国から借り受けた上海の土地で自国の法律と政治を実施し、自国の文化と習慣を普及させたのである。

続いて、一八四八年にアメリカ、一八四九年にフランスもそれぞれ上海の一部を強制的に借り、租界を設置した。こうして列強は上海の土地を分割し、それぞれの勢力範囲を画定した。

このように、上海はまるで「国の中の国」のようになった。かつて清政府の権力システムに属していた上海は、先進的な英米の西洋文明を受け入れながら近代化した都市へと変容していった。戦争による様々な難民と外国人の流入と共に上海は豊かさを増し、外国人によって多様な文化を与えられた。

上海租界の全盛期（一九二〇年代）を迎えると、治安の安定に従って、金融業、商業、映画産業、娯楽産業、ファッション業が盛んとなった。こうして上海は東アジア一の大都市になり黄金期を迎え、一五〇万人を超える人々が狭い租界で暮らした。

租界を大きく揺るがしたのは、一九二五年の五・三〇事件などの中国の反帝国主義の民族運動と、日本による中国侵略であった。日本軍は一九三二年に「第一次上海事変」を起こし、これによって共同租界の蘇州河以北が日本租界と化した。続いて日本軍は一九三七年に「第二次上海事変」により上海を占領したが、国際社会との関係から租界の占領は見送った。その結果、日本軍が周囲を包囲し、租界だけが日本の占領地の中に残された「孤島」の時代を迎える。一九四一年にアジア太平洋戦争が始まると、ついに日本軍が共同租界に進駐し、フランス租界も実質的に日本の支配に入り、一九四三年には日本の介入のもとで両租界が汪兆銘政権に委ねられた。その後、一九四五年に日本がポツダム宣言を受諾し、上海は完全に中国の手に戻った(36)。

映画の時代背景は、一九三七年の日本軍占領下の「孤島」時期から一九四二年完全に日本軍支配下に置かれ汪兆銘政権が管理していた時期までの上海である。つまり、当時上海においては租界以外のエリアは日本軍の管理範囲であったのである。換言すれば、「孤島」時期の上海はフーコーの一望監視装置という設定を連想しやすいものなのだ。租界以外の地域はすべて日本軍の下で監視されている状態に陥っていた。一方、重慶の蔣介石の国民党政府は和平を拒否していた。日本は国民党政府の副主席であった汪兆銘が蔣と対立しているのに注目し、彼に新政府を作らせ、和平交渉を進めようとした。汪は重慶を脱出してハノイに行き日本と協議をし、上海に入った。そして一九四〇年に汪政権が成立した。重慶政府は汪政権を日本に協力する裏切り者として、上海にテロ工作機関を送り込み汪政権の幹部の暗殺を行った。汪側も、重慶のスパイやテロリストに対する特務機関をつくった。『ラスト、コーション』のヒロインは重慶側のスパイとして、彼女が近づくイー氏（特務機関の顔役の易先生）は汪兆銘政権の幹部として設定されている。

モダンな新型建築と旧式商店

上海租界の設置により、都市の心臓部は黄埔江に接する公共租界のバンド（公共租界の黄埔江沿いの地域。「外国人の土地」の意）となった。このバンドのなかでも、呉淞江と黄埔江の合流点のすぐ南で直交する南京路は、今でも上海一の繁華街である。映画に登場する上海の主要なロケ地は当時の静安寺路（今の南京西路）[37]であり、小説に描かれている実在の「凱司令」喫茶店、「シベリア」毛皮店、「緑屋夫人」洋装店、[38]宝石店といった新式商店はほとんどが静安寺路沿いに設定されている。また、超ロング・ショットで（図4-1）、一九一八年に開店した永安デパートも消費文化の[39]象徴として映画に登場する。上海という近代都市に特有のデパートや喫茶店、映画館などは、[40]西洋文化を受容したことの表れであり、上海特有の魅力を体現した文化装置である。このような文化装置は上海というモダン都市のシンボルとして映画に反映されている。また、映画における喫茶店や映画館は文化装置にとどまらず、スパイ活動の拠点でもある。

映画館という表象は、原作者張愛玲とも深い関わりがある。彼女自身が映画愛好者であり、当時のハリウッド映画をほとんど見ていた上に、中国映画と映画スターにも関心を抱いていた。それに、彼女は映画館を「もっとも大衆的な王宮」[41]と呼んでいた。原作では暗殺実施の場所である「平安劇場」[42]を、以下のように呈示している。

上海市唯一、清潔な二部制映画館で、グレーがかった赤とくすんで黄色のレンガで造られた正面入り口は、粗いラシャの織物のような暖かみを感じさせる。建物全体は円形で、内側にへこんでいて、三日月のように道路の一角に沿って曲線を描くように建てられているため、正面入り口の前がとてもゆったりしている。(43)

彼女の描写によると、二番館としての「平安劇場」は清潔ではあるが、外観は一流の映画館に比べるとやや粗末な感じである。ただ、チケットも割合安く、ヒロインのワン（王佳芝）のような女子学生にとっては、安価に映画館というモダンな公共空間に出かけられることで、心理的には満足できたのだろうと読み取れる（図4-2）。映画において、ワンが一人で映画館の映画を見ている場面が三回ある。それに、映画館で学生団体のメンバーに見出されることを契機として彼女が再びスパイ組織に加入することが、物語における重要な転換点となっている。映画の中で呈示される映画館という表象は、単なるモダンな娯楽施設というだけではなく、ヒロインにスパイの役割を担わせる場という政治的意味も持っている。一方、張愛玲が自分の個人的な趣味をヒロインのワンに投影しているように、映画館は公共空間であると同時に個人的な空間でもある。学生のワンであれ、スパイのワンであれ、映画館は彼女にとって貴重なプライベートな空間である。ワンが組織に加入してからクァン（鄺裕民）と連絡する場所も映画館である（図4-3）。人の出入りが多く、比較的暗い閉ざされた空間は、スパイ活動に理想的である。彼女にとって映画館は、狭苦しい

図 4-1

図 4-2

図 4-3

「亭子間」（これについては、「住宅建築」の項で詳しく分析する）に居候する現実世界からも、艶麗なマイ夫人に扮するスパイ活動からも逸脱した、唯一の心の居場所であると考えられる。

映画館と同じように、喫茶店も小説に描かれている。しかし、映画では、小説に登場する二軒の喫茶店を一軒に描き直し、静安寺西路の「凱司令」喫茶店に絞っている。喫茶店は言うまでもなく西洋からの輸入品であり、特にフランスでは政治的・文化的意味を含んだ公共空間と見なされる[44]。映画でも、暗殺の前にワンは「凱司令」喫茶店で暗殺対象であるイー氏を待っている間に電話を借り、特有の合言葉で暗殺の指示を密かに組織に知らせた（図4-4、4-5）。喫茶店で珈琲を飲む行為は当時モダンな行動スタイルであり、そこをスパイ活動の場として扱うことにより、「喫茶店」という単なる建築物に独自の政治的意味を加えていると解釈できる。以上の通り、映画館、喫茶店といった洋式建築は政治関連の暗殺を行う場所として設定されている。西方から輸入された文化は単なる文化装置ではなく、

図 4-4

図 4-5

図 4-6

図 4-7

映画の主題（スパイ活動）に奉仕するための空間表象なのではないだろうか。

一方で、上海には「旧式商店」と呼ばれる伝統的なスタイルの店も健在であった。スパイ組織のリーダーである「老呉」との初対面の場所は小説では言及がない。それが映画では、狭い街に並んでいる一軒の古い本屋の二階の小部屋に設定されている（図4－6、4－7）。極平凡な旧式の建物の一室でワンは正式に情報組織に加入し、女スパイの役割を担い、心身ともに組織に捧げることとなった。これには、ワンが組織に支配されるという政治的意味も含まれている。これらによって、映画におけるスパイ都市上海の表象を作り上げているのである。

住宅建築

開港後、上海の経済はめざましい発展をとげ全国の人々をひきつけた。その上、上海は租界という特殊性もあって人口が大幅に増加し、数年間で一〇倍増となった。上海は中国の全国各地から来た移民と外国人移民からなる移民社会となった。そこに、洋式の邸宅、マンション、里弄式住宅、「棚戸」など多種多様な住宅が登場したのである。(45)

商店や立派なビルが並ぶ大通りの裏には、上海の庶民の住居である里弄住宅が広がっている。「里弄」とは、上海の独特の住居の形式である。特に、石庫門里弄は「上海の一番代表的な民居建築(46)」として上海を象徴しており、高い壁、両開きの黒い漆塗りの厚い扉と銅製の取っ手という形式が多い。入口の周囲に石材を使っていることから「石庫門里弄」と呼ばれ、浙江、江蘇、安徽など諸省にまたがって広く分布する伝統民家の造りを踏襲している。狭い敷地を効率よく利用するため、一棟に数世帯が一緒に暮らす場合も多い。入口の扉には、バロック様式の彫刻など西洋文化の影響が色濃く反映されている。石庫門里弄は、中国の伝統文化を備えたものであると同時に西洋の文化も吸収しており、東洋と西洋の建築文化が融合した独自の建築様式なのである。(47)

小説ではワンの上海の生活については、日本軍の真珠湾攻撃後、海上航路が通じて、上海に転学していった、同じ被占領地ではあったが、上海ではまだ勉強できたという一節しかない。それに対し、映画では次のように上海の住居

図 4-8

図 4-9

イメージを展開している。アジア太平洋戦争の勃発に伴い、ワンは香港から上海に戻って叔母の家に身を寄せていた。ワンはにぎやかな石庫門里弄の路地の狭い入り口を入って「天井」（屋敷の中の家屋と家屋、または家屋と壁に囲まれた露天の空間）を通り抜けると（図4－8）、一階の共同客室（共同台所、シャワー室も含まれる）で暮らしている隣人に挨拶してから（図4－9）、奥にある急で狭いはしご段を上って、二階の「亭子間」と呼ばれる小さい部屋に着く。(48) この部屋の三分の二は、叔母と近所の主婦たちが客室として占領しており、彼女らがマージャンをする定位置であるらしい。粗末な一枚のカーテンによって隔てられた残りのスペースがワンの寝室となっている。叔母の家といっても、叔母一家のスペースは狭苦しい亭子間であり、そこを更に区切ったこの粗末な小部屋が、ワンのささやかなプライベートな空間であった。

石庫門里弄建築の部屋の配置により数世帯が一緒に雑居しているため、物理的にワンの生活空間は一つの「亭子間」に限定されている。父親から捨てられ叔母の家に身を寄せているため、帰宅の際は、叔母にきちんと礼儀正しく挨拶するだけでなく、叔母たちの素っ気ない言葉を我慢することを余儀なくされる。キャメラは、ワンが里弄に踏み入り一階の近隣に挨拶し、二階に上がり叔母たちに挨拶してから自分の居間に着くまでをトラッキング・ショットとクレーン・ショットを用い（図4－10、4－11）、ほとんどワンの側面と後ろ姿から撮っている。したがって、ワンは見られる者と見なされていることがわかる。特に、階段を上っている部分はハイ・アングルで撮られていることから、ワンがいつも近隣と叔母たちの視線の下に暮らしており、他者としていつも監視されている状態に陥っていることが強調されている。このことから、彼女にとって、心の拠り所である「家」ではなかったと考えられる。一方、ワンが二階の自分の居場所に着くと、里弄建築の特徴によって、先ほど通過した「天井」で立ったり座ったり雑談したりしている人々を窓から見下ろせるようになり、「見る者」としての主動的な視線を取り戻す。すなわち、粗末ではあるがこの小部屋では視線権力の転換が起こり、ワンに主体性が与えられていると解釈することができるのである。

里弄建築が庶民階級の住宅として都心部に大量に建てられる一方で、官僚、大金持ちといった上流階層は樹木に囲まれた静かな地域の邸宅で暮らしていた。住宅地は社会階層の差を明示している。

映画において、イー氏のモデルは歴史上の実在の人物である汪政府特務機関の顔役の丁黙邨[49]である。この特務機関は、日本軍の全面的な指導と援助を受けて重慶国民政府の組織を破壊し、上海でテロ活動を実施して様々な領域に勢力を伸ばしていた。

図 4-10

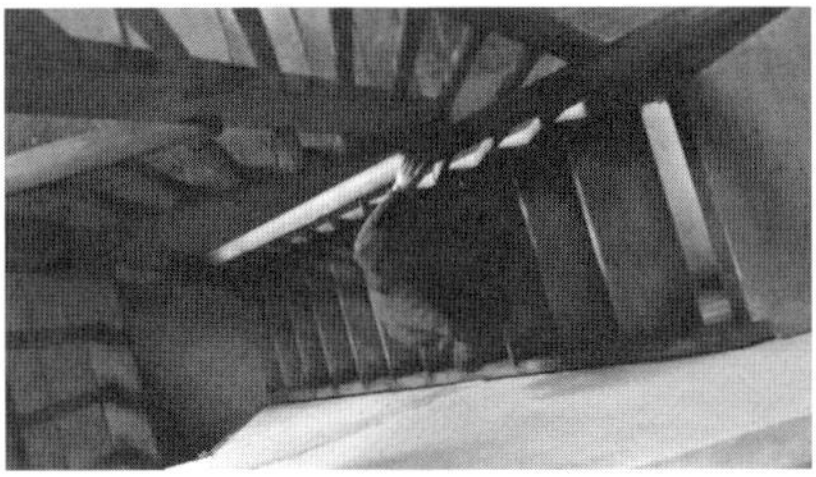
図 4-11

また、映画にイー氏が初登場したときの犯人を拷問する場面は、当時の「特務工作総司令部[50]」がモデルである。三九年春に滬西ジェスフィールド街（現在は万航渡路四三五号）七六号に本部を置いたので、「七六号」は汪兆銘政府特工総部の代名詞となった。「七六号」はもともと陳調元[51]の西洋式私宅であったが、日中戦争により日本軍に接収された後は、汪兆銘政府の特務情報機関の拠点として使われた。日本軍と提携し、汪政府中央社会部、粛清委員会、特工総部の三つの機構はすべて「七六号」に設置され、日本の憲兵隊の監視下に置かれた。

特務情報機関は「七六号」の右側の「華邨」という里弄に暮らしていた住民を全て退去させ、汪兆銘政府の中央社会部、粛清委員会及び特務総部高官の家族の住宅としてその私宅を占有した。[52] 上述の通りイー氏は丁黙邨をモデルとして設定されているため、イー氏の私宅も住居地域である「華邨」にあると考えられる。

イー氏は仕事を終えた後、自動車で邸宅に移動する。追及ショットにより、観客の視線がイー氏の邸宅に移動する。イー氏の移動ルートにより、彼の邸宅は、一階には玄関ホール、応接室があり、二階は寝室、書斎、夫人たちのマージャン室などの部屋が設けられていることがわかる。ゆったりした部屋で、室内の装飾とインテリアも華麗である。

部屋の向こうの壁一面には茶色の厚いラシャのカーテンが掛けられ、見るからに豪華である。当時の独立邸宅には、「平均すると、居室、寝室が五・六室あって、化粧室、浴室が二・三室、台所、使用人部屋、車庫などがついて、その余裕あふれる住まいの状況がわかる」[53] のである。セリフによれば、イー夫人はワンの扮するマイ夫人を自分の家に泊まらせており、客室に余裕があると推測できる。それに、イー氏とイー夫人には専用ドライバーがそれぞれ付き、使用人も少なくとも三人以上映画に登場する。

このような豪華な住宅とワンと叔母さんのような庶民階級が住んでいる狭い里弄住宅を比べると、階級の格差が明らかになるように演出されていることが分かる。一方、厳重な警備が付いたイー氏の私宅は、私的空間というよりもむしろ公共空間であり、監視されて孤立した空間という政治的な意味が含まれると言えよう。

(2) 交通機関——スパイ活動のステージ

本項では、当時の上海の人力車という歴史的産物と戦時封鎖[54]という現象を踏まえ、『ラスト、コーション』における人力車の表象の意義、および封鎖が庶民とヒロインに与えた影響について考察したい。

租界の拡張に伴い大量の外国人が上海へ押し寄せるようになり、それに加え中国の内陸部の人口も上海に吸引されていった。曽田三郎は上海の経済発展と人口増加について次のように述べている。「上海の人口の主要な増加要因は、国内各地からの中国人の流入であり、それは租界の設置を契機とし、そこでの経済発展を要因としていた。まさに租界設置後の「華洋雑居」の状態こそが、上海の人口の増加をもたらしたのである」[55]。市民人口の増加によって、近代都市上海は大通り（馬路）の建設を進めていき、路面交通も徐々に発展していった。人力車や路面電車、自動車、バスなど様々な交通手段が上海に登場した。

路面電車

一九〇八年三月、Shanghai Electric Construction Co. Ltd.（上海電気製造公司）が共同租界のバンドから静安寺路までの約六キロを結ぶ路面電車の営業を開始した[56]。二〇世紀初頭の巨大都市上海は大量輸送という新しい交通体系を必要としていた。路面電車の開通は間もなく押し寄せる上海の近代化と都市化を予告した。最高時速三〇キロで走破する路面電車の車両はイギリスから輸入されたものであった。上海の路面電車は、日中戦争期と一九四五年以後の国共内戦期を通して上海市民の足として運行を続けたが、一九六〇年代には交通渋滞を来すことを理由に撤去を余儀なくされた。

小説では「呉が単独で、工作員の任務を上海で展開しているとは考えにくかったが、鄺裕民（クァン）と連絡を取っているのは、いつも彼だけだった」[57]としか言及されないスパイ同士の情報交換は、映画では次のように活写されている。超ロング・ショットにより、にぎやかな大通りに、人力車や路面電車、自転車など様々な交通手段が登場する。広角レンズによって、ワンの背面と側面がとらえられていることから、観客の視線とキャメラワークが同一化して、ワンがだれかに監視されている状態を示していると読み取れる。続いてトラッキング・ショットにより、彼女が慌ててバス停に移動し、路面電車に乗ることがわかる（図4－12、4－13）。この路面電車内で、ワンは組織に再加入して暗殺任務を受け入れてから、初めてクァンと情報交換する。電車は一等、二等というクラスに分けられているが[58]、ワンが電車に乗ったショットから、一等席（中英二カ国語表示）として区切られた席には白人二人だけが乗っているのが見える。人種格差および上海の持つ多国籍都市という特徴が、このショットから窺える。続いて、ワンとクァンは

図 4-12

図 4-13

図 4-14

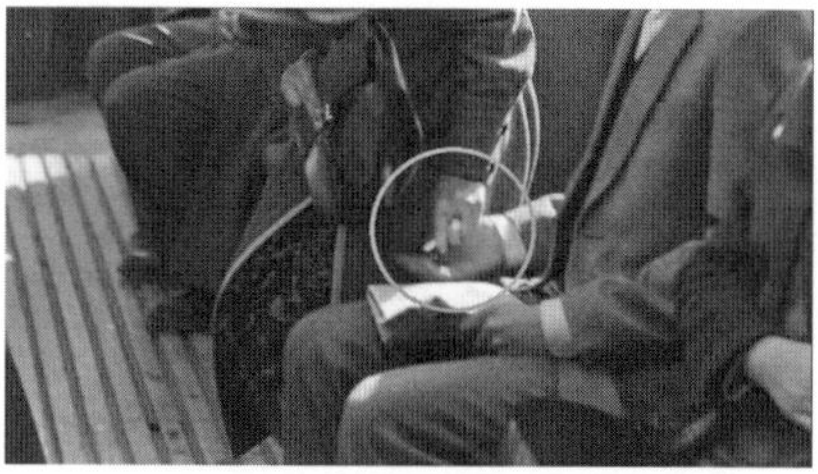
図 4-15

座ったままの様子で上半身をクローズアップされ、公共空間であり移動空間でもある車内で密かに情報交換をする様子が撮られている（図4－14、4－15）。路面電車は固定された場所ではないために、監視されないことが保証でき、スパイ活動の大切な場となっていたと考えられる。

人力車

映画は、人力車というこの時代特有の大道具を印象的に用いている。人力車は近代日本の発明品であり、一八七四年はじめに上海でも用いられるようになった[59]。ここで人力車の歴史を簡単に紹介しておく。人力車は、明治期から大正期を中心に庶民の乗り物として普及し、庶民の間では略して「人力」や「力車」とよばれていた。日本で発達した人力車は一八七〇年代半ばから中国や東南アジア、インドに輸出された。日本からきたので中国では「東洋車」と言われたが、上海では「黄包車」と呼ばれた。その後、上海の人力車は人口増加とともに増え続けた。しかし、上海の都市化・道路整備、そしてモータリゼーションが進むと、人力車は次第に自動車にとって邪魔物になっていったのである[60]。

当時上海でポピュラーな交通手段の一つであった人力車は、映画内に何度も現れる。人力車という表象が印象的に使われる場面は、映画の最終段階で暗殺任務が失敗した後である。暗殺失敗後のワンは宝石店を出て何台かの人力車を呼びとめようとするが、いずれも目の前を走りすぎてしまう。ショットがすぐ切り替わり、一台の人力車がフレームに入り、車夫は彼女が手を振っているのに気づく。その人力車は急いで通りをUターンし、次第にワンに近づき、車夫の姿がはっきり映しだされる。当時、上海の人力車夫に対する一般的なイメージは、粗野で無教養な貧乏人であった[61]。しかし、ワンの前に登場した人力車夫は当時の上海の一般の人力車夫と比べて、美化されていると考えられる。質素ではあるが清潔感のある服装で礼儀正しい上海語で挨拶する車夫は、粗野で貧しい江北人[62]のイメージとはつながり難い（図4－16）。暗殺を失敗させてしまったので組織の連絡所にもイー氏の邸宅にも戻れなくなり、どこに行けばいいのかわからないワンにとって、車夫は救済者として存在している。人力車がひっきりなしににぎやかな大通りを往来しており、人力車の「取っ手につけた赤緑白の三色の風車」[63]が休みなく回っている様子を七秒間の長いクローズアップにすることで（図4－17）、ワンの「家」に戻りたいという単純な希望がこの平凡な風車に託されて強調されている。風車が回り出すにしたがって、ワンの希望が叶えられるかのような効果を上げる。

図 4–16

図 4–17

図 4–18

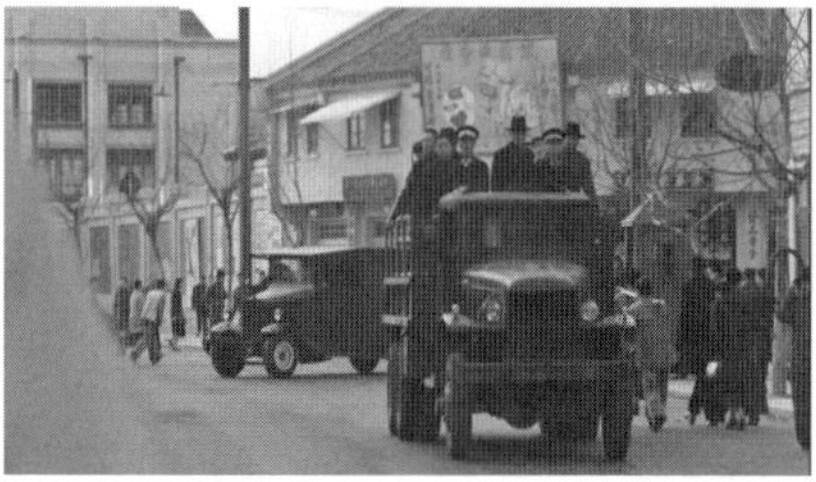

図 4–19

しかし、耳障りな呼子笛の音とともに、「孤島」時期の上海で日本軍がよく行っていた戦時封鎖が登場する。アジア太平洋戦争の勃発により、上海は日本の事実上の植民地となっていた。そのため、当時の日本の上海統治機構[64]における情報機関の顔役であったイー氏の暗殺未遂は重大な事件と見なされた。治安を受け持つ憲兵総隊が上部の命令を受け、直ちに封鎖の指示を出したのは意外ではない。原作の小説は、この封鎖場面を次のように生き生きと描いている（図4－18、図4－19）。

「また封鎖ですよ」車夫が言った。

膝上ほどの短いズボンと短い上着の中年の男が、一本の長い縄を持って通りを渡っている。呼子笛がその口にくわえられていて、道路の向こう側にも、同じような服装をしたもう一人が、縄の一端を持っている。二人は縄をまっすぐ引っ張って道路を遮断した。消え入るような鈴の音が聞こえてくる。車夫は承服できないというようにペダルを踏み続けて、封鎖線ぎりぎりのところで人力車を停めた。[65]

映画はこの光景を忠実に再現している。このような風景は「孤島」時期の上海にはよく見られた。「テロ防止、防空演習や、要人が通りかかる場合など、すぐ道路が封鎖され[66]」、一切の交通手段が封鎖された。これは、庶民生活にも大きな影響を与えた。映画では、封鎖線が張り巡らされた直後、キャメラは食事の支度に帰りたいと訴える極普通の中年婦人をフォーカスし、封鎖が市民生活を煩わせていることを表している（図4－20）。ワンはその婦人を見つめながら、自分の家に帰るというささやかな願望が叶わなくなったこと、暗殺容疑で逮捕される運命が決定したことを悟る。

映画では、封鎖地域内に閉じ込められた直後、襟に縫い付けた毒薬を取るワンの手がクローズアップされる（図4－21）。ワンは、「敵に捕まるな」という組織の命令に従って、暗殺を失敗させた自分の命を絶とうとしていると解釈できる。しかし、まさしく邵迎建が、「文明世界が封鎖されれば人間の心が開き、封鎖が解かれれば、心が封鎖される」[67]と分析したように、封鎖による隔離空間でワンははじめて組織や他者の支配から逃れることができたのであり、自分の心に向き合い、はじめて自分で自分の運命をコントロールできる束の間の時間を得る。そして、最終的にはスパイ組織からもらった毒薬を拒否した。その行為は組織にコントロールされなくなったことを表していると考えられる。与えられたスパイの役割を放棄し、周りの平凡な庶民と同様に自分の家に戻り、再び真実の自分に戻りたいと彼女は思ったのであろう。最終的に、物理的空間が封鎖された一方で、心理的空間は逆に広がってゆくのである。

図 4-20

図 4-21

(3) 服飾——表象としての旗袍（チャイナ・ドレス）

しなやかで美しい女性が、きれいな旗袍に身を包んで上海の街を闊歩している光景は、老上海特有の美しい風景と言える[68]。旗袍は実は「石庫門里弄」と同じように西洋化された産物であり[69]、それだけで濃厚な老上海ムードに満ちている。映画における女性はほとんど旗袍を着て登場した。キャメラワークはこの二〇世紀の時代的産物に着目しており、当時の時代の雰囲気が観客にインプットされる。

まず、簡単に旗袍の様式の変遷について紹介する。[70] もともと満州族が八種類の色の旗を使って軍隊を分けたところから、満州族の衣装のことを旗袍と呼んだ。一九二〇年代以後、漢民族の女性もこれを着用しはじめ、絶え間ない改良を加えてついに独特の趣を備えた女性の服装を作り上げた。三〇年代に入ると、旗袍の丈が再び長くなり、フリルのデザインが盛行した。スリットが入り、ウエスト部分が細くなり、女性の曲線美を強調していった。丈の長さは徐々に足首まで長くなり、スリットがより深く入るようになった。三〇年代後期になると、旗袍の丈は再び短くなり、一九三八年にはノースリーブになった。小説では、冒頭の部分でのみワン扮するマイ夫人のチャイナ・ドレスが「深い藍色の水紋模様の、両腕がむき出しになった膝丈までのシルク[71]」と形容されており、ノースリーブの流行を反映してはいるがその模様までは描かれていない。

ワンの女子大生の時期の服装に関連する描写は小説にはない。映画では、ヒロインが純粋無垢な女子大生から暗殺任務を受けた妖艶な女スパイとなったことを、旗袍という服装表象を通じて表現している。換言すれば、映画は服装に政治的な意味を付加したと考えられるのである。

ワンの役割の転換により、旗袍の様式と素材も変わってくる。ワンは香港における学生時代には主に素朴な木綿生地の旗袍に身を包んでおり、また色は主に薄ピンク、水色、淡い青色といった単色であった、そこには学生らしい純粋さと素朴さが表されていた。デザインはシンプルで、袖がゆったりと長く、丈は当時のスタイルに従って膝まで伸びている。当時の旗袍は西洋化の影響を受け従来の満州族旗人の服からは大きく変容しており、袖は西洋スタイルで自由に活動できるようになっていた。この西洋服の影響により、女子学生を中心とする新都市女性の服飾として定着した。更に、上海がモダンな近代都市として発達するにつれて女子学生をめぐる環境も整備されてゆく。学校で西洋の文化や慣習を学び、英語力も身につける。そのため、ワンは西洋の芝居やハリウッドの映画を鑑賞できる。当時のワンの純粋な女子学生というイメージが、旗袍という服飾を通して表現されている。つまり、旗袍のイメージは、西洋の文化を受容した当時の女子学生という新しい知識人のイメージと繋がっているのである。

一方、ワンがスパイ活動の中でマイ夫人を演じる際には、立場の変化に従って服飾も変えられている。服飾は社会的役割を物語る名刺のようなものと見なされる。ワンの服装を通して、その時々に演じている社会的地位と権力とを解釈してみよう。香港時代のマイ夫人は愛国学生グループの一員として活動しているに過ぎないため、活動資金にさほど恵まれておらず、着ている旗袍はデザインがやや古く、生地も綿素材のものが多い。例えば、初めてイー氏夫婦に紹介される場では白色ベースに縞のデザインの薄い綿生地の旗袍を着ていた（図4-22）。一方、イー氏と一緒にマージャンをする場面では絹素材で袖が短くスリットが深く切れ込んだ旗袍を着ており、これはイー氏を誘惑するという目的で女性的な魅力を強調するために選ばれた旗袍であると考えられる。ワンがこの場面で着ている旗袍は、従来の服装と大きく違う。この旗袍の特徴は襟から胸元にかけての部分と背中に大きく華やかな花模様のデザインがあり、なめらかな曲線を成していることである（図4-23）。特に、鎖骨のところに透けるような薄い生地を使って露出度を高めている。そのため、女性の魅力的なポイントとして鎖骨が見え隠れする。更に、袖のデザインは腕をほとんどむき出しにしてワンの美しくあでやかな性的魅力を露わにしている。他の夫人たちの地味な色に比べると、ワンのドレスはサファイア・ブルーであり際立っている。これがイー氏を惹きつけることとなったと考えられる。

図4-22

図4-23

ワンが三年後に上海に戻り、再び暗殺任務を受けてマイ夫人を演じるときには、着ている旗袍のデザインと生地は香港時代よりはるかに高級感に満ちたものに変わる。これは香港時代よりも大きなスパイ組織に所属

図 4-24

図 4-25

図 4-26

するようになり、活動資金が豊富になったからであると解釈することができよう。高官夫人たちとの交流も前よりスムーズとなっており、夫人たちからの彼女に対する態度もやや丁重になる。ここにも、服装表象としての旗袍が当時の社会的地位のシンボルとして存在していたことが示されている。

なかでも筆者が注目した場面は、ワンがイー氏と初めて二人だけで外出し、仕立屋にイー氏の背広とイー夫人の旗袍の寸法を直させるシーンである。ワンはこの日チェックの綿製旗袍を着て行き、寸法直しに出していた先日マージャンをしたときにイー夫人が着ていた旗袍を受け取り、試着する。試着室の一枚のカーテンが、二人の視線の交流を遮断する。キャメラワークはイー氏の後ろ姿とカーテンをフォーカスして、イー氏がワンの着替えを待っている状態を強調している。キャメラによって観客はイー氏と同一化され、ワンが着替えて出て来る様子を期待する（図4－24）。カーテンを開くとショットが切り替わり、イー氏の魅了された顔つきをクローズアップし、スタイルにぴったりと合った旗袍をまとったワンの様子がまるで美しい商品のようにイー氏（及び観客）の目の前に示される（図4－25、4－26）。この旗袍のデザインと生地とはワンの他の旗袍と大きく違う。台詞からは、この旗袍はもともとイー夫人が生地を気に入って作らせたものであること、しかし模様がやや派手なので結局は気に入らなかったものだということが分かる。イー夫人は上流社会の官僚夫人であるから、着ている旗袍もその社会的地位を反映して高級な素材が使われている。従って、ワンがイー夫人から譲り受けて試着した旗袍は、全身が透けるような薄い絹織物が使われており、露出度を高め、女性の魅力的なしなやかで美しい体を見え隠れさせるものである。特に、わざとウエストを細くしてあることで縦長のシルエットが強調され、普段よりもスタイルを良く見せてくれる。また、両サイドに深く入ったスリットが脚を長く細く見せ、優雅でセクシーな印象を与える。ワンがこの旗袍を着るという行為は、イー氏の性的な欲望を煽り受動的に見られる対象となったと言うより、むしろ主体的に自分の女性的な魅力を誇示し、イー氏の反応をコントロールする見る者の立場に立つためのものではないだろうか。

つまり、イー氏の性的欲望の対象という立場にいたワンが、戦略的に女性の魅力が十分に提示される旗袍を着る行為を通して、イー氏の性的欲望を支配するという立場の逆転が起きていると解釈できるのである。

以上分析したように、映画における旗袍という表象は、忠実にその時代の旗袍を再現し、女性服として女性特有のボディーラインの美しさを強調している。また、服飾は役割の象徴でもあり、ワンの社会的地位の転換により旗袍のデザインと生地も変わってくる。一方、映画における旗袍には、従来の通り女性の曲線美を強調するだけでなく、暗殺を遂行するため主体的に男性の視線をコントロールできるよう、性的な権力関係を転換させたことを表す機能もある。ここでは、女性服は男性の視線に媚びるものではなく、男性の視線を支配する一つのツールであると考えられる。映画では、旗袍は単なる当時の文化表象であるだけでなく、女スパイという役割を示す権力の装置として政治的な意味を付加されている。

まとめ

以上、映画『ラスト、コーション』における老上海の都市表象を、原作とのギャップに留意しつつ、総体的に把握した。更に、映画の時代背景を紹介すると同時に、映画の具体的なシーンを挙げ、老上海の都市表象が映画内テクストとしてプロットと密接に融合している様子を分析した。小説では表象されていないが映画では表象された老上海の景観は、スパイ活動にまつわる主人公の立場の転換を鮮やかに反映している。上海の市民生活をしばしば妨害した日本軍による「封鎖」は、スパイの暗殺任務と直結している。また、旗袍という表象は、暗殺任務を遂行するために男性の性的欲望をかきたてる女性の曲線美を強調するだけのものではなく、男性の視線を支配する一つのツールとして扱われている。以上のように、映画『ラスト、コーション』の老上海都市空間は、租界の歴史に沿って時代の産物をよみがえらせることにより、「孤島」時期の上海を丹念に再現し、ノスタルジックな時代感を強くするという役割を果たしているのは確かであるが、それだけには留まらない。スパイと女子学生という二重の役割を備えたヒロインを取り巻く特定の空間として、政治的意味と権力とを付与された老上海のイメージは、ターゲットの性的欲望、視線を支配し、暗殺任務を遂行するための空間装置として機能しているのである。

第二節　マージャンシーンから見た視線のポリティクス

李安は「戦時下という歪んだ当時の社会を通し、人間性の深層を探求しようとした」と言う。日中戦争を描きながらも、男と女の戦争、中国人同士の内戦をテーマにした映画で際立つのは、監督が野心的に撮ったという女性同士を中心としたマージャンシーンと男女関係を中心としたベッドシーンである。「マージャン卓にはテーブルクロスが、ベッドにはベッドシーツが敷かれ、それぞれのシーツの上で、前者は女性同士の言葉の戦い、後者は占領と被占領の形で男女の関係を描いている」[72]。先行研究では、ベッドシーンについての評論は多いが、マージャンシーンについて論じた評論は少ない。また、一連のマージャン場面の人物関係が物語にどのような影響を与えるのか先行研究ではあまり触れられていない。筆者は、マージャンシーンはこの映画で無視できない場面であると考えている。なぜかというと、原作の小説ではマージャンシーンは最初の場面にしか登場しないが、映画ではより多く、四つの場面が描かれているからである。開幕のマージャンシーン、即ち暗殺直前のマージャンシーンから、ワンが初めてイー夫人とマージャンするシーン、唯一イーが参加する香港でのマージャンシーン、三年後ワンがイーと再会するときのマージャンシーンまで、マージャンシーンは物語を貫くものであると推察できる。それに、マージャン卓を中心にして、女性同士の関係を集中的に表現できるのである。登場人物のお互いの視線の交錯により、関係の繋がりや転換などが、はっきりとマージャンシーンから見てとれると考える。

マージャンは二〇世紀三〇年代の中国では、上流社会から庶民階層までに好まれた大衆の娯楽だと言える。映画において、マージャンは汪政府の官僚の夫人たちだけでなく、一般庶民（ワンの叔母さんたち）にとっても暇つぶしの一つの手段である。その上、マージャンは彼女たちの社交の手段でもある。

「一九三〇年代、都会婦人の上流階層には、主に名門名家、官僚、権勢のある大金持ち、大資本家の婦人が含まれる。男尊女卑の社会において、経済力を持っていないために男性に依存してしか生活できない上流社会の婦人たちにとって、社会交際は大切な活動である。一般的には、貴婦人たちがお互いに相手から受けた待遇に見合うようにご馳走したり、芝居を見に行ったり、よその家に遊びに行ったり、マージャンしたりすることが多い[73]」。マージャンは無論、貴婦人たちの何もしないでぶらぶらするようなつまらない生活の中で大切な役割を演じる。映画で、ワンもマージャンを通じてイー夫人に近づいて親しくなり、更にイーとも親密な関係になっていく。そうした意味では、一連のマージャンシーンはプロットの展開にとって重要な意味があると考えられる。

ここで、簡単にマージャンルールを説明しておくこととする。映画の舞台を反映して、登場するマージャンはいわゆる老上海マージャンであり、ルールや用語も当時の老上海マージャンのやり方に従っている。

老上海マージャンとは、四人のプレイヤーがテーブルを囲み一三六枚[74]の牌を引いて役を揃えることを数回行い、得点を重ねるゲームである。それぞれの局において、プレイヤーの一人が親を担当する。そのほかの三人は子と呼ばれる。親の正式名称は荘家であり、子の正式名称は散家である。親は東家とも呼ばれ、他のプレイヤーは親から反時計回りに南家、西家、北家と呼ばれる。これとは別に、自分の席を基準とした呼び名としては、自分の左側のプレイヤーを上家、右側を下家、正面のプレイヤーを対家と言う。
マージャン用語は各地域によって異なるので、映画に登場する専門用語についても紹介しておく。

吃（チー）―自分の欲しい牌を他家が捨てたときに、その牌をもらって順子（しゅんつ）[75]に使うことを言う。対家、下家の捨て牌をチーすることはできない。碰（ポン）、杠（カン）した人がいる場合はポン、カンが優先される。

碰（ポン）―自分の欲しい牌を他家が捨てたときに、その牌を使って刻子[76]（こうつ）を作ることを言う。ポンはチーとは違い、上家、対家、下家のいずれの捨て牌でも鳴く[77]ことができる。

听牌（聴牌）―もう一牌であがりとなる状態のことを言う。

自摸（ツモ）―自分のツモした牌であがる役のことを言う。

和（あがり）―基本的には自分の牌で三枚一組の面子が四つと二枚で一組の雀頭（ペアの牌）ができた状態のことを言う。

以上で説明したマージャンのルールを踏まえて、以下では具体的なシーンの分析を行いたい。

(1)　冒頭のマージャンシーン

映画ではフラッシュ・バックを採用し、最後の暗殺直前の場面に最初と同じマージャンシーンを導入した。即ち、映画内の時間軸に沿っていえば、この冒頭のシーンが最後のマージャンシーンである。

このシーンは、一九四二年の秋の、上海のイー氏の邸宅で展開する。この時期、汪兆銘南京国民政府は既に成立していた。上海は当時、日本と汪政府によって共同支配された状態に陥っていた。また、太平洋戦争開戦から程なくして香港も陥落した。このシーンの登場人物はイー夫人、マイ夫人（主人公：ワン）、馬夫人（交通部長の夫人）、梁夫人

（食糧部長の夫人）である。四人の席の座り方は、図4－27、図4－28の通りである。

この座席の座り方からみると、席を変わる前は梁夫人の上家は馬夫人である。それから席替えしようという要求を出したのは梁夫人であり、席替えの結果は梁夫人の上家がイー夫人となった。なぜこのように要求したのかを推測すると、席替えにより上家がイー夫人となれば、梁夫人は前より容易に上家から自分のほしい牌をもらえ、従って、勝つ可能性が高くなるからであろう。ここから、梁夫人と馬夫人との関係はあまり上手くいっていないことが窺われる（図4－29）。

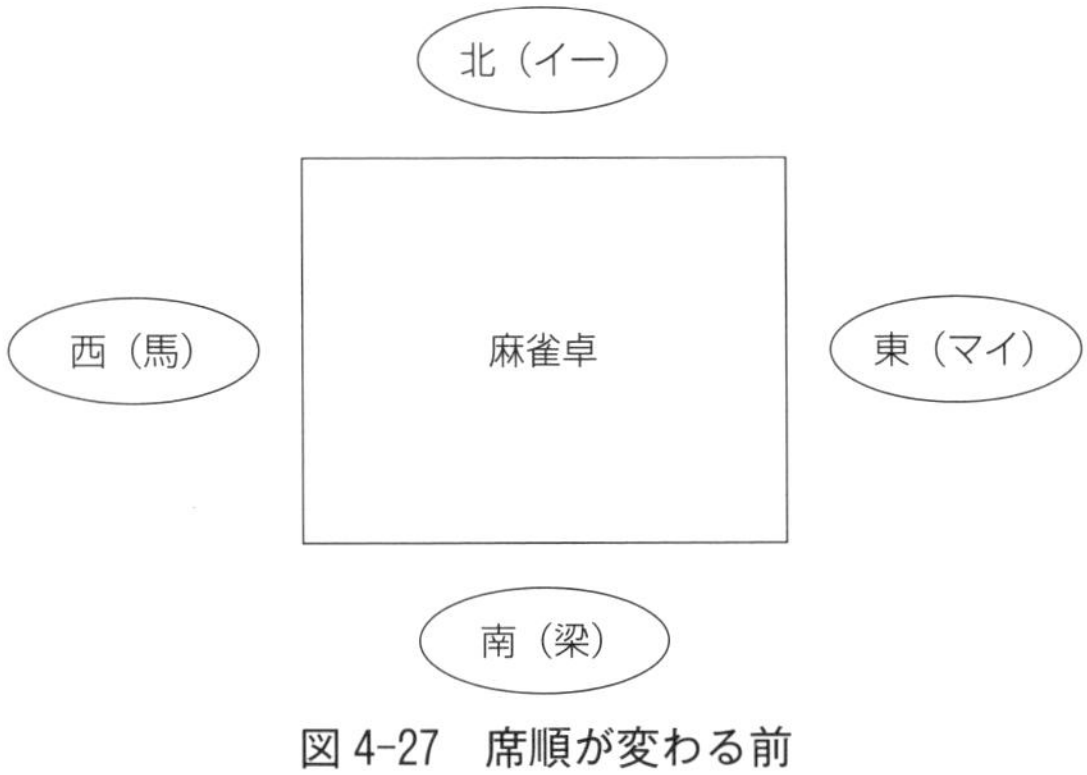

図 4-27　席順が変わる前

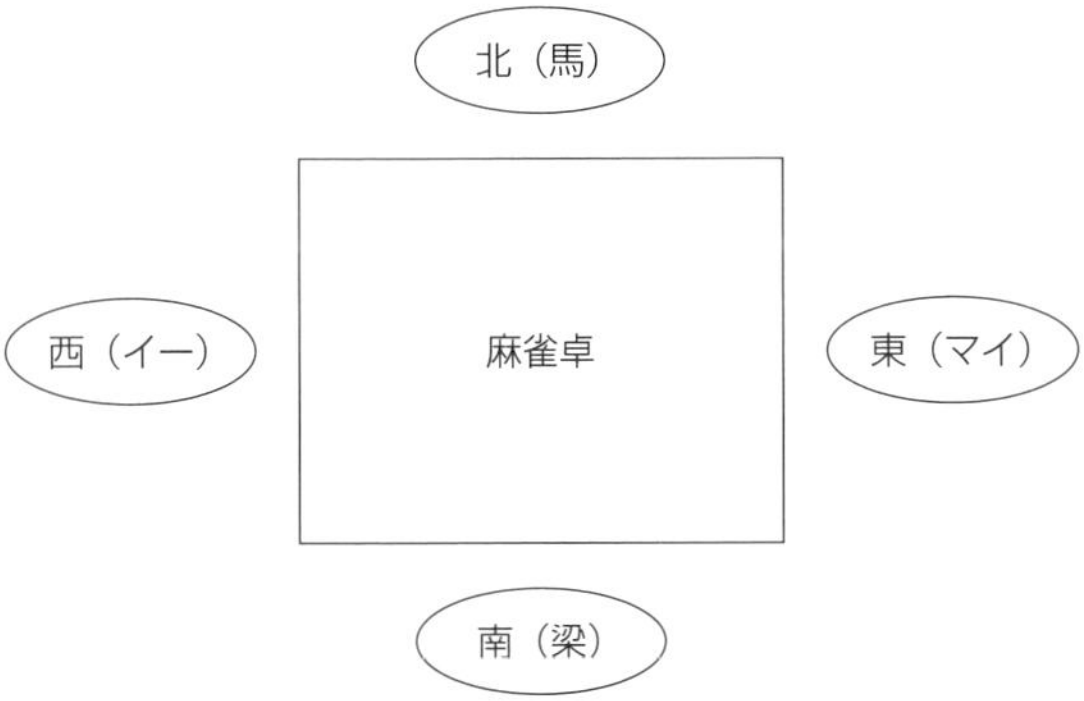

図 4-28　席順が変わった後

図 4-29

なお、席替えに関する以下の台詞は、夫人同士の関係がより明確にわかるように観客に伝えていると考えられる。

梁夫人：搬风、搬风。（席が変わって、今度はきっと運が向くわ。）

イー夫人：搬到西天、要喝西北风咯(78)。（西に変わると、食べ物がなくてすきっ腹を抱えることになるわよ。）

馬夫人：说到搬风、忘了恭喜你、梁先生升官了。（おめでとう、ご主人は昇進なさったのね）

梁夫人：啥子了不起的官咯、管大米的。（昇進？　お米の管理役に過ぎないわ）

馬夫人：现在连印度米托人还买不到、管粮食可比管金库厉害。你听易太太的就对了。（今の時代、インド産のお米さえ他人に頼まれても入手できないのだから、食糧を管理するのは金庫を管理するより大切だわ、イー夫人に従うのよ。）

イー夫人：听我的？　我可不是活菩萨。倒是你们家老马该听听我的、接个管运输的、三天两头不在家、把你都放野了。（私に従う？　私は生き菩薩じゃないのよ。逆に、ご主人に私が忠告してあげたのに、運輸管理官になり、いつも遠方にいるから、あなたは野放し(79)）。

以上の台詞には、夫人達の座席が替わったことによるさりげなくもスリリングな雰囲気が漂う。座席の交替とお互いのまなざしにより、夫人達の関係が明らかになる。つまり、イー夫人を筆頭にした夫人達と馬夫人との敵対関係が暗示されるのである。梁夫人の夫が昇進し財政よりも大切な食糧部長となったという話題から転じて、戦争のせいで食糧不足になっている現状が夫人達の口から伝えられる。また、馬夫人の夫が交通部長となったことも分かる。夫人達が絶え間なく牌に目を走らせつつ行う、自分の夫の昇進といった一見当たり前の世間話の内容により、日本軍と汪精衛政府統治下の上海社会の一側面が分かる。なお、イー夫人の台詞「ご主人は運輸管理官になり、いつも遠方にいるから、あなたは野放し(80)」からは、馬夫人の夫が仕事関係でいつも家にいないので彼女を管理できず、馬夫人は外出自由で無秩序の状態のまま放置されているということがわかる。中国の伝統的な道徳によれば、「女性に対して求められる貞とは、つまるところ家の祭祀を司る人間の血統を汚さぬことであり、節とは、家の秩序を遵守することに他ならない」[81]と言われるように、女性には貞節が求められ、行動は家の内に限定される。つまり、よく家を出る馬夫人は女性の貞節基準を守っていないことになる。映画では微妙な台詞で表現されるのみであるが、マージャンの卓を囲むある官僚の夫人である馬夫人に、イー夫人は自分の夫との不倫関係を示唆しているのである。

原作に基づいて、主人公イー氏は汪政府特務機関（スパイ）の顔役という職業を反映して、身の安全のため昼間でさえも深い色のカーテンを引いて外の光を遮っている。それに、婦人たちの服装もすべて深い色をベースにして設定された。特に、夫が昇進した二人の夫人、即ち梁夫人と馬夫人は、自分の身分を誇示するため貴重な黒ラシャのマントを身にまとっている。一九四〇年代初頭の上海では、日中戦争によって外界と隔絶されていたため上海独自のファッションが流行していた。張愛玲の原作でも指摘されているように、「おそらく戦時の首都・重慶の影響に違いないのだが、黒い大型マントは威厳と上品さに満ちていると見られていた」[82]のである。

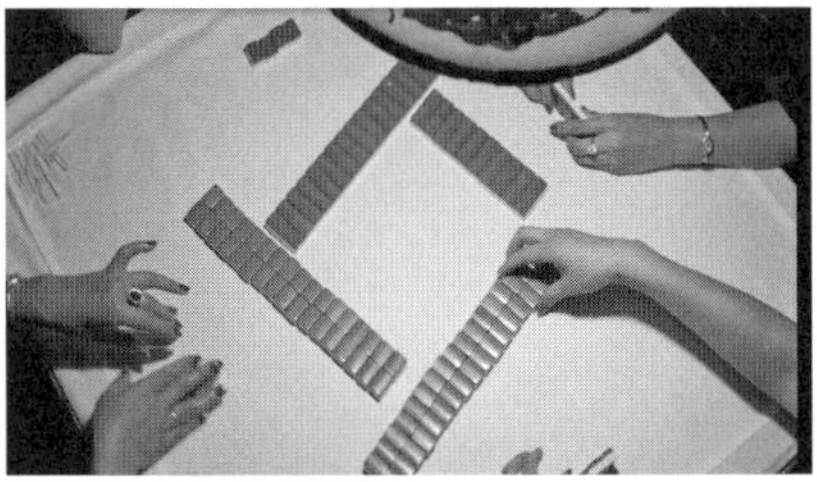
図 4-30

深い色の衣装とセッティングにより、マージャン牌を混ぜ合わせるショットは、吊り下がった一つのランプが発する強い光のたまりもあって夫人同士を一つの単位にまとめている。マージャンは女性同士の戦争を表現している。同時にそのショットは、真っ白なマージャンテーブル・クロスの背景により、観客の注意を四人の夫人達のきめ細かくて柔らかい手に集中させる（図4-30）。キャメラワークにより観客が夫人達の美しい手に注目すると、自然に指にはめたダイヤモンドの指輪に視線が集まることになる。ここで、物語の流れにおいて重要な小道具である指輪を観客に見せるのである。オープニングのマージャン場面から指輪という重要なツールが登場することによって、映画のタイトルの「戒」[83]にも呼応していると考えられる。指輪はその後のいくつものショットで繰り返し登場し、物語の進行においてモチーフになる。

フーコーはベンサムの「一望監視装置（パノプティコン）」において、権力は中央の視線に位置していると指摘した。(84)一九四二年の上海は、前節で述べたように事実上日本軍の支配地域となっていた。特に、汪政府の官僚が住まうエリアは日本軍の勢力範囲である。『ラスト、コーション』の、傀儡政権の高官の夫人たちが自分の行動を制限された中で集う邸宅は一種の「一望監視装置」とも言える。この装置により、夫人たちは家に閉じ込められ、自分の行動をすべて監視される。つまり、監視人（権力者）にとって「見られる者」として扱われるのである。ただし、ここでの見られる対象は女性だけでなく、家に閉じ込められた人間であればすべてが見られる者だと考えられる。イー氏も家に入ると、同じような見られる者として副官である張秘書の視線の下に監視される状態に陥る。

一方、ローラ・マルヴィは「視覚的快楽と物語映画」でハリウッド映画がいかに観客＝男性主体に満足を与えるかを精神分析の概念を用いて分析し、伝統的な映画快楽の多くを占めるのは窃視狂的‐視覚快楽嗜好的なものとみなし、それらは女性が「見られること」として組み込んでいるという。マルヴィによれば、男女が不均衡に規制された世界においては、見るという行為は能動的／男性、受動的／女性に分割されている。そこでは、男性が権力の表象として現れる。(85)

しかし、視線と権力の関係は男女の間だけではなく、女性同士にも存在する。切り返しショットによって、対話中の四人の顔はフレームの中にクローズアップされる。特に、化粧は夫人たちの目の印象を強めることがよくある。アイライナーとアイシャドーは、目に注意を引き寄せ、目線の方向を強調することができる。ここでの夫人たちの雑談の場面では、ほぼ絶え間なく微妙なリフレーミングが使われている。キャメラがすばやく一人の夫人から別の夫人へと連続して切り返し、お互いの目線をフォーカスし相互の関係が観客に示唆される。目まぐるしいショットでせめぎ合う動きのリズムが生み出される。夫人たちの眼と唇の微細な動きと身振りとを合わせれば、女性同士が互いに相手を探ろうとしていることが観客にはわかる。

福井康之は視線と対人関係との関係について、「対人関係の最も基本的な出発点は、二人の人間の目の出会いから始まると言える。相互に素早くちらっと一瞥を交し合う。その一瞥がお互いの心を開きあうきっかけとなり、対話へと発展するか、または相互に警戒心を惹き起こして、関係を断ってしまうかを決定する。この一瞥を両者がどう解釈するかによって、その後の人間関係の在り方を左右する(86)」と述べている。福井の論理でマージャン場面を分析すれば、夫人達の目線の交流はほとんど一瞥ばかりで、お互い「対話」しているのか、それとも「警戒心」を持っているのかをはっきりと観客に見せているといえよう。ここまでからみれば、イー夫人を筆頭にした夫人たちと馬夫人との敵対関係が暗示されていることが分かる。つまり、イー夫人と他の二人の夫人たちは仲間であり、目線の交流が「対話」と言えるが、反対に、馬夫人との視線の交流は「警戒」の意味を生みだしているのである。

なお、主観ショットにより、イー夫人はいつも「見る者」の立場に立ち、他の夫人たちは受け身の位置に立たされている。また、馬夫人とマイ夫人の視線交錯においては、馬夫人が見る者となった。これは男性の権力関係による権力転移だと考えられる。というのも、伝統的な家父長制社会では、女はいつでも、自分を依存させ、権力を握る者として男を認め依存することによって生存や昇進を求めざるを得なくさせられているからだ。馬夫人の夫は交通部長で（馬＝交通、流通）、梁夫人の夫は食糧部長（梁と中国語の〝粮〟と同じ発音）、イー夫人の夫は情報機関の頭目である。当時の時代背景からすれば、汪政府の特務機関の顔役が言うまでもなく官僚組織の中では一番権力を持つ者である。中国伝統の出世意識では、香港の商人の妻にすぎないマイ夫人が見られる対象となるのは当然であると考えられる。「父権制下の女は、経済的依存の状態が不断につづく位置に置かれている(87)」と言われるように、映画における夫人達は、社会進出の能力を失って夫に依存し、家という空間に閉じこもって過ごす。イー夫人がこの家の妻として求められる家内の役割は、簡単に言えば良妻賢母であった。イー夫人は、儒教的伝統社会が「賢婦」に強いた、「柔順で和を尊ぶ」という務めを忠実に果たしている(88)。

イー夫人は自分の妻としての地位を保つため、夫の愛人の一人である馬夫人に不満を持っていても、従来の訓えに従ってはっきりとは言えない。また、夫が気に入った若く綺麗なマイ夫人に対する柔らかな態度からみても、「不妬」

図4-31

を妻の美徳の第一として自分の行為を制約しているのだと考えられる。イー夫人は自分の「賢婦」という身分を保つため、家内の和を維持し、自分の人間性の欲望と感情を抑えて夫の不倫さえも我慢するしかない。

社会的権力関係においては、権力を持つ多数派の男性に対し、女性はいつも少数派に位置している。「女性同士は少数者集団に属し、この集団においては婦徳という階級だけでなく、美醜と年齢という階級も存在する」[89]とされるのである。

この観点から見れば、脚本には四人の夫人達の人物設定が明示されていると言える。「イー夫人はこの家の女主人であり、貴婦人で他の夫人より年上で、自分の身分の高さを誇る。梁夫人は太っていて、貪欲な人間である。馬夫人は若くて、魅力的で、細かいことまで気がつく。一方、ヒロインのマイ夫人はまだ二〇代前半で、上品な美しさがある。彼女はその形よい唇に輝いた口紅を塗る以外、ほとんど化粧していなかった」[90]とある。監督は化粧、セッティング、照明および俳優の演技というミザンセン要素を一体化して、四人の夫人それぞれの所属階級、美醜、年齢を観客に印象付ける。

物語の流れは、イー氏の登場後、マージャン卓を中心とする女性同士の戦争から男女の世界に移る。夫人たちはうわべではにこにこしているが、心の中は陰険であり、雑談から気軽そうに自分たちの夫の権勢を反映するダイヤモンドの話題で盛り上がっている。

イー氏が登場した後、自分の妻の後ろに立ってマージャンを見るショット（図4-31）には、三点照明の手法では、エッジ・ライティングによって人物の輪郭が強調されることで、断面のオーヴァーラップが強まり、その結果、人物が後景からくっきりと区別される。

更に、イー氏の服装は濃い色であるため、観客は周りの闇よりもイー氏の顔に注目することになる。この場面ではイー氏が立って夫人たちのマージャンを高いところから見下ろしているので、イー氏はそもそも「見る」者として扱われていると考えられる（図4－32）。その上、自分の妻の後ろに立っているために、他人の妻、即ち他の三人の夫人たちは当然「見られる」対象となる。特に自分の妻の正面、つまり、一番若くて綺麗なマイ夫人が最初に見られる対象となる。

「被写体を配置する際、その正面性を調整することだ。他のすべての条件が同じであれば、物語情報は登場人物の背中よりも顔から多くもたらされると観客は期待する。したがって、普通、観客の注意は、背を向けた被写体を無視し、正面を向いている被写体に集中することになる」(91)というように、キャメラワークは正面性を手がかりに、強調したい人物に対し観客の注意を導くことができる。そうすると、観客の注意がひきつけられるのはイー氏とイー夫人の二人である。ただしここで注目すべきなのは、マージャン卓の吊りランプの光で照らされたイー夫人の顔がイー氏よりも明るく見えていることである。逆に、イー氏の顔には陰影が生み出されイー夫人が強調されることになる。言い換えれば、イー氏の影響力をわざと弱くさせ、逆に夫人たちから「見られる」対象となっていることを示しているのではないだろうか。

図 4-32

続いてミディアム・クローズアップが用いられ、マイ夫人の身振りと表情がかなり見やすくなる。彼女は明らかにイー氏に気を取られており、梁夫人に注意を促されてはじめて自分の番が回ってきたことに気づく。この場面を通して、イー氏がワンと観客側から「見られる」対象となった。ワンとイー氏との間の微妙な関係が観客に示唆される。

次のショットでイー夫人の顔がクローズアップされ、イー夫人の注意が馬夫人のダイヤモンドの指輪に向けられ、それを糸口として指輪の話題が始まる。以下の台詞により、イー氏と夫人達の関係が更に明らかに観客に伝わる。

イー夫人：你这只好勒、你这只几克拉、三克拉的？（あなたの指輪がいいわね。あなたのそれ、何カラット？　三カラットぐらい？）

馬夫人：我这只好吗？　我还嫌它样子老、过时了呢。这两天正准备拿去改。（これがいいの？　デザインが古いから、もうじきつくり変えるつもりよ。）

イー夫人：前天品芬来过、手头到是有只五克拉的、大是大、光头还不及你这个。（おととい品芬がまたやってきて、五カラットのダイヤの指輪があってね、大きいには大きいけど、輝きはやはりあなたのにはかなわないわ。）

梁夫人：那你不打电话告诉我。（電話で知らせてくれればよかったのに。）

イー夫人：我也是匆匆忙忙看了一眼、碰。品芬的有些东西倒是外面没有的、上次那只火油钻、不肯买给我、现在值多少钱了？（時間がなかったのよ。ポン。品芬が持ってくる物には、時々ほかではお目にかかれない掘り出し物もあるわ。この前のあのファイヤーレッドダイヤの指輪なんか、どうしても買ってくれないんだから、今はもう高騰しちゃったわよ。）

イー氏：你那只火油钻十几克拉、又不是鸽子蛋。钻石也是石头嘛、带在手上牌都打不动了。（あのファイヤーレッドダイヤは十数カラットあっただろう。ハトの卵じゃあるまいし、ダイヤだって石だろう、指にはめたら重くてマージャン牌なんか動かせないぞ）[92]。

主観ショットにより、観客の視線は馬夫人の三カラットのキラキラ光るダイヤモンド指輪へ導かれる。馬夫人がイー夫人の問いに答える際、自分の指にはまったダイヤモンド指輪を見ながら何気なくイー氏の方を一瞥するショットの直後、イー氏の顔がミディアム・クローズアップされ、馬夫人と目が合う（図４－33）。続く、馬夫人の「デザインが古いから、もうじき作り変えるつもりよ」という台詞により、イー氏に二つの意味が伝えられると解釈できる。一つには、以前イー氏が自分（馬夫人）に贈ってくれた指輪が古くなって気に入らない、二つには、イー氏にすでに新しい愛人ができたことを察し、自分を古い愛人として捨て置くのが気に入らないという嫉妬である。一方、キャメラがマイ夫人の顔に向き、彼女が先にイー氏に目線を投じた直後に馬夫人の方向をさっと見渡すことで、すでにすべて見通しているといった微笑を映し出す（図4－34）。先にワンを見る者として存在していた馬夫人とイー氏は、このショットによりすべての行為がワンの視線に曝され、見られる対象へと転換してしまう。続いて、イー夫人がイー氏に甘えた様子でうらめしそうに一瞥を与え、高価なダイヤの指輪を買ってくれればよかったのにという意思を伝える。ただし、イー氏にとっては、夫人達の互いに競い合うダイヤの指輪はあまり価値がない石に過ぎない。言い換えれば、イー氏の目から見れば、指輪も女性も同じように、あまり高価ではない物として扱われるのである。女性も商品として、できるだけきれいな外見、素敵なデザインで購買者である男性に喜ばせるように、お互いに競い合う。年齢、美醜、階層、すべてが商品のランク付けのために不可欠な要素である。マイ夫人はただの商人の妻という階級によって、商品のランキングの下位に位置づけられる。彼女一人だけがダイヤの指輪をつけていないので、この夫人達の指輪展示会での発言権がない。この場面において、彼女には一言の台詞もないので、イー氏にとって「見られる」対象となると同時に、夫人達にとっても「見られる者」であるとも言えよう。これによって、指輪は持ち主の地位、即ち自分が依存する男性の地位を示すシンボルになるだけでなく、女性と指輪が共に男性の私有財産であるという象徴的な意義をも含んでいることを暗示する。

ギルバート&グーバーが述べるように、家父長制下では女性の立場は弱いので、「女性同士が連繋を保つのは著しく困難」である[93]。女と女が対立するのが避け難いのは、「鏡の声」、即ち

図4-33

図4-34

女性を値踏みする男性の評価が、女性たちを対立させるように仕向けるからである。男性からみれば、女性たちの指に輝く宝石は一つの石にすぎないとしても、指輪に反映された男性の声は、女性の敵対感を容易に生み出す。

以上のように、冒頭のマージャン場面は主に二つの場面に分けられる。即ち、最初の夫人同士が世間話と視線によって互いに相手の腹を探る場面、およびイー氏登場後のダイヤの指輪を中心に話題が展開される場面である。マージャン卓により、そこには女性同士の権力関係が反映されている。女性同士は依存する男性をバックに一時的に権力者となる。つまり、「見る者」として位置づけられるのである。しかしイー氏の登場後は、夫人達は権力者イー氏から「見られる者」として扱われる。いずれの場合でも、マイ夫人は主として見られる者である。即ち、視線の権力が転移しても、このシーンの中のマイ夫人は、二重に見られる者という存在として位置づけられていると考える。

(2) 初回のマージャンシーン

初回のマージャンシーンとは、映画の時間軸における最初のマージャンの場面である。つまり、ワンがマイ夫人に扮し、はじめてイー夫人や他の夫人たちとのマージャンをするシーンである。これは一九三九年の香港のイー氏の邸宅で行われたものである。当時は太平洋戦争がまだ勃発していないので、香港もまだ占領されていない。また、汪兆銘政府がまだ成立しておらず、イー氏もまだ汪政府情報機関の顔役になっていない時期である。

このシーンで登場する夫人たちは冒頭シーンのメンバーとは異なり、イー夫人、マイ夫人（ワン）、簫夫人、朱夫人の四人である。このマージャンシーンも、マージャン卓を囲んで夫人たちがマージャンをしている場面から始まる。しかし、冒頭のマージャンシーンではファスト・モーション効果を使い夫人たちの手をフォーカスして、さりげなく女性同士間の緊張感を醸し出していたのに対し、ここではスロー・モーションを使い夫人たちの手の素早い動きをわざとゆっくりと見せ、夫人同士の敵対関係がそれほど激しくないということを表現している。次のショット（図4－35）では、作り手は映像内のコントラストを使って、観客の視線をフレームに初めて登場する簫夫人に導く。このマージャン場面において、簫夫人は無視できない人物であるということを示唆するのである。

このマージャンシーンの主な話題は食事である。簫夫人の家の専属コックが突然行方不明となったので、俄かに雇われたコックがまともな上海料理を作れずとても困っているという簫夫人の愚痴が会話の糸口となる。また、台詞を通し、当時汪兆銘ループと重慶政府の関係が悪化し汪兆銘と腹心の官僚たちの安全も問題となっていたことがこの事件の背景としてあったことがわかる。ここでは、簫夫人が単一の被写体としてフレームの中央に配置されるショットがある。その一方で、他の三人の夫人の要素のバランスが取られ観客の視線があちらこちらに動くように促すショットもある。これらの効果によって、このシーンにおいて簫夫人が無視できない存在として設定されているという解釈ができる。

図 4-35

また、イー夫人はワンの推薦する上海料理レストランの情報を入手すると直ちに大喜びでイー氏に伝える。続いて、イー夫人の口からイー氏の食べ物に対するこだわり、どれほど高級なレストランでも満足しないというメッセージが観客に伝達される。(94) このシーンは、食に執着するイー氏が同様に性欲も旺盛であることの示唆だと解釈できるのではないか。

告子は、「食色性也（食・色は性なり）」（『孟子』告子上）と述べている。告子は、人の性は食欲・性欲という生の本能的要素であると規定する。また、礼の規定には、「飲食男女、人之大欲存焉（飲食男女、人の大欲、焉《ここ》に存す）」（『礼記』礼運）ともある。この観点のように、食欲、色欲は人間の大いなる欲望だという考え方こそが、イー氏が食、ひいては色を好むことを観客に示唆する。イー氏は色を好むからこそ、他人の妻に惹かれ、不倫関係を結んできた。更に美しく魅力的なワンへの思いが断ち切れず、上海での再会後ついにワンと肉体関係を結ぶといった物語の流れへの展開も可能にすると考える。

また、ミザンセンによっていくつかの奥行きの手がかりが示されている。特に、夫人た

図 4-36

ちの話しているいくつのミディアム・ショットは、人物の輪郭をオーヴァーラップし強調する。それに、後景としてのイー夫人で照明を拡散し、前景のワンの横顔でフォーカスをぼかすことで、夫人たちの中でのワンの疎外感が強調されている。ワンが最初から夫人たちにとって見られる対象であることを、しっかり観客に伝えることができるのである。

さて、このシーンにおいてイー氏は登場こそするものの、ロング・ショットで撮られるため、フレームに映されたのはあまりにもぼけている映像にすぎない。それに、キャメラワークにより、彼と夫人たちの目線の交流は観客には一切見えない。逆に、篇夫人が下から上にイー氏の方向へ投じた曖昧な一瞥により、高官の夫人である篇夫人もイー氏の愛人の一人であり、イー氏が彼女を「見る」立場にあることがわかる。ただし、イー氏はこの場では権力を握るものとしての存在感が希薄であると考える。なぜなら、「どんなシーンでも、物語の決定的な情報は目線の方向、まぶたの動き、眉の形によって伝えられる[95]」という考え方に従えば、このシーンでは彼の顔はまったく映されていないからである。その上、観客と篇夫人の視線は同一化して、イー氏は「見る者」の立場からすぐに「見られる者」へと転換してしまうのである。

食事の話題に続き、実在の人物、汪兆銘の妻である陳璧君[96]の話題がマージャン卓の雑談に登場する。イー氏がこの翌日彼女を招待するらしいということの雑談により時代背景が説明され、この時期は汪兆銘グループがハノイから上海に新政府を成立させようという時期であることがわかる。監督は巧みに時代背景と戦争情勢を、マージャンをしている夫人たちの口から伝えている。

最後のイー夫人がツモした「中」のおかげでマージャンに勝つという結果から、ここでイー氏の昇進ということが伝えられる（図４－36）。イー夫人が少し機嫌の悪そうな表情から一変して大仰な笑顔へと変わる。無論自分の夫が出世できるからだ。家に篭ってマージャンばかりして過ごすイー夫人にとって夫はまるで神様のような存在で、夫の昇進により自分も栄光を掴むことができるといえよう。だが、男性に高い社会地位が与えられ女性に対する支配力が強まるということは、女性により一層従順であるよう要求することを意味するのではないだろうか。このことも
これ以後のマージャンシーンにおけるイー夫人の態度の転換のための伏線となっているのである。

(3)　イー氏の参加するマージャンシーン

このシーンはイー氏が出席する唯一のシーンであり、それと同時に、ワンが勝つ唯一のシーンでもある。映画の中の時間軸では、このシーンの発生した時期は前回のマージャン場面と同じ年、つまり一九三九年の夏頃である。従来のマージャンシーンと違って、このシーンでワンは初めてイー氏と一緒にマージャンをする。台風のせいで前回出席した簫夫人が来られなくなったので、一人足りないからとイー夫人に誘われて代わりにイー氏が参加するのである。

超ロング・ショットによって、強風に揺れる大木と激しい暴雨で台風の悪天候を強調している。ハイ・アングルのフレーミングの中に、ワンの車がイー氏の邸宅に着くことがわかる。次のクレーン・ショットへの切り替え、水平アングルのフレーミングにより、イー氏の車がドアの方向へ移る。ミディアム・ショットで、イー氏が傘をさしながら車に入ろうとしていたところでワンが目に入り、途端にそばに控えていた秘書に書斎に書類を取りに行けと指示して遠ざけるのが映される。意図的に単独でワンと話すチャンスを作ろうとしたということを観客に暗示するのである。秘書を去らせた後、強い風によろけたワンとイー氏が彼女のために傘をさしかけてやる後ろ姿が映し出される。次のミディアム・クローズアップによって（図4－37）、ちょうど傘の柄を軸として二人の被写体が左右対称と

図 4-37

なる。この構図のバランスで、スクリーン上で二人が初めて近距離で二人だけで言葉を交わすシーンを撮ることによって、これから重要なアクションが展開するであろうという観客の期待を誘導する。その後、イー氏はあたりを見回し誰もいないことを確認してから、持っていたハンカチを、濡れた顔と髪を拭くようにとワンに渡した。相合い傘のイー氏とワンの距離は、お互いに相手の体温や匂いを感じるほどの距離、抱きしめたりセックスしたりできる間合いである。距離が近くなることは、ある意味で関係が近づいていくものだと考えられる。このシーンがあるからこそ、イー氏のこれに続くマージャンシーンでわざとワンを勝たせるという行為が納得できる。なぜならこの時、イー氏が妻以外の女、つまり、ワンが偽装する「マイ夫人」に性的欲望を抱いたと考えられるからである。次のショットでは、イー氏の顔をクローズアップして彼の冷ややかで厳しい顔つきが鮮明にされ、後景のワンと秘書にはフォーカスが当たっていない。ワンは秘書に案内され屋敷に向かいながら、再度イー氏の方向をふり返る。キャメラワークにより、後景のワンはぼかされている。これによってワンがイー氏のハンカチを返すタイミングを逃したまま屋敷に入ったことを観客に伝えることができる。

部屋に入ってから、三人の夫人達はソファーに座って雑談しながら来るはずの簫夫人を待っている。三人の被写体がちょうどフレームを三分する構図に置かれているが、ワンが中央にいることから、他の夫人達と観客は自然に彼女に視線を集中させる。要するに、夫人同士の中ではワンはいつも「見られる者」として存在しているのである。ワンがこの場面で着ているチャイナ・ドレスは、従来の服装とは大きく違う。このチャイナ・ドレスの特徴は襟から胸元にかけての部分と背中に大きく華やかな花模様のデザインがあり、なめらかな曲線を成していることだ。特に、鎖骨のところに透けるような薄い生地を使って露出度を高めている。女性の魅力的なポイントとして鎖骨が見え隠れする。更に、袖のデザインは、腕を殆どむき出しにして、ワンの美しくあでやかな性的魅力を露わにしている。他の夫人達の地味な色に比べると、ワンのドレスはサファイア・ブルーであり際立っている。これ、イー氏を惹きつけることとなったと考えられる。

台風によって簫夫人が来られなくなり、イー氏も約束をキャンセルしたから家に戻ってくる。トラッキング・ショットでは、イー氏が階段を登り、徐々に夫人達のところに移動してくる。フレームの左側のぼかされたイー夫人の後ろ姿からは、イー氏が自分の妻に見られる立場として登場したことが分かる。イー氏の挨拶「マイ夫人、朱夫人、いらっしゃい」によって、イー氏がワンと単独で会ったことを隠そうとしていることがわかる。一方、ミディアム・クローズアップにより、ワンも微妙な反応で以心伝心のような微笑で何も言わずにお茶を飲み続ける。この場面から、二人がすでに他人に言えない秘密を持ち、複雑な関係に進みかけていることが見て取れる。

続いて、甘えた調子でイー夫人に繰り返しねだられたため、イー氏はやっとマージャンを一緒にやることに同意する。四秒間続くロング・テイクにより、ハイ・アングルのフレーミングに窓の外から室内の四人のマージャン場面がフォーカスされる（図4－38）。明るい環境でマージャンをすることが従来のマージャンシーンとは違っている。つまり、このシーンにおけるイー氏とワンの関係は前よりも次第にはっきりとしてきているのである。一方、このシーンを通してイー夫人も夫の真意を察することとなる。

図 4-38

マージャンのオープニング・ショットでは、マージャンをするイー氏とワンの手のみをクローズアップし、このシーンが二人の関係を中心としたものであり、それが以前より進むということが暗示される。座り方は、ワンはイー氏の下家であり、イー氏の対家はイー夫人である。即ち、ワンが吃（チー）で順子を作ろうとした場合、上家のイー氏からしか牌をもらえないということだ。ただ、ルールによると、碰（ポン）、杠（カン）した人がいた場合はポン、カンが優先される。このルールによって、ワンはほしい牌をイー氏からしかもらえないので、勝ちたいならイーが捨てる牌を待つしかない。また、イー夫人と朱夫人がもしワンのほしい牌をポン、カンするなら、ワンは勝つことができない。

図4-39

マージャンの流れでは、イー氏が「七筒」を出してワンが「吃（チー）」と鳴く。これは即ちワンがこの「七筒」がほしいことを意味する。この情報はマージャン卓のほかの二人の夫人たちにも伝わる。それと同時に、ワンの下家であるイー夫人が誰も見ていないようなさりげない体でポンと言った。つまり、イー夫人はワンがほしい牌を奪い取ると同時に、自分の夫から他人に与えられた牌を奪い取ることにもなる。この行為からみれば、イー夫人は自分の夫が若くて綺麗なマイ夫人を特別扱いしていることに気づき、不満と嫉妬の気持ちも持っていると考えられる。ここで、ワンのイー夫人に対するさげすむ様なまなざしをミディアム・クローズアップがとらえ、イー夫人の行為に対しワンが少し不穏な空気を感じ取ったことを示す。一方、正面のイー氏は自分の妻の行為に対し気づかないふりを装い、そのまま平気でマージャンを続ける（図4-39）。選択的フォーカスにより、フレームの右側の三分の一の位置にイー夫人のぼやけた後ろ姿があり、左側半分に位置するイー氏の正面の顔にフォーカスが当たっている。彼は下方を視ている様子で自分の下家のワンの牌面に注意を払う。正面のイー夫人は、イー氏の身振りと表情を、すべて一望することができる。マージャン卓のイー氏は自分の妻から見られる対象だと言えよう。

その後、イー氏が一牌しか残ってない「七筒」を出した。マージャン牌の構成上、各種の牌は四つしかないので、先ほどイー氏が「七筒」を出してイー夫人がポンしたことでイー夫人が三つの「七筒」を手に入れたこととなる。ワンのほしい最後の一つの「七筒」はイー氏からしかもらえない。イー氏の姿勢は明らかにワンのほしい牌をワンに与えようとするものだ。また、設定ショットにより、イー氏が出した「七筒」をクローズアップし、この「七筒」の特別な意味が観客に強調されている（図4-40）。

イー氏のこの行為に対し、キャメラワークはこの瞬間のワンが不自然な表情から朱夫人の意外な顔つき、イー夫人

図4-40

の気まずい表情と意味ありげなまなざし、イー氏が平気でお茶を飲んでいる場面を映し出す。人物の一連の目つきと動作からは、イー氏とワンの関係が微妙かつ曖昧な関係となった。マージャン卓の雰囲気も一気に変わる。ワンも雰囲気の変化に気づき、イー夫人の「電話番号はもう知っているわ」という言葉を無視し、勝手に自分の電話番号を書いて机に置いた。ワンは、この主動的な行為でイー氏にメッセージを伝えた。つまり、連絡方法を彼に教え、彼と一歩進んで親密な関係を築きたいというメッセージを送ったと解釈ができる。また、雨に相傘のシーンと同じようにイー氏とワンが二人の被写体としてフレームの中に左右対称にバランスをとって、観客の注意を二人に引くことに成功した。次の主観ショットで、イー氏はお菓子を食べるのをきっかけにワンの番号を暗記した。

　最後には予想どおりに、イー氏のおかげでワンが勝った。映画のすべてのマージャンシーンを通じて、ワンはこの場面でしか和（勝ち）をもらえない。この結果に対し、キャメラワークが四人の顔を順番に巡り、ワンは非常に嬉しげな顔つきで、イー氏は当然すでに知っていたような顔つきで、イー夫人は相変わらず端正な微笑みを保ち、朱夫人は信じられないような顔つきで、イー氏の牌を裏返して確認する。

　イー夫人はたった一言「あなた今日は運がいいのね」と述べるにすぎない（図4－41、4－42）。夫が若いマイ夫人のことが好きだとしても、好きではないにしても、わざと彼女に勝たせたことを知り不満に思ったにもかかわらず、一言も文句を言わずに表面的には平然として自分の妻としての役をきちんと演じる。なぜならば、正夫人である彼女には、やはり伝統の婦人の四徳が要求されるからだ。

　イー夫人は、四徳の中の婦言を重視し、自分の声の高低と言葉遣いを従来の伝統の「賢婦」の標準にきちんと従わせた行為が要求される。「不妬」を妻の美徳の第一として自分の行為を制約し、自分の人間性の欲望と感情を抑え、不満であれ、怒りであれ、い

図 4-41

図 4-42

つも穏やかな声調で一言しか自分の意見を出さないという状態に縛られている。[97] 一方、「商品としての女性は、主体的に生きられず、商品の管理者（男性）の視線の下でしかお互いに関係を持つことができない。女は男のため、互いに敵対関係を形成し、ひいては疑い、競い合う、裏切るような状態に置かれている[98]」のであり、また、「父権性における階級の主な作用の一つは、女を互いに反目させることで敵対感を作りだして、嫉妬する[99]」ようにさせることだとされる。ここで女性たちが互いに競い合うのは、男性中心主義のイデオロギーに支配されているからである。イー夫人は自分の地位の保つため、自分の夫（権力を持つ者）に承認されて、彼を喜ばせないといけない。それ故に、夫を喜ばせるためには自分の不満を抑えるより仕方がないのである。

(4) 上海での再会のマージャンシーン

このシーンは、太平洋戦争により香港も陥落したため上海に戻ったワンが、再び組織に参加してイー氏の暗殺任務を遂行する時期のものである。その時期にはイー氏は既に汪政府の情報機関の顔役に昇進している。このマージャンにおいてワンはイー夫人の後ろに座って観戦しているだけで、出席の夫人達は廖夫人、梁夫人、簫夫人である。

冒頭のシーンとは違って、部屋を横切ってイー氏が登場した時、移動フォーカスで、室内の電気スタンドの赤い暖色の光が観客の視線を導く。イー氏の気持ちが緩む兆しであると考えられる。帰宅の際の陰鬱な表情と違ってリラックスした表情で部屋の中に移動し、挨拶する。画面は奥行きを利用して、イー夫人とワン以外のすべての夫人達に観客に対して背を向けさせている。これによって、たとえイー夫人とワンが一番遠くにいるとしても、観客の注意は誰よりも正面を向いている二人に向かうことになる。それからズームインにより、二人の夫人の顔が段々大きくなっているのをフレームの中に捉え、更に、人物の表情がはっきり見えるように移動する。二人のチャイナ・ドレスの色も他の夫人達とは違って比較明るい色であり、後ろの暗い背景にはっきりと映えている。また、イー夫人のチャイナ・ドレスの生地はシルクで、白地に青色と紫の花模様が施されており、ワンの水色のドレスと比べると更に一層引き立つ（図4－43）。こうした衣装の効果により、ワンはこの場ではイー夫人の引き立て役になっていると考えられる。このシーンにおけるワンの設定は数千年来中国伝統の家族の中に存在している妾のイメージを連想しやすい。

イー氏はこのシーンではマージャンを観戦せず、ただワンに一言挨拶した後に退場した。ただ、このマージャンの席の設定によりイー夫人の席はちょうどイー氏と正面となり、同様にそばにすわるワンもイー氏の正面に位置づけられる。この「正面」の位置は二人（イー氏とワン）が向かいあっている位置関係である。この場合には、視線の問題がきわめて重要な意味をもっている。キャメラワークは二人の視線の交錯を捉える。この視線の交錯からすると、二人はやがて「愛」と「欲」の世界に溺れることになる。なお、イー氏が退出する際、ミディアム・ロングショットにより、再びふとワンの方を振り返った様が強調される。登場する前の憂鬱な顔つきを一転させやさしい紳士的な笑顔で夫人達の前に現れたことは、三年前にも惹かれたワンとの上海での再会が、イー氏に驚きと喜びを与えたことがわかる。筆者は、このシーンには二人の曖昧な関係からの発展が表現されていると解釈する。

図 4-43

夫人達の話には、三年後の現在、戦争のせいで香港と上海の生活状況がどうなっているかが簡潔に表現されている。その上、廖夫人により、日本軍に占領されたシンガポールの情勢も楽観できないと伝えられる。その会話は特に、汪政府統治下の上海の治安問題も厳しくなっており、人々が怯えながら暮らしていることが窺えせる。たとえばクローズアップにより、簫夫人がため息をついて心配げな顔つきをしている様がとらえられる。これらのことから、汪政府の官僚たちの様子やイー氏の仕事上のストレスの厳しさが間接的に表わされている。

イー夫人は夫の真意に気づかないふりをして、三年前の態度を一変させ、熱心に「マイ夫人」をもてなし、果ては自分の家に泊まらせる。この態度の転換の一つの理由は、イー夫人は父権制家族の妻として、男即ち自分の夫に経済的に支配され、抑圧され、家に閉じ込められ、マージャンばかりする生活を送るからというものである。孟子は、「不孝有三、無後為大」（『孟子・離婁上』）と述べている。父権制社会において、妻にとっての家庭内の重要な任務は無論子女の再生産と社会化である。しかし、映画ではイー夫人はその見た目から夫より年上であることが暗示され、イー夫妻は両親から決められた旧式の包辦婚姻により結婚した可能性が高いと考えられる。年齢のため子供を産む能力が低く、家の後継ぎを確保する上でも、性的魅力という点でも、夫を満足させることは難しい。ならば、むしろ自分が信頼できる女性を妾として家に置いておくことが好ましい。ワンの出現はまさにイー夫人のニーズを満たしたのだと考えられる。監督はイー夫人の台詞によって、中国伝統の「良妻賢母」思想の基準に縛られるイー夫人は妻の地位を保つために夫に愛人がいても我慢せざるを得ないというだけではなく、ときには夫に適当な愛人を物色してあてがう必要さえあるということを観客に伝えている、と言えるのではないだろうか。

また、男性の性特権、あるいは男性個体の婚姻の自主権と家父長制の間に衝突が発生した場合、妾を持つのはこの衝突を緩和させる方法となった[100]。その上、妾を持つのはやはり一つの富裕と地位の象徴とも言える。即ち、昇進したイー氏の身分の高さを更に顕著にしているのである。一方、妾となることには本質的に売買としての性格が含まれているために、ワンはイー夫人の目から見れば物として存在するに過ぎない。中国の家庭では、妻の身分の高さは相対的である。同じ女であるイー夫人は、この家族の妻として、権力者夫の前では下位であり、つまり、「陰」の存在に位置づけられる。ただし、妾（ワン）の前では上位、つまり、権力者として「陽」の位置に立っている。そう考えると、イー夫人のワンに対する態度の転換は理解しやすい。イー夫人はイー氏にとって見られる対象である一方で、ワンに対しては権力者として見る側に回るのである。

まとめ

以上の映画における四つのマージャンシーンの分析を通して、映画における女性同士の敵対関係が明らかとなった。その対立は、マージャン卓を主な戦場として、マージャンの勝負により女性同士の間の独特の表現形式で観客に伝えられている。マージャンの特有のやり方に従って、登場人物は座ったままの状態で、牌を操る以外のジェスチャーはほとんどなく、主に視線と表情を通してコミュニケーションする。そのため、人物の視線と顔つきに焦点をあてて具体的なショットを分析することにより、互いの権力関係を深く考察した。

各マージャンシーンのテーマはここまで論じてきた通りそれぞれ異なり、衣食住から政局、社会情勢にまで及んでいる。登場人物の雑談の内容やキャメラの捉える人物の視線の交錯を分析することにより、「見る者」と「見られる者」がその時マージャンをしているメンバー同士の権力関係によって転換されることが読み取れる。

第三節　ベッドシーンから見た身体の権力関係

本節では、前節を受け継ぎ、監督が野心的に撮った女性同士を中心とするマージャンシーンから男女関係を中心とするベッドシーンに移り、検討を試みる。女性同士の戦いがマージャン卓を中心に集中的に現れる一方、男女間の権力の闘いはベッドを中心に展示されると考える。

先行研究では、映画におけるベッドシーンに着目する評論が少なくない。多様な観点を絞れば、主に「個人」と「国」、言わば「肉体」と「国体」に注目し、個人と国家の関係要素をベッドシーンに政治的意味が付加された。筆者は、映画におけるベッドシーンがスパイ活動の一環として扱われるだけでなく、男女間の身体権力転換を示唆する重要なツールと考える。本節では、映画における三つのベッドシーンを研究対象とし、男女主人公の視線と身体の交錯を捉え、ベッドシーンを通して二人の視線による権力関係の転移が表現されている様を検討することを試みる。

(1) 身体の占領と被占領

ワンが上海に戻った後のイー夫人と再会したマージャンシーンでは、イー夫人の態度は前のイー氏が参加したマージャンの場面から一変し、ワンに対しややそっけない態度だったのかやわらかい態度となった。更に、彼女は熱心にワンを家に宿泊させようとする。ワンはイー氏の邸宅に泊まることができ、イー氏とイー夫人と一緒に暮らしている状態になる。言い換えれば、前節で述べたように、ワンも監視されている空間に置かれるようになったのである。

初めのベッドシーンだけはイー氏の自宅ではなく、都会から離れている霞飛路[101]の辺鄙なマンションで行われる。イー氏の運転手が自動車でワンを乗せて、イー氏が指定したマンションに移動する。マンションに到着すると、運転手は部屋番号が書かれている封筒をワンに渡した後、何も説明せず彼女から離れる。ロング・ショットにより、これから起こることはおそらくわかっているのだが、それでも不安な気持ちを持ちながら、一人で躊躇う様にマンションの二階の部屋に移動していくワンの様子が撮られる。

ワンが部屋に入ってから更に室内へと移動する時、トラッキング・ショットによりワンの後ろ姿がフォーカスされ、彼女は見られる対象として扱われる。また、キャメラは観客の視線とワンの視線を同一化し、イー氏はまだ来ていない様子を見せつつ、部屋のインテリアを一巡して見せる。壁に飾ってある家族写真と塵だらけの戸棚、窓も開けたままの状態で、長い間誰も住んでいないマンションのイメージを観客に伝える。イー氏がわざわざの都心部から離れ入居者も少ないこのマンションを選択したことからは、ワンに対する彼の高い警戒心が窺える。

キャメラはワンを追いかけ、ワンが窓を閉めようとする後ろ姿のミディアム・クローズアップは、観客の注意力を窓に導くことに成功している。ワンが窓を完全に閉めたとたんに、角度の切り替わりにより、窓のガラスにイー氏の顔が映る。ミザンセンのセッティングにより、ガラスの反射機能を巧妙に利用し、観客とワンはともにガラスに映されたイー氏の顔を発見することになる。加えてガラスの反射原理により二人の距離を実際の二倍に見せ、それによって二人の疎外感が演出されている。一方、ロング・ショットによりイー氏がドアの手前の椅子に腰をおろして平然と足を組む様子がフレームに映され、まず見られる者であるワンに攻撃者かどうかを吟味する視線を向ける。権力者として、ワンを見る状態を保っているのである。次のショットには、選択的フォーカスにより、二人が被写体としてフレームの中で左右対称のバランスを取り、フレームの右側半分の位置にイー氏のぼやけた後ろ姿が、フレームの左側半分にフォーカスされたワンの全身が配置されている。しかし、二人の被写体としての大きさが大きく違うために、足から頭までの全身をフレームに映されたワンがイー氏と観客にとって見る者として位置づけられる。キャメラワークは観客の視線とイー氏の視線を同一化し、見るという行為によって能動的な立場に位置づける。(102)

続いて、イー氏の目の前でワンは自分のトレンチコートをゆっくり脱いで、体にぴったりしたダークグリーンのチャイナ・ドレスを見せる。袖はほとんどないために玉肌の腕がまぶしく見え、襟からスリットまで細い竹の柄が刺繍されている。ここはミディアム・ショットで、ワンの上半身しか映さない。特に、胸の部分の竹の柄はイー氏の視線を導くと考えられ、イー氏を誘惑する性的意味が出されている。女性の魅力が十分に展示されるチャイナ・ドレスを着る行為を通して、ワンはイー氏の性的欲望と視線を支配する。近接ショットとハイ・アングルにより、両足でイー氏の組む足を挟んでいるワンの動作を強調している。チャイナ・ドレス姿によるこの動作は主動的に誘惑する意味を含んでいるのではないだろうか。イー氏が吸っているタバコを取って捨てたワンの動作から見れば、立っているワンは座っているイー氏にとって、見る者として設定されていると考えられる。その後、イー氏が急に立ち上がり、手でワンの腰の部分を上に移動し、ワンの首をしっかり掴んで放さず、再びワンを自分の支配下におさめた。その後、選択フォーカスによりワンのやや強硬な顔つきがミディアム・クローズアップされ、彼女がイー氏の顔を一方的に凝視していることを強調する。ワンの「座って」という台詞、及び両手でイー氏の肩にしっかり押さえる動作を通し、彼女がイー氏を自分の意志で支配しようとしていることが読み取れる。次のショットに切り替わると、ややハイ・アングルのフレーミングの中にイー氏の側面をクローズアップして、イー氏は見る立場に転換する。二人の視線権力の関係は再び入れ替わるのである。

一方、キャメラワークはワンの後ろ姿に追いかけ、ロング・ショットに変わり、ワンの全身の姿が再びフレームに映される。ワンは自分でチャイナ・ドレスのスリット部分のボタンをゆっくり外している様子をイー氏に見せる。イー氏はこのとき見る立場に位置づけられている。イー氏はずっとワンの様子を凝視し、視線でワンのことを支配する。ワンが透明ストッキングを脱いでいるところでショットがすばやく切り替わり、キャメラワークは窓の外から室内の二人の姿を撮る。視点は一変し、二人はともに見られる対象となってしまう。イー氏はまるで野獣のように急に暴力を振るって、ワンの耳を掴み彼女のことを壁に押し付ける。イー氏はワンの身体の正面を壁に固定した後、彼女の下半身の衣装を引き裂きながらピストルを持っていないかを確認した。この一連の動作において、イー氏は行為主動者であり、かつ視線の主動者でもある。

イー氏はワンを物のようにベッドに突き飛ばす。ベッドは男女の争いの場となった。ティル・ダウンし、イー氏は彼のピストルをベッドに投げ、キャメラはティル・アップして、イー氏はベルトを外してからベルトでひどくワンを撲つ様子を映す。イー氏のこのような行為には、マルヴィの「能動的な視線を統御する者としての男性の楽しみを凝視のために晒された女性は、彼女がもともと記号表現した去勢不安を喚起する脅威の存在となる。男性の無意識はこの去勢不安から逃れるため、女性をおとしめ、有罪者として罰するなり救うなりすることになった[103]」という分析を適用できるだろう。ここでの視線の主動者としてのイー氏は、ワンから与えられた去勢不安の脅威感から逃れ自分の権威を樹立するために、また特務という彼の日常を反映して、犯人を拷問するようにワンを扱う。セックスの場面にはS／Mという暴力的な行為が含まれ、ベルトで両手を縛られるマゾヒストのワンに対し、イー氏はサディストとして攻撃の上位に位置する。筆者は二人の身体交錯の体位に注目する。イー氏が動物的な後背位を選ぶ。そのことでワンは背後から他人に突かれるという点で無防となり、弱者の立場に位置づけられる。男女の不平等性とイー氏の獣性[104]がこの体位から窺える。イー氏の行為は一般のセックスではなく、「攻撃、憎しみ、侮蔑の情動、および相手の人格をこわし、ないし冒瀆しようとする欲望が、性の政治にふさわしいかたちをとる[105]」強姦だと言えよう。イー氏が他人の妻であるワンを凌辱する行為は、所有権を誇示することである。また、ミレットが「父権性社会では、残忍な感情を性欲と結びつけることを特徴とし、性欲はよく悪および権力と同一視される[106]」と指摘したように、イー氏は暴力を振るう残虐な行為で、自分の性欲を発散すると同時に自分の権力をワンに示したのである。

一方視線の角度からみれば、後背位であるためにワンは終始後ろ姿で撮られている。二人の視線交流はほとんどない、視線交錯の権力はイー氏が握っている。ワンは何度か背後を見てイー氏と視線交流しようとするが、拒否される。イー氏がワンの視線を避けるのは、他者であるワンとのコミュニケーションをしたくないというサインである。一方、無理にワンとキッスするときに両手でワンの頭を掴んで上を向かせるという暴力的なイー氏の動作が、ややロー・アングルで強調するように撮られる。イー氏の一瞥はワンを支配する無言の戦いであるといえよう。この視線の交流はワンの求めるコミュニケーションではなく、二人の身体の占領と被占領という権力支配への争いとなる。

最後の段階で、キャメラワークは二人をともにフレームの中央に捉える。女性を中心に映像化し、見世物としていた存在の設定が変わってくる。切り返しショットにより、二人の表情と日線の交流が一つずつのショットで現れる。マルヴィの「女性は視線を捕らえ、男性の欲望を意味し、それに向けて演じる[107]」という観点が転覆される。ワンは主動的に無言で抵抗するような視線でイー氏の顔を凝視する。イー氏はワンの視線に晒された状態に陥ることに対し脅威の不安を持っているので、見られる者の立場を逃れようとワンの視線を避ける。

過激なセックス場面が終わった後、ハイ・アングルのフレーミングの中に二人の被写体が映される。前節で引用したフーコーの一望監視装置の概念を借りれば、マンションは一つの閉鎖的な特定の仕組みとして提示されている。

「一望監視装置」は見る・見られるという一対の事態を切り離す仕掛けであって、そのマンションの内部ではイー氏とワンの二人は完全に見られているが、決して見ることはできず、中央部にいる監視人は二人の一切を見るが、けっして見られはしないのである。[108] イー氏は着衣が乱れているワンを見ると同時に、自分でも監視される立場に配置されている。そのマンションに置かれる二人はともに監視人に見られる対象となってしまう。

セックスが終わった後にイー氏が立ち去ると、キャメラワークはズームインになり、ハイ・アングルのフレーミングの中に、すすり泣きもしないでベッドに横になって微動だにしない、口元に突然浮かべた浅い微笑みをクローズアップさせる。このショットには、二人の権力闘争は甲乙つけ難いという意味があると考えられる。

以上の分析により、はじめのベッドシーンにおいて、前半の部分ではワンとイー氏は互いに探りつつ、視線の権力関係を交替していることがわかる。後半の部分では、イー氏は暴力でワンのことを支配する。イー氏は動物的な獣性を表し、同時にワンを視線の下に支配することができる。ワンはイー氏にとって見られる者として扱われる。しかし、セックス場面が終わった直後のショットの表現により、ワンも見る者となる可能性を示された。更に、「一望監視装置」の概念により二人の立場を分析することを通し、二人はともに見られる対象として扱われていることが読み取れる。

(2) 身体交錯のベッドシーン

二人の二番目のベッドシーンはマンションからイー氏の邸宅で移動し展開される。物語の設定では、ちょうどイー夫人は前節のマージャンの場面に登場した梁夫人のところへお見舞いに行って留守だ。

水平アングルのフレーミングの中に二人のキッス場面のクローズアップを通し、セックス場面が始まる。このベッドシーンははじめのベッドシーンと違い、二人はともに衣装を脱ぎ、ヌードをお互いに見せる。イー氏は衣装といった付加物を一切外し、完全にワンの視線の下に身体を隠さずに晒す。この変化にはワンに対する信頼感の強さが表されているが、一方で支配力は弱まっている。水平アングルで二人のヌードを捉えることは、上位に位置するイー氏をワンと同じ立場に位置づける機能を果たしている。また、ベッドの向こうに置いてある鏡の反射機能が利用される。キャメラは左へパンし、反射によりワンの上半身のヌードのイメージを逆転させる。この錯覚させるような効果により、キャメラは身体より顔に注意を導いていると考えられる。続いてキャメラはやや上にティルトし、ワンのヌードが完全にフレームの中に晒される。観客の視線は性的対象として呈示されたワンの身体に投げかけられ、ワンは性愛的見世物のライトモチーフ的な存在となる。[109]照明の明暗の調節により、二人の身体の交錯は繰り返し転換し、視線の転換も絶えず進行している。二項対立の男女の視線権力関係は絶え間なく転換していることが強調され、視線における男性優位のしきたりを打ち破る。照明によりワンがいつの間にか上位となった途端、ショットがすばやく切り替わる。突然、見張りのシェパード犬のクローズアップ・ショットが挿入され、映画のオープニングのシェパード犬のアップショットに呼応する。自宅という空間で身体を交錯させた二人が、ともに監視される状態に陥っていることを示唆する。

再び、セックスの場面に切り替わる。ハイ・アングルのフレーミングの中に、観客はワンとイー氏のヌードを完全に見下ろせるようになる。しかし、近接ショットによりワンは身体だけが晒されるのに対し、イー氏のみが顔を含めた全身がフレームの中に映される。男性の身体が完全に観客の視線に晒され暴露され、「物語映画において、男性は自分自身に似た身体が顕示されるのをあまり見たがらない[110]」という定説を破る。見る者は男性のみという概念を転覆し、映画における見世物として男性を女性と同じように扱っていると言えよう。それに伴い、男性の視線の権力も弱められていると解釈できる。

このセックスの場面ではイー氏は上位になる体位をとり、ワンはイー氏を直視できるようになった。見る関係において、イー氏は上位に位置するので見る者として存在している。キャメラワークは上から下に撮影するので、ワンの顔をフォーカスしながら、イー氏の後ろ姿も映される。二人の視線の平等性が保たれていることが窺える一側面である。クレーンダウンし、イー氏は手でワンの頭を押しつけ固定し、自分の支配力を強めることを強調する。次のミディアム・ショットではイー氏の半裸の上半身だけが映されるため、イー氏がワンの見る対象となったことが暗示される。続くミディアム・ロングショットでは、二人の身体はお互いに交わり二人はともにベッドに横になっているので、どちらも上位ではない。ここからみれば、イー氏が最初の上位からワンの同じ位置となるのは、二人の間の権力関係が転換することを示唆している。つまり、イー氏の権力者としての地位はますます弱まってゆくのである。ハイ・アングルで二人のヌードを捉え、身体の交錯とともにお互いに凝視する様子を強調している。福井康之が「古代の日本では、男女が肉体的に一つになることを麻具波比とよんでいたが、これは目合いという意味で、男女はまなざしには、このように二者が身体的に融合して一体化する意味である[111]」と指摘するように、イー氏とワンは目と目を合わせることを通し、身体も交錯し一体化する。それによって、男性優位の身体概念を転覆する効果を上げていると考えられる。

最後にはハイ・アングルのフレーミングの中で、監督の独創による「ゼムクリップのような体位[112]」により、二人はお互いにしっかり抱きしめ合い、完全に融合して一体化する。どちらの身体かの区別もつかないため、男女の二項対立の権力の境界を曖昧にすることができる。

以上分析してきたように、このベッドシーンにおいては二人の身体交錯と視線の対等性が強調される。照明の明暗と体位変化の観察により、二人の視線権力関係が絶え間なく転換していることを明らかにした。また、キャメラワークはしばしばハイ・アングルで二人の身体を捉えている。これを前節に述べた「一望監視装置」の概念に当てはめ、セックスの合間に挿入されるシェパード犬は監視人のメタファーだと解釈すれば、イー氏の自宅は監獄に相当し、ワンとイー氏はともに監視される状態でその身体を晒されたことがわかる。

(3) 権力転移のベッドシーン

物語の時間軸では、映画における冒頭のマージャンの場面は実際には最後のマージャンの場面である。つまり、登場した「マイ夫人」(ワン)はすでにイー氏と親密な肉体関係を結んでいた。マージャンシーンにおけるワンとイー氏の視線交流は二人の三つのセックスシーンを抜きにしては語れない。特に、二人の最後のセックスの場面を終えると、イー氏はワンに高価なダイヤモンドの指輪を送りたいために注文しておいた指輪を二人で一緒に受け取りに行くことを約束した。最後のマージャンの場面はダイヤモンドが中心に話題となり、イー氏は視線で合図して、この後すぐワンと一緒に宝石店へダイヤ指輪を取りに行くということを伝える。

前のベットシーンに比べると、二人の対話や動作といった下地としての設定はほとんどなく、三番目のベッドシーンは直接セックスの場面に入る。前回のベッドシーンと同じように、イー氏の邸宅で行われる。

ハイ・アングルで二人のヌードを捉え、ワンは初めて主動的な上位という体位でイー氏の上に横たわる。ワンはイー氏の身体を占領したと解釈できよう。また、照明のセッティングにより、ベッドの右側の電気スタンドからの暖色の黄色い光が観客の視線を被写体のワンのヌードに導き、ボディーの明るい肌色が周りの暗い背景に映えている。ここでのワンのイメージは性的欲望の対象として設定されていると考えられる。次のショットに切り替わり、ミディアム・ショットによりワンの背後にフォーカスを当て、ワンの姿勢は完全に横になった状態からイー氏の体の上に座った状態へと転じる。ワンは上位に位置していても、イー氏の正面に対し背を向けており二人の視線交流は一切ないので、完全にイー氏の視線の下に支配される状態となる。その後、イー氏は再び主動権を握り上位に変わり、ワンの身体を支配することができるようになった。しかし、この場面のキャメラはワンの身体と大体同じ高さの水平アングルでイー氏の身体を中心に映している。イー氏の半裸の身体はフレームの中に完全に晒され、女性は見世物であるというハリウッド映画の図式を覆し、男性を観客の視線に支配される見世物として展示する。続いてキャメラは右へパンし、イー氏の臀部から側面までの姿をクローズアップして、更にイー氏の身体を強調する。これには、イー氏の見られる対象という立場を強化する効果がある。クレーンダウンし、ワンがイー氏を凝視する様子をクローズアップする。切り返しショットにより、一人ずつ顔をクローズアップし、視線権力が対抗しているという意味を暗示する。二人はしっかり抱きしめるという姿勢により、互いに他者の視線を捉えられなくなり、互いの相手に対する支配力はこの一瞬で崩れてしまう。その後の一連の目まぐるしいショットは、身体のある部位のみをクローズアップし、その周りに影があるために、誰の身体なのかはっきり見分けられないという効果を生み出す。男性が女性の身体を占領する権力が弱まったことを示唆する。

次のショットに切り替わると、上位に位置している誰かの裸の背中が映る。その身体が誰のものか、意図的に不明瞭に撮られていると考えられる。その後、ワンの顔がクローズアップされることで、上位に位置づけられているのはイー氏ではなく、ワンであることが分かる。それに、この二人の体位でワンは初めてイー氏と正面から向かい合い、完全にイー氏の体をコントロールできる上位を確保している。ワンは主動的に視線の権力を握り、イー氏を自分の視線の支配下に置く。ここでクローズアップされるイー氏は愛情を込めた視線をワンに投げており、ワンの顔の細部にわたって観察可能であることから、ワンのことが好きになったという特別の意味が生じる。このイー氏の凝視には支配しようという意味ではなく警戒と脅威が含まれており、ワンの視線で支配されることに甘んじているという解釈が生まれるのではないだろうか。

物語の進行中に一つ重要な道具が登場した。即ち、ベッドの近くの外套掛けに掛かったピストルがと二人とともにフレームに映されるのである。このピストルはイー氏がいつも身につけているもので、常に暗殺される危険のあるイー氏にとっては重要なものだ。はじめのベッドシーンでは、イー氏はピストルをベッド、即ちいつでも手の届く支配範囲に投げておく。このショットは、この時のピストルの放置場所はイー氏の支配できる範囲を超えており、逆に上位に位置するワンにとっては手に入れやすい場所にあることを観客に伝える。キャメラワークはピストルをフォーカスしながら二人の映像をぼかすことにより、このピストルという小道具を通し二人の支配関係が転じたことを示す。

続いて、セックスをしている二人の視線の方向にフォーカスが当たる。二人の視線は同じようにピストルの方向へ転じ、ともにピストルの存在に気付く。ワンは枕をイー氏の目にかぶせる行為を通し、イー氏の視線を完全に遮る。イー氏はワンの行為に対し、何の抵抗もしない。キャメラは頻繁にワンの顔をクローズアップする。この場面でワンはイー氏の視線の権力から逃れ、かつてないほど視線の主動権を握り、イー氏の視線支配権を奪う。最後にイー氏は再び上位となるが、抱き合った身体は交錯しているため、もう一度視線でワンを支配することはできなくなってしまったと解釈できる。

以上の分析により、次のようなことが言えるだろう。このベッドシーンは前の二つのシーンに比べると、前段階としての二人の会話場面は簡潔になり、直接セックス場面に入っている。互いに探り合う関係から単純に肉体関係を結ぶ関係へと変わったと言える。それに加えて、ワンはこのベッドシーンにおいて次第に視線の主動権を握っていき、それまでのイー氏の権力を奪うことに成功する。視線に従って、二人の権力関係は変化しつつあることが読み取れるのである。

(4)「見る」存在としての監視人——張秘書

一方、イー氏の見られる対象というイメージを分析するならば、ワンのほかにも、もう一人の人物も忘れてはいけない。即ち、イー氏の副官——張秘書である。張秘書は、張愛玲の原作小説には登場していない人物である。この人物を検討することによって、イー氏もまた見られる存在であるという設定が証明できる。

イー氏の人物設定は汪政府特務機関の顔役である。映画の歴史的な背景と結びつき、この特務機関は日本軍の全面的な指導と援助を受けて重慶国民政府と敵対し、上海でテロ活動を実施して様々な領域に勢力を伸ばしていた。更にその機関の本部も、日中戦争により日本軍に接収された後は日本軍と提携し、日本憲兵隊の監視下に置かれた。つまり、イー氏を含めて汪政府の情報機関は日本軍に監視されているものだと考えられる。

張秘書という人物は映画の冒頭と最後の部分で比較的長い台詞があり、印象的に登場する。そのほかにも、ワンとイー氏との逢引の前後などの要所にも顔を見せており、物語を貫く人物の一人とも言える。

映画にイー氏が最初に登場するのは犯人を拷問する場面である。二人が出てくるミディアム・ショットでは、フレームの中にイー氏と張秘書二人の顔がほぼ同じような大きさで撮られており、従って観客の注意は二人に同等に注がれる。このように張秘書の登場をイー氏と同じように扱うことを通し、この人物の重要さが示唆されている。更に詳しく張秘書の現れるシーンを分析してみよう。イー氏の初右手の登場のシーンは自宅ではなく、情報機関の尋問室の出口である。フレームの中で、イー氏は陰鬱な顔を正面から見せ、張はイー氏の後ろに立っている。従って、イー氏は初めて登場した時から、張に背後から見られる対象として存在している。その後、照明のセッティングの光線明暗の調節により、二人の顔を交互に明るくしたり暗くしたりする。これは、二人の見る者と見られる者の立場が絶え間なく転換することを暗示する。ミディアム・ショットが二人の後ろ姿を追う。張はいつもイー氏の後ろに立っており、イー氏のことをすべて自分の視線でコントロールできる。構図のバランスから見れば、二人はフレーム内で左右にバランスよく収まっている。張という人物の重要さが窺える一シーンである。

また、エピローグでイー氏がオフィスで張と対話する場面は二人の権力関係を象徴的に表現している。イー氏のオフィスにある唯一の光源はテーブルにおいてある電気スタンドである。微弱な光と周りの闇とが鮮明な対照をなし、イー氏のオフィスに冒頭の犯人を拷問する訊問室とあまり変わらない雰囲気が生まれる。また、張の台詞により、彼は全てをイー氏より早く把握していたことが分かる。イー氏の地位も、犯人とあまり変わらない常に監視される状態に置かれていたのだと考えられる。ミディアム・ショットにより立っている報告者の張と座っている名義上の決定者のイー氏の顔が撮られる。張は上から視線をイー氏に注いでいるのに対し、イー氏は仰いで張の視線を受ける格好になる。この構図では明らかに、イー氏は張の視線の下で見られる者として位置づけられる。イー氏の行動はほとんどが張の視線でコントロールされている。イー氏とワンの交際のこともすべて張の視線の下に監視される。最初のセックスは都会の外れのマンションで行われ、ほかの二回はイー氏の邸宅で行われる。この二つの場所は張もすでに把握しており、室内の人間をいつでも監視することができる。

「孤島」時期の上海は、日本軍の監視下で支配されている都市空間である。フーコーの文脈を借りるならば、上海自体が一つの「一望監視装置」とも言える。その装置に置かれた者は皆、日本軍に監視される者として生きている。イー氏とワンのセックス場面においても、監視人に当たるのは張秘書である。従って、張秘書という人物を通して日本軍側の代理人としての存在が浮上する。要するに、見る存在としての張秘書は、イー氏の視線権力者としての立場を崩す役割を果たしていると言えるのである。

まとめ

以上の三つのベッドシーンの検討により、二人の視線権力関係が絶え間なく転換していることが読み取れる。三つのベッドシーンを通してイー氏とワンの視線の交錯と体位の転換の分析からは、互いの「見る」と「見られる」立場はイー氏とワンの関係が深まるにしたがって転換していったと言える。

はじめのベッドシーンでは、前半の部分はワンとイー氏はお互いに探り合いつつ視線の権力関係を争っていることがわかる。このシーンの後半部分ではイー氏は暴力を振るいワンを支配する目的を達する一方で、「一望監視装置」により自分も監視される状態に陥っていることがわかる。

二番目のベッドシーンは、二人ははじめてお互いにヌードの姿を見せる。上位に位置するイー氏は、最初は主動的な視線でワンを統御するが、身体の交錯が進むに伴い、二人の身体の境界は曖昧になる。イー氏のワンの身体を占領する能力は弱まることになった。

最後のベッドシーンにおいては、ワンが上位となった体位に注目して分析をした。即ち、ワンがはじめて身体の主動権を取り、イー氏の身体を占領するのである。それに、枕を利用することでイー氏の視線を完全にコントロールした。ワンはイー氏の身体と視線に対する主動権を握り、その意味で権力を奪い取ったといえる。

また、張秘書という人物を分析することにより、イー氏もまた見られる者であるという事実が浮き彫りになる。この映画の「一望監視装置」の中で、日本軍の代理人として監視人という役を担当する人物は張秘書だと言えよう。

おわりに

本章では、李安の『ラスト、コーション』と張愛玲の原作との隙間に注目し、戦時中の上海の都市表象を分析しつつ空間要素と物語の関連性を検討した上で、人物の視線権力関係も考察した。視線のポリティクスという視点から、主な登場人物の視線という見る立場が一定の条件と時点に基づき転換することを読み解くことで、主人公に体現されていた視線権力の転移に光を当てることができた。

まず、映画の老上海の都市空間表象の考察することにより、それが「孤島」時期の上海を丹念に再現しノスタルジックな時代感を強くするという役割を果たしているのは確かであるが、それだけに留まらないことを論証した。スパイと女子学生という二重の役割を備えたヒロインを取り巻く特定の空間として、政治的意味と権力とが付与された老上海のイメージは、ターゲットの性的欲望、視線を支配し、暗殺任務を遂行するための空間装置として機能しているのである。次いで、マージャンの場面における女性同士の権力関係に関する詳しい分析はこれまでなかったが、本章では女性同士をめぐる人物の視線権力に着目し、これを検討した。また映画では、ベッドシーンにおける男女間の占領と被占領を中心にして、男女の身体と視線の交錯を捉え、女性の視線意識を表現し、従来の男性中心的な視線権力イデオロギーを転覆させようとしている。この試みは、物語映画における「男性は主動的」、「女性は受動的」という二分法を破り、新たなジェンダー・ポリティクスを提示していた。更に、マージャンシーンとベッドシーンいずれも室内という限定空間での行いであるために、フーコーの「一望監視装置」という概念を援用し、その閉鎖的な私的空間自体に含まれる権力構造を明らかにした。これによって、主な登場人物は、男女ともに監視される者として位置付けられていることを明らかにすることができた。

ポスト冷戦時代に制作、上映されたジャンル映画である『ラスト、コーション』には、人物の視線のジェンダー・ポリティクスを反映する権力転移によって、階級・集団・歴史などの既存のイデオロギーを転覆させる姿勢を読み取れたのである。

注

(1) 張愛玲は一九二一年上海生まれ。祖父は清朝の名臣張佩綸、祖母は李鴻章の娘という名門であったが、母のフランス留学、父の妾との同居などが相次ぎ、家庭は崩壊していた。三九年にロンドン大学の入試に合格するものの、第二次世界大戦勃発のため留学を断念した。代わりに香港大学に入学、在学中に太平洋戦争が始まった。翌年上海に戻り、エッセーや小説を発表、新進女流作家として一躍注目を集め、小説集『伝奇』(一九四四年八月刊行)は、発行後爆発的な人気を博し、二三歳でその名声は不動のものとなる。

(2) 日中戦争により、上海の心臓部であるアメリカ・イギリス・フランスが主権を持つ租界区は、一九三七年一一月以後日本軍の管理下に置かれ、周囲の広大な淪陥区に浮かぶ孤島と化した。一九四一年一二月のアジア太平洋戦争の勃発後に日本軍に接収されるまでは中立地帯で、上海租界区のこの四年間は「孤島期」と呼ばれる。「孤島」時期上海の著しい特徴は、日本軍の華界占領後も上海経済・文化の中枢となっていた共同租界・フランス租界が存在し続けたことである。経済活動拡大のためのあらゆる条件が整っていた上海租界は占領前以上の繁栄をみせ、それは「孤島の繁栄」と呼ばれた。唐振常、沈恒春編『上海史』上海人民出版社、一九八九年、九五頁。

(3) 子通、亦清編『張愛玲評説六十年』中国華僑出版社、二〇〇一年。

(4) 池上貞子『張愛玲――愛と生と文学』東方書店、二〇一一年、三四一頁。

(5) 張愛玲「色・戒」『惘然記』台湾皇冠出版社、一九八三年。

（6）前掲『張愛玲――愛と生と文学』、三四四頁。

（7）張愛玲「羊毛出在羊身上：談〈色・戒〉」（「羊毛は羊の身から生じるもの――「色・戒」を語る」）『中国時報』人間副刊、一九七八年。

（8）李達翰『一山走过又一山：李安、色戒、断背山』如果出版社、二〇〇七年、三二一頁。

（9）同上注、三二一頁。

（10）劇場パンフレット『ラスト、コーション』ワイズポリシー、二〇〇八年二月。

（11）映画『ラスト、コーション』上映後、大陸のマスメディアの評論は以下の http://www.wyzxwk.com/Article/wenyi/2013/07/304517.html（二〇二四年六月二五日閲覧）を参考した。

（12）前掲『張愛玲評説六十年』。

（13）藤井省三『新しい中国文学史――近世から現代まで』ミネルヴァ書房、一九九七年、一八二頁。

（14）邵迎建「引き裂かれた身体――張愛玲「色、戒」論」『中国研究月報』六四六号、二〇〇一年。

（15）朱崇科「重読張愛玲「色・戒」」中国現代文学研究叢刊、二〇一一年第二期。

（16）前掲『張愛玲――愛と生と文学』、二三三－二三七頁。

（17）郭詩詠「真假的界線：『色・戒』小説與電影対読」、李歐梵『睇色・戒：文学・電影・歴史』に収録、Oxford、二〇〇八年。

（18）莊宜文「文學／影像的合謀與拮抗：論關錦鵬《紅玫瑰・白玫瑰》、李安《色・戒》和張愛玲原文本的多重互渉」『政大中文学報』第九期、二〇〇八年。

（19）戴錦華「身体・政治・国族：从张爱玲到李安」講演原稿、二〇〇七年。

（20）Hoshino, Yukiyo, "Body of the Female Spy: Ang Lee's *Lust Caution*", The Proceedings of International Conference: Thinking Gender in Culture & Society, 2009. pp. 20-24.

（21）柯瑋妮著、黄煜文訳『看懂李安』時周文化事業、二〇〇九年、二七三－二八九頁。

（22）張小虹「愛の不可能な任務について――映画『ラスト・コーション』に描かれた性・政治・歴史」、星野幸代（ほか）編『台湾映画の表象の現在――可視と不可視のあいだ』あるむ、二〇一一年、一八九－二一五頁。

(23) 前掲『睇色・戒：文学・電影・歴史』、八五頁。
(24) 上海の「魔都」という概念について、劉建輝はこのように述べている。「一つの都市の名称が動詞化される、この世界にまたとない事実は、おそらく何よりもかつて「魔都」と呼ばれた上海の「魔性」をよく物語っている。そして、それはまたその「魔性」が当時の世界的な大都会、ニューヨーク、ロンドン、パリ、東京のいずれよりも先鋭化されていて、過激であったことを意味していよう」。劉建輝『魔都上海――日本知識人の「近代」体験』講談社、二〇〇〇年、五‐六頁。
(25) 第五世代監督は、一九八〇年代半ばに登場し、中国（大陸）ニューウェーヴ・シネマの担い手として世界的注目を集めた監督たちのことである。その多くは北京電影学院の卒業生で、代表的な監督は陳凱歌、張芸謀、田壮壮である。
(26) 香港と台湾のニューウェーヴの監督は、一九七〇年代末から一九八〇年代の始めにかけて、相次いで登場した香港や台湾の新世代の監督たちのことである。香港の監督の多くは海外留学から帰ってきた人たちや香港のテレビ局で経験を積んできた人たちであった。代表的な監督は徐克、厳浩、許鞍華、関錦鵬である。台湾ニューウェーヴで代表的な監督は侯孝賢、楊徳昌である。
(27) 例えば、『フラワー・オブ・シャンハイ』（原題『海上花』、侯孝賢監督、一九九八）、『花の影』（原題『風月』、陳凱歌監督、一九九六）、『上海ルージュ』（原題『揺啊揺、揺到外婆橋』、張芸謀監督、一九九四）、『赤い薔薇　白い薔薇』（原題『紅玫瑰、白玫瑰』、スタンリー・クワン監督、一九九三）などがある。
(28) 劉文兵『映画の中の上海――表象としての都市・女性・プロパガンダ』慶応義塾大学出版社、二〇〇四年、三頁。
(29) 前掲『睇色・戒：文学・電影・歴史』、七一頁。
(30) 竜応台「如此濃烈的「色」、如此粛殺的「戒」」『中国時報』、二〇〇七年九月二五日。
(31) 鑄秦「《色・戒》風韻」『印刻文学生活誌』四八、二〇〇七年八月。
(32) 前掲『睇色・戒：文学・電影・歴史』、七一頁。
(33) 前掲『映画の中の上海――表象としての都市・女性・プロパガンダ』、三頁。
(34) 汪兆銘（1883-1944）、浙江の人、広東省生まれ。一九〇三年日本へ留学。中国同盟会の創立と国民党の改組に参加。南京国民政府成立後、蔣介石と対立したが、三二年一月、蔣と提携し、国民政府行政院長に就任。三八年四月、国民党副総裁。四〇年三月二六日、汪兆銘政権は遷都式典を行った。四四年一一月、名古屋で病死。黄美真、郝盛潮編『中華民国史事件人物録』上海人民出版社、一九八七年、六一二頁。
(35) 上海市档案館編『日軍占領時期的上海』上海人民出版社、二〇〇七年、一〇五頁。
(36) 上海租界の歴史的変遷については、『上海公共租界史稿』及び『中国租界史』を参照。上海史資料叢刊『上海公共租界史稿』上海人民出版社、一九八〇年。費成康『中国租界史』上海社会科学出版社、一九九一年。
(37) 熊月之、周武編『上海：一座現代化都市的編年史』上海書店出版社、二〇〇七年、六四九頁。
(38) 「凱司令」喫茶店は一九二八年に静安寺路で創業し、現在でも営業している。「シベリア」毛皮店は一九三一年南京西路に開店し、店主がロシア籍のユダヤ人であった。「緑屋夫人」洋装店は南京西路の道路側にあるマンションの一棟の一階に位置していた。
(39) 二〇世紀以降の社会の大きな変化により、中産階級をターゲットにした、より大衆的なデパートが出現した。先施（一九一七年開業、現上海服装公司）、永安（一九一八年開業、現永安百貨）、新新（一九二六年開業、現上海市第一食品商店）、大新（一九三六年開業、現上海市第一百貨商店）である。これらは「四大デパート」とよばれ、それぞれサービスを競いあった。上海百貨公司・上海社会科学院経済研究所・上海市工商行政管理局編著『上海近代百貨商業史』上海社会科学院出版社、一九八三年、一〇一－一〇三頁。
(40) 当時一流と言われた映画館は、アメリカ映画の上演館で英米租界に建てられていた。一九四一年当時で上海には五〇ほどの映画館があり、一流映画館としては大光明大戲院（GRAND）、南京大戲院（NANJING）、美琪大戲院（MAJESTIC）などがある。陳従周、章明編『上海近代建築史稿』上海三聯書店、一九八八年、二〇五頁。
(41) 李歐梵著、毛尖訳『上海摩登：一種新都市文化在中国』北京大学出版社、二〇〇一年、一九二頁。
(42) 一九三〇年代末までに上海の映画館は四〇軒近くまで増え、ロードショー館、二番館、三番館に分かれていた。上述の租界中心部の最高級映画館はロードショー館で、チケットは一元前後で、ハリウッド映画が最初に封切られていた。外国人や二番館の多くは中心部から遠い虹口などにあり、チケットは六角前後と割安で、封切の終わった外国映画や国産映画が上映される。前掲『上海：一座現代化都市的編年史』、二九五頁。
(43) アイリーン・チャン著、南雲智訳『ラスト、コーション』集英社、二〇〇七年、三〇頁。
(44) 前掲『上海：一座現代化都市的編年史』、二九七頁。

(45) 葉樹平、鄭祖安編『上海旧影』人民美術出版社、一九九八年、一三頁。
(46) 徐逸波、翁祖亮、鄭祖安編『上海石庫門風情画』上海錦繡文章出版社、二〇一〇年、一九頁。
(47) 張錫昌、張煒『老弄堂』上海書店出版社、二〇〇一年、二八頁。
(48) 里弄建築の構造について、『上海里弄民居』を参考した。沈華編『上海里弄民居』中国建築工業出版社、一九九三年。
(49) 丁黙邨（1903-1947）、湖南常徳県出身。青年時代、共産党に入党したが転向し、CC系の幹部になった。三九年八月汪兆銘政府中央社会部長に就任、情報機関の顔役となった。四〇年三月汪兆銘政府軍事委員会委員、行政院社会部長となる。日中戦争後重慶政府へ降伏し、四七年二月南京に叛国罪で銃殺された。前掲『中華民国史事件人物録』、四五四頁。小説における人物のモデルについての考察は、余斌「《色、戒》考」を参考にした。余斌「《色、戒》考」『印刻文学生活誌』四八、二〇〇七年八月。
(50) 日本側の土肥原賢二の指示で晴気慶胤少佐が管理者となり、上海テロ対策の一環として丁黙邨の特務工作を援助し、また汪兆銘の「和平運動」に合流させることを目指し、「特務総部」は正式に設立された。馬嘯天、汪曼雲「汪偽〝特工総部〟―〝七十六号〟」黄美真、張雲編『汪精衛国民政府成立』上海人民出版社、一九八四年。
(51) 陳調元（1886-1943）、河北出身。一九二七年一一月に国民政府安徽省主席となり、二九年に山東省政府主席となった。三二年四月に安徽省主席を辞め、国民政府委員となった。三六年一二月、西安事変により拘束され、四三年に四川で病死。前掲『中華民国史事件人物録』、六二九頁。
(52) 前掲『汪精衛国民政府成立』、二七六‐二七八頁。
(53) 村松伸『上海・都市と建築一八四二‐一九四九』ＰＡＲＣＯ出版、一九九一年、二七四頁。
(54) 封鎖とは、テロ事件の犯人逮捕を理由に日本軍が一九四一年末から四二年にかけて実行した人口密集地区の隔離のこと。時には窃盗事件や普通の殺人事件も封鎖の口実になった。封鎖期間は二、三時間で済むこともあれば一週間から二〇日間にも及ぶこともあり、その間、封鎖地区には食糧の搬入も、ゴミや汚れ物の搬出も許可されなかった。石島紀之「抗戦と内戦の上海」、古厩忠夫・高橋孝助編『上海史――巨大都市の形成と人々の営み』東方書店、一九九五年。
(55) 曽田三郎「上海人の形成と生活」、古厩忠夫、高橋孝助編『上海史――巨大都市の形成と人々の営み』東方書店、一九九五年。
(56) 路面電車の歴史については、孫安石「路面電車運転手」、菊池敏夫編『上海職業さまざま』勉誠出版、二〇〇二年を参照されたい。

(57) 前掲『ラスト、コーション』、二七頁。
(58) 前掲『上海旧影』、八四頁。
(59) 人力車の発展と歴史については、安原敬裕、澤喜四郎、上羽博人編『交通と乗り物文化――人力車からジェットコースターまで』成山堂書店、二〇〇八年、一八頁を参照した。
(60) 鄭逸梅、徐卓呆『上海旧話』上海文化出版社、一九八六年、二〇 - 二二頁。
(61) 前掲『上海職業さまざま』、一六〇頁。
(62) 江北は江蘇省の長江以北の地域を指し、蘇北ともいう。上海では「江北人」といえば、粗野で無教養な下層民の代名詞のような独特の響きを持っており、差別の対象となっていた。同上注、一六〇頁。
(63) 前掲『ラスト、コーション』、四四頁。
(64) 当時の日本の上海統治機構は、総領事館・興亜院華中連絡部・陸軍司令部・海軍司令部・特務機構の五つの系統からなり、相互に協力し、また対立していた。治安を受けもったのは憲兵総隊である。石島紀之「抗戦と内戦の上海」、古厩忠夫、高橋孝助編『上海史――巨大都市の形成と人々の営み』東方書店、一九九五年。
(65) 前掲『ラスト、コーション』、四四頁。
(66) 邵迎建『伝奇文学と流言人生――一九四〇年代上海・張愛玲の文学』御茶の水書房、二〇〇二年、九一頁。
(67) 同上注、九一頁。
(68) 前掲『上海：一座現代化都市的編年史』、二八一頁。
(69) 程乃珊『上海 FASHION』上海辞書出版社、二〇〇五年、七八頁。
(70) ここでの旗袍様式の紹介は『旗袍をまとう女性たち――旗袍にみる中国の近・現代』を参考にする。謝黎『旗袍をまとう女性たち――旗袍にみる中国の近・現代』青弓社、二〇〇四年。
(71) 前掲『ラスト、コーション』、八頁。
(72) 『ラスト、コーション巻頭特集』キネマ旬報、二〇〇八年一月下旬号。

(73) 鄭永福、呂美頤『近代中国婦女生活』河南人民出版社、一九九三年、二九九頁。
(74) 当時のマージャンには、花牌（春、夏、秋、冬、梅、蘭、竹、菊）がない。現代マージャンは花牌もあわせて一四四枚である。
(75) 順子（しゅんつ）とは、数牌の数字が連続した牌面のこと。
(76) 刻子（こうつ）とは、同じ種類の牌が三枚揃うこと。
(77) 鳴くはマージャン用語において、ゲームを続けるため自分のこれからの動作を発声し相手に伝えること。一般的には、チー、ポン、カンという言葉を鳴く。
(78) 西北风、字面の意味が冬に吹く冷たい風で、中国語で慣用語として、食べ物がなくてすきっ腹を抱えるという意味である。一般的には大変、苦しい状態に置かれているというニュアンスが含まれる。伊地智善継編『白水社中国語辞典』白水社、二〇〇一年、一五三一頁、一五三一頁。
(79) ここの台詞の日本語翻訳は筆者の拙訳である。
(80) 野放し、保護（監督・管理）を怠り、非行や違反や無秩序を放置することの意味がある。『新明解国語辞典』第五版、一〇九四頁。
(81) 関西中国女性史研究会編『ジェンダーからみた中国の家と女』東方書店、二〇〇四年、一頁。
(82) 前掲『ラスト、コーション』、八頁。
(83) 映画の中国語版のタイトルは「色一戒」であり、この「戒」という漢字には、中国語では指輪という意味も含まれている。
(84) 一望監視装置は、本来囚人を矯正するための刑務所の構造を指す。看守の観点に立てば多面から見ることが出来て取り締まりやすく、閉じ込められる者の観点に立てば、隔離され一方的に見られるのみである。ミシェル・フーコー著、田村俶訳『監獄の誕生――監視と処罰』新潮社、一九七七年、二〇二頁。
(85) ローラ・マルヴィ著、斉藤綾子訳「視覚的快楽と物語映画」岩本憲児、武田潔、斉藤綾子編『「新」映画理論集成1　歴史／人権／ジェンダー』フィルムアート社、一九九八年。
(86) 福井康之『まなざしの心理学――視線と人間関係』創元社、一九八六年、一五八頁。
(87) ケイト・ミレット著、藤枝澪子、加地永都子、滝沢海南子、横山貞子訳『性の政治学』ドメス出版、一九八五年、九五頁。

（88）林香奈は、儒教的伝統社会が妻に強いた務めについて、「家の安寧を維持するために、「婦」が「婦」たること、つまり「賢」であれ、と繰り返し妻に訓え、その規範に忠実な「賢婦」の名を伝えて広く顕著する一方で、いわゆる「不賢」なる者を否定することに終始したのである」とまとめている。林香奈「賢ならざる婦とは――女訓書に見る家と女」『ジェンダーからみた中国の家と女』東方書店、二〇〇四年、八八頁、同注、八九－九〇頁。

（89）前掲『性の政治学』、九二頁。

（90）Eileen Chang Wang HuiLing, James Schamus, *Lust, Caution, The Story, the Screenplay, and the Making of the film*, Pantheon Books, 2007, pp. 53-54.

（91）ディヴィッド・ボードウェル、クリスティン・トンプソン著、藤木秀朗監訳『フィルム・アート』名古屋大学出版会、二〇〇七年、二一二頁。

（92）ここの台詞の日本語訳は小説『ラスト、コーション』の邦訳から引用している。前掲『ラスト、コーション』、一二頁。

（93）サンドラ・ギルバート、スーザン・グーバー著、山田晴子、園田美和子訳『屋根裏の狂女』朝日出版社、一九八六年、五四頁。

（94）ここでの原文は、中国語で「老易的嘴才叼、多好的馆子他都三心二意」である。

（95）前掲『フィルム・アート』、一九五頁。

（96）陳璧君（チン・ヘキクン、1891-1959）は、中華民国の女性政治家。中国国民党、国民政府に属し、南京国民政府高官を務めた。日中戦争の激化に伴い、一九三八年に国民政府が重慶に移転すると、汪は支持者と善後策を協議した。その際、陳璧君は日本との和平を主張したとされる。同年一二月以後、ハノイ経由で上海に逃れる。一九三九年八月、汪が第六回国民党代表大会を開催し、陳璧君も中央監察委員会常務委員に選出された。そして一九四〇年三月の南京国民政府（汪兆銘政権）成立に至る。

（97）林香奈は、婦言の地位および具体的な規定について、「婦人の「四徳」の中で「婦言」を最重視している、「婦言」はやがて言葉遣いや話し方のみならず、声の高低まで問題にされるようになる。女性の高声はおそらく「妬」に結びつくものと考える」とまとめている。また、林は、「女訓書により、婦人にとって最大の罪は「妬」である」と指摘して、婦言の重要さを強調している。前掲「賢ならざる婦とは」、九五頁。

（98）前掲『性の政治学』、一一八頁。

(99) 同上注、九二頁。
(100) 程郁『納妾：死而不僵的陋习』上海古籍出版社、二〇〇七年、五五頁。
(101) この場所は霞飛路のマンションであることは、その後のワンとクァンが映画館で打ち合わせる時のワンの台詞から分かる。
(102) 前掲「視覚的快楽と物語映画」。
(103) 同上注。
(104) 脚本の王蕙玲により、イー氏はそもそも狼の本性を設定されていたことが指摘されている。藍祖蔚「重建張愛玲廃墟：専訪色戒編劇王蕙玲」『自由時報』副刊、二〇〇七年一〇月八日。
(105) 前掲『性の政治学』、一〇二頁。
(106) 同上注、一〇二頁。
(107) 前掲「視覚的快楽と物語映画」。
(108) 前掲『監獄の誕生――監視と処罰』、二〇四頁。
(109) 前掲「視覚的快楽と物語映画」。
(110) 同上注。
(111) 前掲『まなざしの心理学』、八頁。
(112) 『ラスト、コーション巻頭特集』キネマ旬報、二〇〇八年一月下旬号、二九頁。

終章——華語映画　視線のポリティクス

本書は、華人監督李安（アン・リー）の華語映画作品を研究対象として、それらの映画における人物の視線のポリティクスと映像化された空間表象の考察を通して、スクリーンに可視化・不可視化された対象をまなざす視線の権力構造を論じたものである。つまり、視線、空間およびジェンダー・ポリティクスという三つのキーワードを中心にして、映画に登場する人物間の視線と観客の視線という二つのレベルの視線と映画内人物の置かれた空間とを合わせて考察することで、視線と空間の連動関係が明らかになるのである。更に、視線を交錯させる装置として空間表象の意味を分析することにより、身体と空間の占有によって生み出されるジェンダーの権力関係も読み取れる。換言すれば、本書は、ジェンダーとフェミニズムの視点から従来の李安映画研究において注目されてこなかった空間表象と人物造形の関わりを描き出そうとする試みなのである。同時に、視覚装置としての映画の特徴を視野に入れ、映像技法の分析を採用し、映画のテクストの精読を通して李安の華語映画に対する新たな読解を試みた。

以下、各章で検証した論点を振り返り本書の全体像を示す。

第一章では、ゲイ・カップルと女性一人から成るクィアな家族をテーマとする『ウェディング・バンケット』を扱った。同性愛に焦点を当てるだけでなく、まず、ニューヨークの公的空間や私的空間において可視化された三人家族のジェンダー表象に注目し考察した。視覚的な比較研究を行うことにより、階級、人種、セクシュアリティやジェンダーの差によって生み出された権力関係が空間表象に託されていることを論証した。更に、ウェイウェイ、ウェイトンなどの人物の持つ視線の立場を考察することを通して、女性であるウェイウェイは性的に見られる者ではなく、むしろウェイトンに対して視線の主動者的立場に位置していることを検証した。そして、ウェイウェイ、ウェイトン、ウェイトンのパートナーであるサイモンの三人のジェンダー役割分担について考察し、家庭内の役割の担当だけではなく人種やセクシュアリティの要素にも注目しつつ、その可視化されたクィア・ファミリーは男／女、東洋／西洋、同性愛／異性愛の二項対立図式から逸脱していることを明らかにした。一方、映画のタイトルに示されているように、公的空間で行われる二つの結婚式をめぐってプロットは展開していく。それぞれの結婚式の空間性を映像技法に沿って考察しながら、その空間に配された人物の視線からその立場を検討した。特に、ウェイウェイとウェイトンの身体の葛藤を分析することで、ここでもウェイウェイは男性中心の異性愛社会に抑圧される女性の受動者イメージを一転させ、身体と視線の行為主動者となっていることを明らかにした。対照的に、ウェイトンは他人の視線に晒され、見られる者として扱われている。これらの考察を通して、この三人からなるクィア・ファミリーにおいては男性優位の視線の権力秩序が崩壊していることを論じた。第一章の第三節では、上述のクィア・ファミリーとウェイトンの両親という擬似家族全員で食卓を囲む食事シーンに注目した。映画において視覚的には現れない老張という人物をめぐる映画内の言説を辿りながら、ウェイトンの父親のセクシュアリティが伝統的な家族パターンに隠蔽されていることを読み解いた。ウェイトン、サイモンとウェイウェイからなるクィア・ファミリー表象が、親と老張の家族像と交錯し、重なっていく様相について検討した結果、父権とセクシュアル・マイノリティの交錯によって、家族規範から逸脱したクィア・ファミリーが構成されたことが明らかになった。新たな家族パターンで不可視化されていた家族像が提示された一方で、その家族表象に見られるナショナル・アイデンティティは、政治的隠喩を示唆する。映画に描かれた男女や親子の葛藤によって、映画における男／女、同性愛／異性愛、東洋／西洋といった二項対立の視線権力秩序が打破されており、対立から融合への多様な可能性を孕むその攪乱性を本章で明らかにしたのである。

第二章で論じたのは、現代の台北に住む父と娘の家族の諸相が描かれるホームドラマ、『恋人たちの食卓』である。

本章では、母親不在の父と娘からなる外省人の家族における父親の欲望に焦点化されており、それぞれの諸空間に位置する、台湾社会へ融合する外省人エリート、去勢された権力者、母親役割を兼ねる主夫、性的欲望が抑圧されている男性といった多義的な父親像を究明した。まず、映画タイトルに示された二つのテーマのうちの「飲食」を切り口として、自宅の空間や社会的空間に配置された父親をめぐって、特に自宅の台所については映像の細部まで考察し、父親の外省人としてのエリート・イメージを明らかにした。職場における父親の権威を描く一方で、キャメラの視点により父親は観客に見られる対象として扱われる。更に、父親の味覚喪失に象徴された去勢不安の意味が強調されることで、父親の抑圧された性的欲望が明らかにする。次の節では、「男女」をキーワードとし、自宅内の、空間以外の身体空間に注目した。母親不在の核家族における家庭内の性別役割分業という観点からすれば、本映画の父親像は父親のイメージを転覆し初老の「主夫」像を提示したと言える。そして、亡妻の視線支配の下では父親の抑圧された性的不安は解消できず、再婚に至ってようやく異性愛婚姻制度に回帰する。この父親は、物理的空間においては異郷者として移住した日本植民地時代の産物である自宅から脱出し、心理的空間においては彼の性的欲望を縛る家族から脱出し、異性愛婚姻制度に回帰し新たな家族形態を再編した。外省人の家族にとって異郷である台北という現代都市空間において、多文化を調和させた料理、即ち「飲食」を通して去勢不安という「男女」の性的危機を解消し、現代都市台北に融合する外省人家族を再構築する物語としてこの映画は読解できるのである。

第三章では、中国武侠小説『臥虎蔵龍』に基づいて製作された華語武侠映画作品『グリーン・デスティニー』を取り上げ、古典中国を凝縮した江湖世界を移動する女侠をめぐって検討した。中華圏の映画の特有のジャンルである武侠映画は、いわゆる東洋においても西洋においても受容されやすい映画である。本章ではまず中華圏の武侠映画の系譜を整理したうえで、六〇年代台湾の胡金銓（キン・フー）監督から多大な影響を受けた李安の映画における女性造形について考察し、胡監督の女性イメージを意識的に転覆しようとする李安の姿勢を明らかにした。次に、映像技法の分析を用いて、新疆の荒野、北京城および江南地域の茶屋、客桟、窑洞（ヤオトン）などの視覚化された空間をそれぞれ考察し、観客に李安の想像する古典中国のイメージを伝えていることを論証した。続いて、空間を移動するヒロインの玉嬌龍をめぐって、キャメラワークの手法と空間が女性造形とどのように関連しているのかを解明した。無法の西部である荒野の洞穴から権力秩序を代表する北京城の王府への移動を通して、玉嬌龍は性的欲望に目覚めるとともに、隠してきた江湖夢への憧れが喚起される。彼女は、異性装のパフォーマンスにより貴族の子女としての規範的ジェンダー秩序から逸脱し、伝統的な家父長制社会から江湖世界に進出する反逆者として造形されたと言える。換言すれば、束縛された秩序的空間から脱出し移動することで、身分、ジェンダー、またセクシュアリティを越境する行為主動者となったのである。彼女はその身体表現やセクシュアリティの提示を通して、単なる女戦士としてだけではなく、意識的に他者の視線を捉える見る権力者へと転換した。総じて言えば、『グリーン』は胡監督の武侠映画の要素を継承しながらも、空間によって女性の内面的変化を叙述する手法で自己意思を持たず抽象化されたステレオタイプの女性造形を転覆し、従来の武侠映画には見られなかったヒロインの多面性を再構築しているのである。一方、古典中国を具象化した江湖世界へと移動する多様な女侠の造形は、男女および女性同士の視線の権力メカニズムを攪乱した上で、西洋のまなざしへ向けられる東洋イメージをより意識的に捉えることを可能にしたと言える。

第四章で取り扱ったのは、中国近代女性作家張愛玲の原作『色・戒』に基づき製作され、二〇〇七年に公開された『ラスト、コーション』である。本章では、小説と映画の隙間に焦点を絞って論を進めた。まず、戦時中の「老上海(Old Shanghai)」という都市表象を、原作とのギャップに留意しつつ総体的に把握した。その上で、老上海の都市空間表象が映画内テクストとして、プロットと密接に融合している様子を分析した。老上海表象の租界の歴史に沿って時代の産物をよみがえらせることにより「孤島」時期の上海を丹念に再現し、ノスタルジックな時代感を強化する役割を果たしているのは確かだが、それだけには留まらない。スパイと女子学生という二重の役割を備えたヒロインを取り巻く特定の空間として政治的意味と権力とを付与された老上海のイメージは、ターゲットの性的欲望、視線を支配し、暗殺任務を遂行するための空間装置として機能している。次に、従来の先行研究ではマージャンシーンにおける女性同士の権力の関係に関する詳しい分析がなかったのに対し、本章では女性同士の視線権力に着目し検討した。マージャン卓での応酬を考察することにより、女性同士が対立する権力構造の解明を試みた。その結果、女性の階級により、女性間の視線の権力転移が一定の条件下で成立することを読み解いたのである。一方、男女間の占領と被占領が焦点化されたベッドシーンにおける男女の身体と視線の交錯を分析することで、この映画が女性の視線を通じて従来の男性中心的な視線の権力イデオロギーを転覆させようとしていることが指摘できた。この試みは、物語映画における「男性は主動的」、「女性は受動的」という二分法を破り、新たなジェンダー・ポリティクスを提示したのである。更に、マージャンシーンとベッドシーンはいずれも室内空間であることから、フーコーの「一望監視装置」という概念を援用し、その閉鎖的な私的空間自体が内包する権力構造を明らかにした。これによって、主な登場人物は男女ともに監視される者として対峙していることを明らかにすることができた。視線のポリティクスという視点を導入したこのような考察を通して、登場人物の視線とは一定の条件と時点に基づくものであり、そこから主人公に体現された視線の権力の転移を確認することができると結論づけたのである。

以上の通り、本書では、華人監督李安の華語フィルモグラフィを辿りながら、時代と空間を超えた様々なジャンル映画に描かれた人物と空間表象を視線のポリティクスの視点から検討した。映像化されたそれぞれの空間に含まれる権力構造を検討することによって、その空間自体がそこに配された人物間の視線の権力構造の装置となることも明らかにした。また、それらの空間に置かれた人物の視線のポリティクスを考察することによって、スクリーンインの男／女、親／子、東洋／西洋、同性愛／異性愛、無法／秩序といった二項対立の境界線の攪乱が浮かび上がり、東洋・西洋の視線のポリティクスへの抵抗の姿勢を読み取ることができる。更に、李安の華語映画におけるエキゾチックな要素、例えば中華料理、武術、チャイナ・ドレスなど中国特有の文化を、西洋のまなざしに応えて意識的に呈示する姿が見える。つまり、ポスト冷戦時代から急速に進展したグローバル化を背景として李安が製作した華語映画作品に描かれるジェンダー表象の流動性や可変性を読み取ることで、そこに西洋のまなざしを攪乱しようという姿勢が表れていると結論付けたのである。

李安の華語映画における視線のポリティクスを検討するという目的で、本書では映像テクストを基づいてジェンダーや空間の理論を援用し考察した。ただし、映像テクストが背景とする映画史や歴史的な文脈を踏まえた考察としては、いまだ不十分である。初期の父親三部作以降の李安の作品は、ほとんどが小説ないし漫画を原作として映画化したものである。それらの原作と映画は、それぞれ異なる時代に創作・再創作されているため、中華圏や欧米シネマ市場の受容状況を踏まえて、物語の構成や製作動機、アダプテーションのプロセスに対する検討も必要だと考える。また、本書は李安の華語映画を研究対象として扱ったが、今後の課題としては華語映画以外の洋画に対する研究も必要だろう。また、小説と映画の比較研究を行いながら映画テクスト分析というミクロな研究視点からその映画を取り巻く製作事情というマクロな視点へと延伸し、映画の製作、配給、製作に影響を与えた社会的・歴史的なコンテクストの要素も考慮しつつ、考察対象を広げていきたい。

あとがき

自らを文学少女と称していた私は張愛玲が大好きで、大学時代初めて映画館で上映された李安監督の映画『ラスト、コーション（色・戒）』を観て、文学と映像が融合することで生まれる独特の魅力に深く感銘を受け、その偶然の出会いがきっかけで李安監督を本書の研究対象とすることになった。

台湾ニューシネマの代表映画監督では、侯孝賢や楊徳昌と比べて、李安は必ずしも一般大衆や学界で注目されている存在ではない。しかし、李安の作品は商業性と芸術性を兼ね備えており、映画の多様なテーマや監督自身の越境性から、彼は簡単に一筋縄で語ることができない存在である。ハリウッド映画のメカニズムを熟知する華人監督として、李安が華語作品においてキャメラをどのように駆使して自身の経歴を表現しているか、想像上の古典的な中国をどのように描写しているか、「魔都」上海をどのように再現しているかが、本書の焦点となっている。また、本書は視線のポリティクスの視座から、李安がどのようにキャメラを用い、伝統的なハリウッド映画における二元的な視線権力のメカニズムに挑戦しているのかに注目し、彼の独特な柔軟性と多様性をさらに証明した。

本書に通底する視線のポリティクスというジェンダー視座からの映像への批判を最初に授けて下さったのは、名古屋大学国際言語文化研究科の研究生から博士後期課程まで長年にわたり指導してくださった恩師、星野幸代先生である。本書は博士論文を基にしており、構想から書籍化に至るまで星野先生にお力添えいただいた。先生には在学中苦楽を共に過ごさせていただき随分と勇気づけられた。先生のお導きが無ければ、筆者が研究者としての道を歩むことはなかっただろう。先生は筆者の憧れの人間像であり、目標でもある。星野先生のおかげで、科研の助手として研究グループに加わることができ、数多くのシンポジウムやワークショップに参加する機会をいただいた。それが契機となり、グループの諸先生にも本研究に多大なご助力をいただいた。邵迎建先生には、張愛玲原作小説に関する先行研究について多大なご教示をいただいて、暖かく励まして下さり、博士論文の審査員としても貴重な御意見をいただいた。晏妮先生には、日中映画研究および映画交渉史について貴重な助言をいただき、今後の私の映画研究の課題を新たな方向へ展開させる道筋を拓くことができた。韓燕麗先生には、映画の越境性について多くの啓発を受けた。修士時代よりお世話になっている楊韜先生には、初めての学内の査読誌への投稿から本書の出版事宜に至るまで、色々ご助言、協力をしていただいた。

黄英哲先生には研究活動において多方面にわたる援助と、また台湾の大学との映画研究に関する多くの得難い機会をいただいた。

日本比較文学会・中部支部には、初めての学術報告のチャンスをいただいた。中国研究所の学術雑誌への投稿の際には、匿名の査読者から貴重な修正意見をいただき、論文の精度を格段に上げることができた。とりわけ東京大学の故代田智明先生には、張愛玲原作小説と映像のはざまで多数の有益なアドバイスをいただいた。そのおかげで、映像テクスト精読という本書の方法論をより堅実に遂行することが可能になっていった。この学恩を銘記し、この場で感謝の気持ちを申し上げたい。

中国文芸研究会の例会、合宿などにおいては、多くの先生方との意見交流や知的刺激を与えられ、研究の問題意識をより一層明確させるようになった。

そのほかに多数の諸先生のお陰をもって、また同窓の方々、研究会の先輩の応援、協力で本書の成立している。ここに全ての方々のお名前を挙げることは叶わないが、この場を借りて心からお礼を申し上げたい。

本書に収めた論考の初出は以下の通りである。いずれも、初出から加筆、訂正を加えている。

序章：
「李安（アン・リー）の華語映画における視線のポリティクス」、『（株）富士ゼロックス小林基金2018年度研究助成報告』（2019）

第二章：
「『恋人たちの食卓』における父親の表象――空間とジェンダーの視点を中心に」『愛知工業大学研究報告』五四号（2019）

第三章：
「江湖空間を移動する女侠――『グリーン・デスティニー』におけるヒロインの造形」『愛知工業大学研究報告』五五号（2020）

第四章：
第一節「李安（アン・リー）の『ラスト・コーション』における上海イメージ」『中国研究月報』七一号（2017）
第二節「李安の『ラスト・コーション』における視線のポリティクス――麻雀シーンについての考察」『多元文化』一四号（2014）

服部国際奨学財団、大幸財団学芸奨励金と富士ゼロックス小林基金の外国人研究助成基金を得て、本書を完成させることができた。この研究助成が無ければ本書はできなかっただろう。また、本書は筆者が東南大学で教鞭を執るようになって獲得した三つの科研費による成果を下地にしている（2023年度江蘇省社会科学基金一般項目、課題番号23YSB007/2023年度江蘇省高校哲学社会科学重大項目、課題番号：2023SJZD109/東南大学若手研究助成中央基本科研費、課題番号：2242022R40064）。

晃洋書房編集部・福地成文氏には、本書出版に向けて書籍化するまで根気よく御協力いただいた。遅々として進まぬ修正を見限ることなく待って下さった福地成文氏には心からお礼を申し上げたい。

終章にも述べたが、本書は視線のポリティクスという視座からの華人監督李安の作品を論じた初の研究書であり、対象範囲、資料とともに不足している「見る」と「見られる」の視線のメカニズムを転覆することにより、東洋と西洋の二項対立システムを再構築させることが可能になることを明らかにした。

コロナ下の三年間は世界の多くの秩序を混乱させた。本書も例にもれず、構想から書籍化まで多大な困難を経験した。だが、幸運だったのは、この三年間が、筆者にとって学生から研究者へと転身時期と重なったことである。長い間にずっと支えてくれた家族の皆に心より有難うと申し上げたい。母親という新たな身分を得て、「勇気ある知識人」として、ポストコロナのＡＩ時代において、映画研究に新たな見方を探したい。

二〇二四年一〇月

陳　悦

《著者紹介》

陳　悦（ちん　えつ）

1986年　中国南京生まれ

2019年　名古屋大学大学院国際言語文化研究科博士後期課程修了，博士（文学）

現　在　中国・東南大学芸術学部講師

専門は中華圏映画批評および日中映画交流・ジェンダー研究

主要業績

主な論文：

「当代日本影像中的老年群体管窺」（『当代電影』第330号，2023年）

「性別言説下的日本影像社会」（『当代電影』第272号，2018年）

「李安（アン・リー）の「ラスト・コーション」における上海イメージ」（『中国研究月報』第71号，中国研究所，2017年）

主な翻訳：

『映画館のなかの近代——映画観客の上海史』（晃洋書房）（合訳，中国語版《电影院中的現代中国：早期上海电影观众史》，2025年，上海交通大学出版社）

『ルポ中年童貞』（幻冬社）（中国語版《纪实文学：中年处男》，2024年，生活・読書・新知三聯書店）

「歴史の渦のなかを行く——岳楓（ユエ・フォン）の上海と香港における映画人生」（《在歴史的渦中前行：岳楓的沪港電影生涯》『JunCture』13号，2022年）

「気候変動時代における経済の主役——環境人文学の視点からの読解」（《気候変遷時代的経済主人公：一則生態人文的解読》『JunCture』12号，2021年）

李安《アン・リー》の華語映画における視線のポリティクス

2025年3月10日　初版第1刷発行

＊定価はカバーに表示してあります

著　者　陳　悦©

発行者　萩原淳平

印刷者　田中雅博

発行所　株式会社　晃洋書房

〒615-0026　京都市右京区西院北矢掛町7番地

電話　075（312）0788番㈹

振替口座　01040-6-32280

装丁　㈱クオリアデザイン事務所　印刷・製本　創栄図書印刷㈱

ISBN 978-4-7710-3858-5

人名索引

事項索引

〈タ　行〉

〈ナ　行〉

〈ハ　行〉

〈マ　行〉

〈ヤ　行〉

〈ラ・ワ行〉

参考文献

一次資料

（一）映像資料：

『ウェディング・バンケット』，李安（アン・リー）監督，（竹書房，1993）．

『恋人たちの食卓』，李安（アン・リー）監督，（竹書房，1994）．

『グリーン・デスティニー』，李安（アン・リー）監督，（ソニー・ピクチャーズ　エンタテインメント，2000）．

『ラスト、コーション』，李安（アン・リー）監督，（ワイズポリシー，2007）．

（二）書籍資料：

張愛玲「色，戒」『惘然記』（台湾皇冠出版社，1983）．

張愛玲「封鎖」『張愛玲小説集――1943年短編小説』（台湾皇冠出版社，1983）．

張愛玲「羊毛出在羊身上――谈〈色，戒〉」『中国時報』（人間副刊，1978）．

アイリーン・チャン，南雲智訳『ラスト、コーション』（集英社（集英社文庫），2007）．

王度廬『臥虎藏龍；１，２』（聯經出版事業公司，1985）．

二次資料

日本語文献

赤松美和子，若松大祐編著『台湾を知るための60章』（明石書店，2016）．

有賀夏紀『アメリカの20世紀（下）1945-2000年』（中央公論新社（中公新書），2002）．

アンダマール，ソニア，ロヴェル・テリー，ウォルコウィッツ・キャロル『現代フェミニズム思想辞典』樫村愛子・金子珠理・小松加代子訳（明石書店，2000）．

飯島太千雄編『書体大百科字典』（雄山閣出版，1996）．

池上貞子『張愛玲――愛と生と文学』（東方書店，2011）．

石島紀之「抗戦と内戦の上海」，古厩忠夫・高橋孝助編『上海史――巨大都市の形成と人々の営み』（東方書店，1995）．

井上忠司『まなざしの人間関係――視線の作法』（講談社（講談社新書），1981）．

岩本憲児，武田潔，斉藤綾子編『「新」映画理論集成１：歴史／人種／ジェンダー』（フィ

ルムアート社，1998).
イーディー，ジョー『セクシュアリティ基本用語事典』金城克哉訳（明石書店，2006).
内田樹『映画の構造分析――ハリウッド映画で学べる現代思想』(晶文社，2003).
宇野哲人『中国思想』(講談社，1980).
王飛「映画にみるナショナリティとマイノリティの狭間――李安映画の「越境性」と柔軟な主体の形成」(神戸大学博士論文甲第6605号，2016).
王仁湘『中国飲食文化』鈴木博訳（青土社，2001).
王其鈞『イラストで見る中国の伝統民居』恩田重直監訳（東方書店，2012).
越智道雄『ニューヨークからアメリカを知るための76章』(明石書店，2012).
岡崎由美『漂泊のヒーロー――中国武侠小説への道』(大修館書店，2002).
岡崎由美，浦川留『武侠映画の快楽――唐の時代からハリウッドまで，剣士たちの凄技に迫る』(三修社，2006).
影山穂波『都市空間とジェンダー』(古今書院，2004).
加藤幹郎『映画視線のポリティクス――古典的ハリウッド映画の戦い』(筑摩書房，1996).
――――『映画とは何か――映画学講義』(文遊社，2015).
金井淑子編『家族』(新曜社，1988).
河口和也『クイア・スタディーズ』(岩波書店，2003).
関西中国女性史研究会編『ジェンダーからみた中国の家と女』(東方書店，2004).
韓燕麗「キャメラの背後のイエロー・フェイス――『ブロークバック・マウンテン』における神話の打破と再生」，藤井仁子編『入門・現代ハリウッド映画講義』(人文書院，2008).
菊池敏夫『上海職業さまざま』(勉誠出版，2002).
キネマ旬報，『ラスト、コーション特集』(2008).
――――『作品特集　グリーン・デスティニー』(2000).
――――『ウェディング・バンケット特集』(1993).
――――『恋人たちの食卓』(1994).
――――『アン・リー監督インタビュー――古風と新奇の並列を可能にした巧みな映像術（作品特集 グリーン・デスティニー)』(2000).
ギルバート，サンドラ，スーザン・グーバー『屋根裏の狂女――ブロンテと共に』山田晴子，薗田美和子訳（朝日出版社，1986).
クリステヴァ，ジュリア『中国の女たち』丸山静，原田邦夫，山根重男訳（せりか書房，1981).
倉沢進，李国慶『北京――皇都の歴史と空間』(中央公論新社（中公新書)，2007).
ゲーテ『色彩論』木村直司訳（筑摩書房，2001).

サイード，エドワード・W.『オリエンタリズム』今沢紀子訳（平凡社，1987）.
佐藤忠男『アメリカ映画』（第三文明社，1990）.
佐藤忠男，刈間文俊『上海キネマポート』（凱風社，1985）.
櫻井明治「東南アジアの中国語」『東南アジアの国際環境における中国と日本——華僑社会の分析を中心として』（東京外国語大学東南アジア班，1976）.
サージェント，ハリエット『上海——魔都100年の興亡』浅沼昭子訳（新潮社，1996）.
史書美「グローバル化とマイノリティ化——李安と柔軟性」鬱田竜蔵訳『現代思想』29（2001）.
シル，ジェニファァー・ヴァン『映画表現の教科書——名シーンに学ぶ決定的テクニック100』吉田俊太郎訳（フィルムアート社，2012）.
ジラール，ルネ『欲望の現象学——ロマンティークの虚偽とロマネスクの真実』古田幸男訳（法政大学出版局，1971）.
周達生『中国食物誌——中国料理あれこれ』（創元社，1976）.
謝黎『旗袍をまとう女性たち——旗袍にみる中国の近・現代』（青弓社，2004）.
邵迎建『伝奇文学と流言人生——一九四〇年代上海・張愛玲の文学』（御茶の水書房，2002）.
————「引き裂かれた身体——張愛玲「色，戒」論」『中国研究月報』646号（2001）.
スパーゴ，タムシン『フーコーとクィア理論』吉村育子訳（岩波書店，2004）.
セジウィック，イヴ・K.『男同士の絆——イギリス文学とホモソーシャルな欲望』上原早苗，亀澤美由紀訳（名古屋大学出版会，2001）.
戴錦華『中国映画のジェンダー・ポリティクス——ポスト冷戦時代の文化政治』宮尾正樹監訳（御茶の水書房，2006）.
高村雅彦『中国の都市空間を読む』（山川出版社，2000）.
竹井恵美子編『食とジェンダー』（ドメス出版，2000）.
竹内照夫『礼記上』新釈漢文大系27（明治書院，1971）.
竹村和子『彼女は何を視ているのか——映像表象と欲望の深層』（作品社，2012）.
多田道太郎他著『食の文化』（講談社，1980）.
谷本千雅子「ファミリー・ロマンスの解体とクィア・ファミリーの可能性」，松本伊瑳子，金井篤子編『ジェンダーを科学する——男女共同参画社会を実現するために』（ナカニシヤ出版，2004）.
チョウ，レイ『プリミティヴへの情熱——中国・女性・映画』本橋哲也，吉原ゆかり訳（青土社，1999）.
————『女性と中国のモダニティ』田村加代子訳（みすず書房，2003）.
張小虹「愛の不可能な任務について——映画『ラスト・コーション』に描かれた性・政

治・歴史」,『台湾映画の表象の現在――可視と不可視のあいだ』に収録, 星野幸代（ほか）編（あるむ, 2011).
唐振常, 沈恒春編『上海史』（上海人民出社, 1989).
戸張東夫『スクリーンの中の中国・台湾・香港』（丸善, 1996).
トゥアン, イーフー『トポフィリア人間と環境』小野有五, 阿部一訳（せりか書房, 1992).
――――『個人空間の誕生――食卓・家屋・劇場・世界』阿部一訳（せりか書房, 1993).
中山元『フーコー入門』（筑摩書房（ちくま新書), 1996).
ハム, マギー『フェミニズム理論辞典』木本喜美子, 高橋準監訳（明石書店, 1999).
バシュラール, ガストン『空間の詩学』岩村行雄訳（思潮社, 1969).
バトラー, ジュディス『ジェンダー・トラブル――フェミニズムとアイデンティティの攪乱』竹村和子訳（青土社, 1999).
バルト, ロラン『第三の意味――映像と演劇と音楽と』沢崎浩平訳（みすず書房, 1998).
費孝通『生育制度――中国の家族と社会』横山廣子訳（東京大学出版社, 1985).
――――『中華民族の多元一体構造』西澤治彦ほか訳（風響社, 2008).
フー, キン, 山田広一, 宇田川幸洋『キン・フー武侠電影作法――A Touch of King Hu』（草思社, 1997).
福井康之『まなざしの心理学――視線と人間関係』（創元社, 1986).
伏木享編『味覚と嗜好』（ドメス出版, 2006).
藤井省三『新しい中国文学史――近世から現代まで』（ミネルヴァ書房, 1997).
――――『現代中国文化探検――四つの都市の物語』（岩波書店（岩波新書), 1999).
――――『中国映画――百年を描く, 百年を読む』（岩波書店, 2002).
古厩忠夫・高橋孝助編『上海史――巨大都市の形成と人々の営み』（東方書店, 1995).
星野幸代編『台湾映画表象の現在（いま）――可視と不可視のあいだ』（あるむ, 2011).
ホー, ジョセフィン『「性／別」攪乱――台湾における性政治』（御茶ノ水書房, 2013).
ボルノウ, オットー・フリードリッヒ『人間と空間』大塚惠一, 池川健司, 中村浩平訳（せりか書房, 1978).
ボードウェル, ディヴィッド, クリスティン・トンプソン『フィルム・アート』藤木秀朗監訳（名古屋大学出版会, 2007).
『孟子』貝塚茂樹訳「告子章句（上)」（中央公論新社（中公新書), 2006).
マルヴィ, ローラ「視覚的快楽と物語映画」斉藤綾子訳,『「新」映画理論集成１：歴史／人種／ジェンダー』岩本憲児, 武田潔, 斉藤綾子編（フィルムアート社, 1998).
丸川哲史『台湾, ポストコロニアルの身体』（青土社, 2000).
丸山茂『家族のメタファー』（早稲田大学出版部, 2005).

ミレット，ケイト『性の政治学』藤枝澪子，加地永都子，滝沢海南子，横山貞子共訳（ドメス出版，1985）．

村松伸『上海・都市と建築一八四二―一九四九』（PARCO 出版，1991）．

――――『北京――三〇〇〇年の悠久都市』（河出書房新社，1999）．

メッツ，クリスチャン『映画記号学の諸問題』浅沼圭司監訳（書肆風の薔薇，1987）．

モース，E.S.『日本人の住まい』斉藤正二，藤本周一訳（八坂書房，1991）．

安原敬裕，澤喜四郎，上羽博人編『交通と乗り物文化――人力車からジェットコースターまで』（成山堂書店，2008）．

山下慧，井上健一，松崎健夫編『現代映画用語事典』（キネマ旬報社，2012）．

リッチ，アドリエンヌ『嘘，秘密，沈黙』大島かおり訳（晶文社，1989）．

李明「家父長的文化における中国系アメリカ移民の表象――映画『夜明けのスローボート』と『ウェディング・バンケット』をめぐって」『大阪大学言語文化学』20（2011）．

劉建輝『魔都上海――日本知識人の「近代」体験』（講談社，2000）．

劉文兵『映画の中の上海――表象としての都市・女性・プロパガンダ』（慶応義塾大学出版社，2004）．

林語堂『中国＝文化と思想』鋤柄治郎訳（講談社，1999）．

レヴィ=ストロース，クロード『親族の基本構造』福井和美訳（青弓社，2000）．

魯大鳴『京劇入門』（音楽之友社，2000）．

『老子』小川環樹訳（中央公論新社（中公クラシックス），2005）．

ワイズポリシー，劇場パンフレット『ラスト、コーション』（2008）．

若林正丈『台湾の政治――中華民国台湾化の戦後史』（東京大学出版社，2008）．

――――『台湾――変容し躊躇するアイデンティティ』（筑摩書房，2001）．

――――『海峡――台湾政治への視座』（研文出版，1985）．

中国語文献

＊表記の統一を図るため，中国語の繁体字と簡体字を日本語の漢字に統一した．

白睿文（Michael Berry）『光影言語：当代華語片導演訪談録』（麦田出版，2007）．

辺静『胶片密語：華語映画中的同性恋話語』（中国伝媒大学出版社，2007）．

陳従周，章明編『上海近代建築史稿』（上海三聯書店，1988）．

陳平原『千古文人侠客夢』（北京大学出版社，2010）．

陳山『中国武侠史』（生活・讀書・新知三聯書店上海分店，1992）．

陳犀禾，曹瓊，荘君「跨文化文本和跨文化語境：李安電影研究動態」（『電影芸術』，2007）．

陳林侠「消費文化視野中的後政治，性虐待与文化雑交：以李安的〈臥虎蔵龍〉与〈色戒〉為核心」（『芸術百家』，2008）．

陳岸峰「武俠美学的伝承，創新和馳想：〈臥虎蔵龍〉与〈英雄〉的比較研究」(『北京電影学院学報』，2005).
程郁『納妾：死而不僵的陋習』(上海古籍出版社，2007).
戴錦華『電影批評』(北京大学出版社，2004).
――――「時尚・焦点・身分：〈色・戒〉的文本内外」(『芸術評論』，2007).
――――「身体・政治・国族：从張愛玲到李安」(講演原稿，2007).
Deborah Thomas『解読好萊塢：電影的空間與意義』李達義訳（書林，2004).
何燕礼，柳改玲，楊怡編著『性別詩学下的電影研究』(四川大学出版社，2015).
胡啓菲「李安電影的美学探求」(『電影文学』，2010).
黄美真，郝盛潮編『中華民国史事件人物録』(上海人民出版社，1987).
簡政珍「臥虎藏龍：悲劇與映象的律動」『電影閲讀美學』(書林出版，2006).
焦雄屏『時代顕影：中西電影論述』(遠流，1998).
――――「電影儒侠：懐念大師胡金銓」『胡金銓的芸術世界』(躍昇文化，2007).
柯瑋妮『看懂李安』黄煜文訳（時周文化事業，2009).
藍祖蔚「重建張愛玲廃墟-専訪《色・戒》編劇王蕙玲」(インタビュー原稿，2007).
李歐梵『睇色・戒：文学・電影・歴史』(Oxford，2008).
――――『上海摩登：一種新都市文化在中国』毛尖訳（北京大学出版社，2001).
李達翰『一山走過又一山：李安，色戒，断背山』(如果出版社，2007).
李安，馮光遠『喜宴』(時代文化，1993).
李政賢訳編『李安的電影世界』(五南出版，2013).
林幸謙『女性主体的祭奠：張愛玲女性主義批評Ⅱ』(広西師範大学出版社，2003).
梁秉鈞編『胡金銓的芸術世界』(躍昇文化，2007).
劉紀蕙主編『文化的視覚系統Ⅰ：帝国・亜洲・主体性』(麦田出版，2006).
劉宇清「華語電影：一個歴史的理論範疇」(『電影芸術』，2008).
竜応台「如此濃烈的「色」，如此粛殺的「戒」」(『中国時報』，2007).
魯暁鵬，葉月瑜「華語電影之概念：一個理論探索層面上的研究」『当代電影理論新走向』陳犀禾主編（文化芸術出版社，2005).
潘楽「李安電影視聴語言的美学分析」(『電影評介』，2016).
上海市档案館編『日軍占領時期的上海』(上海人民出版社，2007).
上海史資料叢刊『上海公共租界史稿』(上海人民出版社，1980).
上海百貨公司，上海社会科学院経済研究所，上海市工商行政管理局編著『上海近代百貨商業史』(上海社会科学院出版社，1983).
沈乃慧「李安的中國奇幻想像：解析電影《臥虎藏龍》」(『長庚人文社会学報』，2013).
沈華編『上海里弄民居』(中国建築工業出版社，1993).

孫慰川『当代台湾電影：1949-2007』（中国広播電視出版社，2008）.
――――「試論李安〈家庭三部曲〉的叙事主題及美学特徴」（『南京師範大学学報』，2007）.
呉昊主編『古装・俠義・黄梅調』（三聯書店，2004）.
呉昊「試剣江湖：『怒』的武学与美学思考」『胡金銓的芸術世界』（躍昇文化，2007）.
熊月之，周武編『上海：一座現代化都市の編年史』（上海書店出版社，2007）.
肖路「華語電影：中美跨文化伝播的重要媒介」（『当代電影』，2005）.
徐逸波，翁祖亮，鄭祖安編『上海石庫門風情画』（上海錦繡文章出版社，2010）.
徐立功『譲我们再愛一次：徐立功的電影世界』（天下遠見，2006）.
楊遠嬰編『電影概論』（第２版）（北京聯合出版社，2017）.
葉樹平，鄭祖安編『上海旧影』（人民美術出版社，1998）.
葉錦添『神思陌路：葉錦添的創意美学』（中国旅遊出版社，2010）.
虞戡平「上一個世紀的「孽子」」（『聯合報』，2003年２月28日）.
余斌「《色，戒》考」（『印刻文学生活誌』48，2007）.
張靚蓓編著『十年一覚電影夢：李安伝』（人民文学出版社，2007）.
張澂「構築多元文化認同的影像世界：評李安電影的文化特性」（『当代電影』，2005）.
張小虹「江湖潛意識：《臥虎藏龍》中的青春欽羨与恋童圧抑」（『中國時報人間副刊』，2000）.
張英進『中国現代文学与電影中的城市』（江蘇人民出版社，2007）.
張錫昌，張煒『老弄堂』（上海書店出版社，2001）.
鄭永福，呂美頤編『近代中国婦女生活』（河南人民出版社，1993）.
鄭逸梅，徐卓呆『上海旧話』（上海文化出版社，1986）.
中国武術大辞典編集委員会編著『中国武術大辞典』（人民体育出版社，1990）.
周斌「在中西文化衝撞中開掘人性：評李安的“父親三部曲”系列影片」（『華文文学』，2005）.
周英雄，馮品佳編『影像下的現代：電影與視覚文化』（書林，2007）.
朱崇科「重読張愛玲「色，戒」」（『中国現代文化研究叢刊』，2011）.
莊宜文「文学／影像的合謀与拮抗：論関錦鵬《紅玫瑰・白玫瑰》，李安《色・戒》和張愛玲原文本的多重互渉」（『政大中文学報』第九期，2008）.
鑄秦「《色・戒》風韻」（『印刻文学生活誌』48，2007）.
子通，亦清編『張愛玲評説六十年』（中国華僑出版社，2001）.

英語文献

Berry, Chris, “*Wedding Banquet:* A Family (Melodrama) Affair”, in Chris Berry ed., *Chinese Films in Focus: 25 New Takes*, London: BFI Publishing, 2004.

Chang, Eileen, Wang HuiLing and James Schamus, *Lust Caution, The Story, the Screenplay, and the Making of the film*, Pantheon Books 2007.

Chow, Eileen Cheng-yin, "Food, Family, and the Performance of "Chinesensee" in Ang Lee's Father-Knows-Best Trilogy", Paper presented at the North American Taiwan Studies Conference, Columbia University Press, 1997.

Chow, Rey, *Sentimental Fabulations, Contemporary Chinese Films: Attachment in the Age of Global Visibility*, Columbia University Press, 2007.

Dariotis, Wei Ming and Eileen Fung, "Breaking the Soy sauce Jar: Diaspora and Displacement in the Films of Ang Lee.", in Sheldon Lu ed., *Transnational Chinese Cinema: Identity, Nationhood, Gender*, Honolulu: University of Hawai'i Press, 1997.

Hoshino, Yukiyo, "Body of the Female Spy: Ang Lee's Lust Caution.", *The Proceedings of International Conference: Thinking Gender in Culture, Society*, 2009.

Klein, Christina "Crouching Tiger, Hidden Dragon: A Diasporic Reading" *Cinema Journal*, 43(4), Texas: University of Texas Press, 2004.

Lu, Sheldon, "Crouching Tiger, Hidden Dragon, Bouncing Angels: Hollywood, Taiwan, Hong Kong, and Transnational Cinema.", in Sheldon Lu, Yueh-Yu Yeh eds., *Chinese-Language Film: Historiography, Poetics, Politics*, Honolulu: University Hawaii Press, 2005.

Ma, Sheng-Mei, "Ang Lee's Domestic Tragicomedy: Immigrant Nostalgia, Exotic/Ethnic Tour, Global Market.", *Journal of Popular Culture,* 30(1), 1996.

Marchetti, Gina, "*The Wedding Banquet:* Global Chinese Cinema and the Asian American Experience", in Darrell Y. Hamamoto, Sandra Liu eds., *Countervisions: Asian American Film Criticism*, 2000.

Yeh, Emilie Yueh-yu and Darrell W. Davis, *Taiwan Film Directors: A Treasure Island*, New York: Columbia University, 2005.

附　　録

映画の粗筋

1，『ウェディング・バンケット』（『喜宴』，1994）

主要な登場人物：

ウェイトン，サイモン，ウェイウェイ，高父，高母，老陳

あらすじ：

1990年代のニューヨーク．台湾からアメリカに帰化したウェイトンは，成功した不動産関連の事業家としてマンハッタンの高級住宅にゲイの恋人サイモンと同棲している．しかし，台湾で暮らしている両親はウェイトンに結婚するように再三催促する．ウェイトンは自分の性的指向を両親に明白に伝えないまま両親を安心させるため，グリーンカードの取得を狙う上海出身の中国人女性のウェイウェイとの偽装結婚を思いつく．両親は吉報を聞いて新婚家庭を訪れ，結婚は親類縁者の祝福のもとに執り行うものだと主張する．そのため，親孝行のための中国式の「ウェディング・バンケット」がマンハッタンで最も高級な中華レストランで盛大に挙行されることになる．宴会の当日，ウェイウェイが強制的にウェイトンと性的関係を結ぶ．その後，ウェイウェイの妊娠によってもたらされた大騒ぎがあり，サイモンの振る舞いに父親が衝撃を受けて病院に運ばれた．ウェイトンは自分のセクシュアリティを母親にカミングアウトした．結局，ウェイウェイは子供を産むことを決め，ウェイトンとサイモンと一緒に暮らしている．

2，『恋人たちの食卓』（『飲食男女』，1995）

主要な登場人物：

朱父，家珍（長女），家倩（次女），家寧（末女），錦栄，梁ばあさん（錦栄の母）

あらすじ：

舞台は現代の台北の大都会である．妻を亡くし，男手ひとつで三姉妹を育てる元五つ星のグランドホテルの料理長である朱氏は，毎週日曜日の夕食を一緒に取ることを娘たちに強要するが，娘たちにとっては父親の自慢の豪華料理よりも，恋人との夕食の方が魅力的であった．大学時代の失恋から立ち直れない高校の化学教師長女，一番しっかり者で中華

航空会社に勤めるキャリア・ウーマンの次女，そしてファーストフードでアルバイトする平凡な女子大生の三女．この一家四人が一つの食卓に集うのが，儀式のような日曜毎の夕食会だった．時を経て，やがてそれぞれに恋の季節を迎えた娘たちは，一人また一人と父親の元を，即ち朱氏の家を離れてゆく．そして最後には父親の朱氏も意外な決心を皆に告げ，家を出て長女の高校時代の親友である錦栄と新しい家庭を組み立てる．

3，『グリーン・デスティニー』（『臥虎蔵龍』，2000）

主要な登場人物：

玉嬌龍（イェン），兪秀蓮，李慕白，羅小虎，碧眼狐

あらすじ：

武当派の高弟，李慕白（リー・ムーバイ）は，400年の歴史がある天下の名剣である「青冥剣（グリーン・デスティニー）」の使い手としてその名をとどろかせていた．彼は師匠を殺した同門の碧眼狐を長年追っていた．しかし，武当（ウータン）山で瞑想修行をしたリーは，剣を置いて引退する決意をする．江南に位置する「鎮遠鏢局」の支配者である姉弟子の兪秀蓮（ユー・シューリン）に托して，北京城にある信頼する貴族鐵（ティエ）貝勒の屋敷に名剣・青冥剣を預けようとした．李と兪は互いに惹かれあっていたが，兪の亡夫（婚約者）の孟思昭は李の親友であるため，二人は結ばれない事情を秘めていた．兪は剣をティエの家に無事に届ける．屋敷で兪は若い貴族の娘の玉嬌龍（イェン）と知り合い，意気投合する．しかしその夜，何者かによって剣は盗まれ，兪は玉のことを疑い始める．その頃北京では，李の師匠を毒殺した碧眼狐という名高い女賊が現れたという話があった．北京城を警護する総責任者の娘である玉は，女剣士になるのに憧れていた．玉と戦った李は，正しい剣の道を教われと告げ，剣を取り戻す．やがて玉の婚礼が近づく．玉は新疆でその土地の盗賊である羅小虎と出会い，二人は愛し合った．玉を親元に返す前に，羅は「立派になって迎えに行く」と約束する．玉の花嫁行列を見ていた李と兪は行列に乱入し邪魔する羅を見つけ，彼を武当山に登らせた．玉は再び剣を奪い，堂々と男装し江湖世界で暴れ回る．玉は鏢局で兪と激闘を繰り広げ，その後に李と対戦する．李は彼女に正しい剣を学べと説得しようとする．碧眼狐は，自分の弟子ではあるものの勝手に奥義書を読んだ玉のことを許せず，最愛の弟子で最大の敵である彼女をその手で倒そうとする．碧眼狐は李に倒されるが，李は師匠と同じように彼女の毒でやられてしまう．瀕死の状態の李は兪に愛を告白し，息を引き取った．玉は兪に言われて山に登り，羅と会った後，身を投げると願いが叶うという谷に投身した．

4，『ラスト、コーション』（『色，戒』，2007）

主要な登場人物：

王佳芝（ワン），易氏（イー），易夫人，鄺裕民（クァン），老呉

あらすじ：

1938年，日中戦争の激化によって混乱する中国本土から香港に逃れていた女子大学生・王佳芝（ワン・チアチー）は，学友・鄺裕民（クァン・ユイミン）の勧誘で抗日運動をかかげる学生劇団に入団する．やがて劇団は実戦をともなう抗日活動へと傾斜してゆく．佳芝もスパイとして活動することを決意し，暗殺の機を窺うため麦（マイ）夫人に扮し，特務機関の易（イー）を誘惑した．しかし，易の厳しい警戒で暗殺は未遂に終わった．3年後の1942年，日本軍による事実上の占領下となっていた上海に物語は舞台を移した．上海の国民党抗日組織に再び身を投じた王佳芝は，汪兆銘政府の特務機関の顔役に昇進した易の暗殺を行うため，特訓を受けて易に接触した．たびたび激しいセックスを交わすうちに，特務機関員という職務上すさまじい孤独の苦悩を抱える易にいつしか魅かれてゆく．